総合政策科学入門

［第2版］

同志社大学大学院
総合政策科学研究科編

成文堂

第2版はしがき

　本書の初版刊行から5年を経過し、総合政策科学を取り巻く環境は大きく変化している。この間に日本の政策研究は大きく飛躍し、著書論文も多数公刊されている。また、政策に関する学会や研究会等も数多く設立されており、政策分野に関心を持つ研究者や実務家が増えてきている状況にある。教育研究分野でいえば、政策という言葉を冠した学部学科あるいは大学院が、全国に多数設置されている。

　実務でいえば、いわゆる政策評価法の制定や地方自治体の行政評価などに見られるように、国や地方自治体の政策評価や政策形成への関心が高まっている。とりわけ、財政逼迫状況の中で、成果の実現を迫られている行政は、その活動の評価に基づく政策決定をしなければならず、それらは政策評価として、実務においても定着しつつある。また、多様化した価値観とさまざまな市民ニーズに的確に応えるためには、新たな政策の開発が必須であり、そのために政策形成能力の具備や、政策能力を持った人的資源開発が、国・地方共に必須となってきた。

　一方、政策的な思考方法は、公共政策分野のみならず、民間部門においても、きわめて重視されるようになっている。政策科学の手法は、民間企業や民間非営利活動組織にとっても、その問題解決手法となっているのである。経営戦略の立案や新たな事業の企画提案は、企業の生命線とも言うべきであるが、こうした分野では、従来から意思決定の科学的分析が欠かせないものと考えられてきた。また、政策科学的な手法は、意思決定のみならず、企業の経営問題への科学的なアプローチとして、より幅広く応用されている。

　加えて、近年では、公益法人や特定非営利活動法人（いわゆるNPO法人）、そのほか任意のボランティア活動団体など民間非営利活動組織（広い意味でのNPO＝Non-profit Organization）においても、その活動の発展と継続や組織の自立と自己統治の確立のために、政策科学的なアプローチが必要だと考えられている。そのミッション（使命）あるいは活動目的を達成していくために、組織経営戦略をもち、政策的な観点から活動のマネジメントを

行い、組織運営や目標達成の評価を進めていこうというのである。

実際、様々な分野で政策研究に対する社会的関心に広がりが見られる。理論的にも政策科学に関する諸研究も大きく進展し、経済学、経営学、法学、政治学、社会学、工学、情報科学など専門分野を横断して、学際的に政策研究が進んでいる。翻って、実務的な関心に対応した政策研究手法も開発され一定の成果を挙げてきている事実もある。

このような発展はいくつかの負の側面を伴っている。すなわち、政策分野の諸研究が、その固有の必要性からとはいえ、対象においても、理論においても、また研究手法においても、ますます拡散傾向にあり、教育研究におけるアイデンティティを欠きがちになり、全体としてみるとわかりにくい分野だと一般的に観念されていることは否定できない。とはいえ、必要から生じた多様性を、偏狭に収束させ体系化させることに意味はない。多様な政策研究の現状を前提としつつ、政策科学あるいは政策研究の基本的なあり方を探求し学問的に豊かな発展を結実させることが、政策研究に携わるわれわれの使命であると考えている。そして、総合政策科学という本研究科の名称は、学際的といいながら様々な学問分野に分断されがちな政策研究を総合できる知見を示すとともに、個別の社会問題や現実に影響されて拡散する政策研究への関心を総合する視点を提示することを志したものである。

ところで、同志社大学大学院総合政策科学研究科は、高度な職業専門人養成を主たる目的にかかげ、博士前期課程そして後期課程を持つ独立大学院として設置された。そもそもの設立から早くも10年を経ようとしている。この間、前述のように、政策科学あるいは公共政策に関する諸研究は大きく進展し、この分野を専門とする学部や大学院が、全国に多数誕生した。さらにこの数年、専門大学院あるいは専門職大学院として政策に関する教育を行うことを目的とした機関が、設立されるようになっている。本研究科は、全国に先駆けて総合政策科学の名を冠して設立されたが、政策分野の研究教育のあり方の模索を通じて、また実務的な要請を受けて、自己改革を進めていこうとしているところである。そのためにも、スタッフやカリキュラムの充実は当然のことであるが、従来の公共政策コースと企業政策コースに加えて、新たなコースを2005年4月に設置することになった。ヒューマン・セキュリテ

ィ研究コース（博士前期課程、博士後期課程）と、技術・革新的経営研究コース（博士後期課程）である。前者は「人間の安全」を政策的な観点から研究教育することを目的に、また、後者は技術管理（MOT）に関する公共政策と企業政策について指導的立場に立つ企業人や専門研究者の育成を目指している。

　本書が、本研究科設立10年を経た時期に改定され刊行されることは、単なる時代状況の変化、社会状況の変化、そして学問状況の変化への対応というに留まるものではなく、本研究科の新たな未来に向けてのステップを意味している。研究科の拡充を機に、本研究科の設立の趣旨をさらに深く検討し、その学問的基盤を改めて確立しようと試みたものである。加えて、前述のように、政策研究は、これまで以上に多様化し深化してきており、それらの変化に対応して、総合政策科学の未来を展望するべくこの改訂版を発刊することが必要となってきたことも確かである。

　第2版では、初版の総合政策科学への学際的アプローチを基本として変えることはせず、むしろこれを発展させることを目指して、政策科学に関する近年の研究状況をふまえつつ、編みなおすこととした。様々な視点から総合政策科学にアプローチした諸論考からなる本書において、また限られた紙数の中で、総合政策科学を究めその新たなアイデンティティを確立できているなどとは考えていない。本書が総合政策科学の展望に貢献できるとすれば、何よりも本書に対する読者諸賢の創造的なご批判とご鞭撻をいただき、われわれ自身がさらに考究を重ねることであり、翻って、それらの営為の中で総合政策科学の研究を深めていくことにより、新たな学問的展望がようやく姿を現すものと思われる。そうした意味も含めて、本書が多くの方々のご関心を引くなら、感謝の申し上げようもない次第である。

2005年　春

同志社大学大学院総合政策科学研究科
研究科長・教授　新　川　達　郎

目　次

第 2 版はしがき

第 1 章　総合政策科学とは何か … 1

1．総合政策科学とは何か … 1
　1.1　政策科学台頭の背景　1
　1.2　総合政策科学の方法　4
2．総合政策科学研究科の設置目的と必要性 … 5
　2.1　近年の急速な環境変化と対応の困難化・長期化・混迷化　5
　2.2　同志社大学大学院総合政策科学研究科の設置　6
　2.3　他の関連総合政策科学部・大学院の設置目的と教育内容　8
3．刊行物からみた総合政策科学の現状と制約 … 9
　3.1　宮川公男『政策科学の基礎』　9
　3.2　加藤寛・中村まづる『総合政策学への招待』　10
　3.3　丸尾直美『総合政策論』　11
4．総合政策科学と既存の学際的学問の関係 … 12
　4.1　現状における学際的科目・学問の制約　12
　4.2　特定の対象を種々の専門領域から接近する学際科目・学問と制約　12
5．「政策科学体系論」への取り組みと展望 … 13

第 2 章　政策分析と政策科学
　　　　　―政策分析手法の展開と課題― … 15

1．政策分析を検討する今日的意義 … 15
　1.1　「政策形成のための政策科学：政策分析の発展」　15
　1.2　「政策科学から政策評価へ、そして再び政策分析へ」　16
2．政策分析の定義 … 17
　2.1　「政策分析の多様性」　17

2.2 「政策のための分析と政策に関する分析」 18
　　　2.3 「政策分析の対象と方法」 19
　　　2.4 「政策分析の手法とその共通点」 19
　　　2.5 「政策分析のプロセス」 20
　3．政策分析の特性 …………………………………………21
　　　3.1 「政策分析とシステムズアナリシス」 21
　　　3.2 「政策分析の特徴と再定義」 22
　　　3.3 「政策分析と政策科学」 23
　4．政策分析の展開 …………………………………………24
　　　4.1 「米国における政策分析の登場」 25
　　　4.2 「PPBS以後の政策分析」 26
　　　4.3 「政策評価と政策分析」 27
　　　4.4 「日本における政策分析と政策評価」 29
　5．政策分析の手法 …………………………………………30
　　　5.1 分析のフレーム論 31
　　　5.2 政策分析の手法 32
6．政策分析の視点 ……………………………………………33

第3章　草の根の政策科学 …………………35

　1．政策科学の射程としての草の根 ………………………35
　　　1.1 日常的現象としての「政策」 35
　　　1.2 政策のフィールドとしての「草の根」 36
　　　1.3 「草の根」を視る座標軸 38
　2．草の根政策科学の実践——まちづくりの体験から ………41
　　　2.1 箱崎という草の根社会 42
　　　2.2 公共問題の発生と住民＝解決者としての自覚 43
　　　2.3 公共問題の展開と解決主体づくり 45
　　　2.4 コミュニティ・ビジネスへ——放談会の挑戦 49
　　　2.5 政策としてのコミュニティ・ビジネスの展開 52
　3．草の根政策科学の理論 …………………………………57

3．1　政策主体としての市民　57
3．2　政策創造のための組織　59
3．3　政策創造の方法　60
3．4　政策を導く理念と科学技術　63

第4章　自治体の変容と公共政策 …………67

1．はじめに……………………………………………67
2．自治体における政策 ………………………………69
3．自治体における政策形成の新しい形………………74
4．ガバナンスの発想と自治体政策 …………………79
5．おわりに……………………………………………85

第5章　立法の政策科学 …………89

1．はじめに……………………………………………89
2．規制政策の政策過程 ………………………………89
　　2．1　非決定権力としての鉄の三角同盟　89
　　2．2　経済的規制と社会的規制　92
　　2．3　規制政策の憲法適合性基準　94
3．立法の装置…………………………………………95
4．構造改革特区法の導入 ……………………………98
　　4．1　立法事実と立法目的　98
　　4．2　構造改革特区法のスキーム　101
5．構造改革特区をめぐる争点―規制市場への
　　民間参入を中心に ……………………………105
　　5．1　農業経営への株式会社の参入　106
　　5．2　学校経営への株式会社・NPO法人の参入　108
　　5．3　医療分野への株式会社の参入　111
6．特区の全国展開は可能になったか ………………114
7．政策の立法プロセス―具体的事例から一般化へ …………118

目　次◇vii

第6章　総合政策科学と経済学　……………………123

1．はじめに　……………………………………………123
2．経済学的分析の基本的構造　………………………124
　　2．1　抽象化・単純化　124
　　2．2　経済学の基本的枠組みと政策決定（1）需給調節と均衡価格の決定　125
　　2．3　経済学の基本的枠組みと政策決定（2）費用便益分析　128
3．部分均衡から一般均衡へ……………………………129
　　3．1　新規参入　130
　　3．2　影響範囲の把握　131
4．政策の時間軸　………………………………………134
　　4．1　政策効果実現までの時間　134
　　4．2　社会の構造変化について　136
5．経済学的分析の限界について　……………………139
　　5．1　価値判断　139
　　5．2　不確実性　141
6．結語：政策評価の重要性……………………………143

第7章　総合政策科学と福祉政策論　………………145

1．はじめに　……………………………………………145
2．福祉政策の守備範囲　………………………………146
　　2．1　「福祉」の概念　146
　　2．2　福祉政策が対象とする政策分野（制度）　146
　　2．3　福祉政策論とは　147
3．我が国の福祉政策（論）の歩み　…………………149
　　3．1　福祉政策の発展から福祉見直し論へ　149
　　3．2　見直し論以降の福祉政策（論）　151
4．福祉政策（論）の今後の課題　……………………152
　　4．1　21世紀初頭の福祉政策（論）　153

4.2　総合的視点に立った福祉政策（論）　156
　　　4.3　厚みのある福祉政策形成活動を目指して　158

第8章　環境と経済　—環境構造改革論— ……………163

　1．はじめに—環境と経済— ……………………………163
　2．環境と経済の両立 ……………………………………169
　3．環境と経済と社会の総合 ……………………………174
　4．おわりに—環境構造改革— …………………………176

第9章　総合政策科学と地域経営 ……………………179

　1．はじめに ………………………………………………179
　2．関西の現状認識 ………………………………………180
　　　2.1　関西とは　180
　　　2.2　地域経済統計の見方　181
　　　2.3　関西の現状認識　182
　3．関西再生のシナリオ …………………………………191
　　　3.1　新規産業の育成　192
　　　3.2　文化・観光の振興　194
　　　3.3　コミュニティの再生　197
　　　3.4　広域的連携組織の意義　198

第10章　総合政策科学とグローバル化の進展　—事業環境の観点から— …………203

　1．はじめに ………………………………………………203
　2．事業（企業）環境のイメージ ………………………204
　3．規制改革、構造改革特区、官製市場の民間への開放 ……204
　　　3.1　規制改革　204
　　　3.2　構造改革特区制度　208
　　　3.3　官製市場の見直し—民間への開放　209

4．会社法制改正・整備 …………………………………211
　　　　4．1　商法・会社法制改正　211
　　　　4．2　商法改正と会計制度　215
　　5．法人税制の改革 ………………………………………216
　　　　5．1　法人税の引き下げ　216
　　　　5．2　重い社会保障負担　217
　　6．空洞化と対内直接投資 ………………………………219
　　　　6．1　高コスト構造、国内物価高と空洞化　219
　　　　6．2　対日直接投資の推進　220
　　7．グローバルな事業環境の改善 ………………………223
　　　　7．1　WTOベースの自由化　224
　　　　7．2　経済連携協定（EPA）等の締結　226
　　　　7．3　EPAのもう一つのメリット　227
　　　　7．4　反グローバル化の動きについて　228
　終わりに ……………………………………………………229

第11章　総合政策科学と経営政策 …………………231

1．企業政策論と経営政策論、その課題 …………………231
2．日本企業に関する国際競争力の減退要因と対策（政策）…232
3．ネットワーク経済の展開とネットワークの発展・変遷…236
　　　　3．1　アウトソーシング・ネットワーク　237
　　　　3．2　グローバル・ネットワーク　238
　　　　3．3　コーポラティブ・ネットワーク　239
　　　　3．4　バーチャル・ネットワーク　240
4．ビジネスモデルの展開 …………………………………242
　　　　4．1　企業政策における経営戦略とITとビジネスモデルの意義　243
　　　　4．2　ブランド力とビジネスモデル　244
　　　　4．3　産業革命の変遷とビジネスモデルの推移　245
　　　　4．4　ITの発展とビジネスモデル　246

4.5　eビジネスと中小企業のビジネスモデル　247
4.6　ITの活用分野と中小企業におけるビジネスモデル　247

第12章　労働研究の方法的視座　251

1．はじめに　251
1.1　社会の総体的認識　251
1.2　社会思想　253

2．マルクス経済学と労働問題　254
2.1　『資本論』　255
2.2　宇野理論　257
2.3　大河内理論　258

3．労使関係論　261
3.1　ダンロップの労使関係論　262
3.2　『現代労働問題』　263
3.3　『労働の戦後史』　266

4．労使関係論の反省　270
4.1　手続的規則と実態的規則　270
4.2　『市場と企業組織』の概要　271
4.3　『市場と企業組織』の卓見　273

5．まとめにかえて　276

第13章　雇用政策と人的資源管理政策　281

1．はじめに　281
2．雇用に内在する特徴　282
3．日本の雇用政策の展開　284
4．近年の雇用政策課題　286
4.1　若年失業・フリーター対策　286
4.2　パートタイム労働・派遣労働など非典型雇用対策　287
4.3　女性の継続就労支援及び仕事と生活両立支援　289
4.4　中高年労働者対策　290

4.5　個別的労使紛争処理　292
5．経営組織と人的資源管理政策 …………………………293
　　　5.1　経営戦略、組織、業績管理と人的資源管理　293
　　　5.2　日本型雇用システムの特徴　295
　　　5.3　日本型雇用システムと従業員重視型コーポレートガバナンス　297
6．人的資源管理の変化とその構図 …………………………298
　　　6.1　人的資源管理の変化　298
　　　6.2　構図の理解のために〜格差拡大か「真」の多様化か〜　300
7．むすびに代えて …………………………………………302

第1章　総合政策科学とは何か

1．総合政策科学とは何か

1.1　政策科学台頭の背景

a．政策および政策科学　総合政策科学は、政策科学を基礎とする学問領域である。そこで、まず、政策科学をどのように考えているかについて述べることから始めることにしよう。

政策（policy）ないし政策科学（policy sciences）の意義および内容については種々の見解があり[1]、安易に断定することは慎むべきであるが、ここでは一応、政策とは不特定または多数の人々ないし組織・集団に係る施策の方針または目標を言い、政策科学とは、政策の形成過程、実施および結果を体系的に明らかにする学問であると定義しておきたい。したがって、政策は、国家・公共的関係ばかりでなく企業や家族等の関係においても、当然に問題となりうるのである。

b．政策科学の背景　あらゆる組織・集団においては、いつの時代にも政策が存在したのであり、特に国家においては、政策の決定および実施がその最も重要な機能となってきたことは、今更断るまでもない。しかし、これまで社会政策、刑事政策、経済政策といった政策学が断片的に展開されてきたというものの、政策過程およびその決定それ自体の研究が自覚的に展開されたことはほとんどなかった。

政策科学が本格的に論じられるようになったのは、第二次世界大戦後のア

1）　宮川公男『政策科学の基礎』49頁（東洋経済新報社、1994）。

メリカにおいてであった[2]。アメリカで政策志向が台頭したのは、戦後の冷戦による国家安全保障の危機に直面して、希少な国家資源をいかに効率的に使うかという問題提起から出発し、このような政策上のニーズに応えるためには、既存の細分化された諸科学では対応できないという認識から政策過程それ自体の研究が求められたのである[2]。

政策科学は、このようにアメリカ固有の事情を背景として誕生したのであるが、しかし、そこで目指されたものは、危機に対処するためには既存の諸科学では限界があるという認識から、伝統的な諸科学を総合的に駆使して課題を設定し、解決策を探索・分析しながら決定するという創造的方法であった。要するに、国家社会の危機的状況が存在したということ、既存の諸科学においては細分化、専門化が進みすぎ危機的状況の解決にとって求心力を失っているということが、政策科学を生み出す原動力となったのである。

c.　現代の社会と学問の総合化　現代社会が危機的状況にあるかどうか、また、既存の諸科学が社会問題の対処能力を失っているかはしばらくおくとして、今日のわが国において政策科学を必要とする背景としては、次の点が指摘できるであろう。

第一は、科学技術の長足の進歩を背景とする、産業の高度化、情報化、社会の国際化及び人口の高齢化である。交通問題、環境問題、資源・エネルギー問題、医療問題、福祉問題、国際摩擦問題など、科学技術の進歩がもたらした現代社会が直面している解決困難な課題は、枚挙にいとまがない。同時に、近年のわが国の学校・教育問題、少年の非行、金融問題、公務員の不祥事などをみても分かるように、社会、政治、経済の諸制度が新しい時代に対応し切れずに疲弊し、十分な機能を果たさなくなってきている。近年において政府が推進しようとしている行政、経済、金融、財政、福祉、教育といった面での改革は、まさにそうした社会の危機的状況の反映である。しかも、今日的な課題は相互に密接に関連し、政治学、経済学、社会学、心理学、経営学、情報工学などを総動員し、創造的な政策を立案してそれを実施しなければ解決が困難であり、既存の過度に専門化・細分化された社会科学によっ

2）　宮川・前掲書11頁。

ては到底不可能である。要するに、19世紀に確立された今日の個別化された社会科学の専門分野が硬直化し、一種のセクショナリズムに陥ってしまい、個別社会科学は、新しく登場しつつある社会問題を解決し、社会の在り方、人間の生き方を見据えて政策を決定する能力を失っているという点が自覚されてきたということである[3]。

　第二は、個人主義の定着である。これまでの経済学、政治学、法律学などの個別社会科学においては、社会を客観的に観察し、その法則ないし秩序を実証的に明らかにすることによって調和のとれた理想社会が実現できると考えられていた。これが社会科学における実証主義の考え方であるが、しかし、そこから得られた知識や技術が、どのような目標を達成するために用いられるべきかについては、実証主義の方法からは、いかなる指針や解決をも導くことはできないのである。こうして、社会科学における価値の問題が重視され、様々な見解が主張されるようになったが、その究極の目標ないし実現すべき価値は、個人の尊厳の拡充以外にない。国民主権、基本的人権の尊重、平和主義といった政治原理や社会・国家の理念は、個人の尊重ないし幸福追求権の保障に帰着するといっても過言ではない。あらゆる科学は、このように社会における人間の基本問題に向けられるべきであり[4]、個人主義の価値観が定着した現代社会における政策目標は、究極においては個人の尊厳の確保にあるといってよいのである。その目標を実現するためには限られた資源を最大限に活用して、富を公平に分配し、個人がそれぞれの幸福追求を可能にしうるような豊かな社会を築くことが理念となる。そこでは物の生産と情報の創造を合理的に展開し、資源を無駄なく効率的に利用できるような社会システムが不可欠である。要するに、個人の幸福追求をより完全なものとするために、資源配分の効率性と社会の厚生を自覚的に追求する学問が求められているのである。

　第三は、合意形成が困難になってきたということである。個人主義の定着は、社会における価値観の多元化をもたらした。その結果、個人と社会の調和

3）　加藤寛＝中村まずる『総合政策学への招待』11頁（有斐閣、1994）、郡嶌孝＝浦上博逵編・経済学：危機から明日へ〔現代のエスプリ288号〕（1991）。
4）　大谷實『精神障害者の法と人権』8頁（弘文堂、1996）。

を図ることが困難となっていることは、沖縄の基地問題一つとってみても明らかである。要するに、個人主義を確保しようとすればするほど、意思決定ないし合意形成が困難になり、合理的な合意形成の方法ないし技法が求められるのである。

こうして、わが国においても、伝統的な専門分野を基礎としながら政策レベルの問題への取組みの重要性が自覚され、個々の諸科学の狭い問題意識や問題解決方法に捉われずに、それらの理論を総合ないし統合して問題解決に取り組もうとする学問が誕生した。これが、政策科学ないし総合政策科学の背景と言ってよいであろう。

1.2 総合政策科学の方法

それでは、総合政策科学は、どのような方法論の下に展開されるべきであろうか。政策科学は、究極においては、社会における人間の基本問題つまり社会において人間いかに生きるべきかという価値目標の明確化を要求するものであり、この視点なくして現代の錯綜した問題の解決はありえない。科学者が、このような価値の問題に係わることは、客観性と実証性を尊重するという科学本来の使命を犠牲にするという見方もあるが、しかし、あらゆる社会科学は人間の尊厳ないし幸福追求権のより完全な実現を目指して展開されてきたといってもよく、その意味で政策科学は、いかなる社会を目指すことが個人の尊厳や幸福を完全なものとすることができるかということ、すなわち人間性の支配する社会の実現を目標とし、既存の専門分野および学際的領域を総合して研究する方法が必要となる。この観点からすると、総合政策科学の方法としては、以下の三点が重要となる。

第一は、個別専門領域に拘泥せず、政策問題を常に多元的な要因の相互作用として動態的に捉える必要があるということである。政策科学の研究は、究極においては人間性の支配する社会の構築を目指すのであるが、そのためには企業や自治体さらには国家といった組織ないし集団にどのような問題が存在しているかといった個々の問題の発見が前提となる。その場合に、一つの専門分野が妥当する領域は、解決すべき問題の一部にすぎず、政策問題は、経済的、社会的、政治的および文化的なものが相互に関連しあって生ず

るという自覚が必要となる[5]。

　第二は、問題を探索し、解決すべき課題を明確にするということである。ただ単に問題を発見するというのではなく、①目標を明確にし、それと現状とのギャップを正しく認識すること、②現在の状態を生んだ要因の分析および目標達成を導く条件の摘出、③将来の可能性の予測、④代替案の創出などを心掛けるべきである。

　第三は、過度に細分化されているとはいうものの、高度に進歩した既存の科学の多彩な方法・技術を柔軟に駆使する必要があるということである。政策科学は、問題の探索・発見を出発点として、その問題を分析して課題を設定し、その検討・分析を通じて解決策を模索し、いくつかの選択肢から政策を決定する過程を研究することに帰着する。しかし、その過程は複雑であるばかりでなく様々な専門分野に関係するのであって、既存の学問の成果に柔軟に対応して、その成果を存分に生かしながら、政策の決定および実施に当たる必要がある。社会科学の中心である社会学、経済学、法律学、政治学さらには人文諸科学は、それぞれ対象を異にしながら社会現象、経済現象および政治現象の法則を探求することに専念し、個人の尊厳の平等かつ完全な実現を約束する社会を実現するためにどのような目標をもって政策を決定し、実現すべきかという社会科学の根本的要請には十分に応えてこなかった。今や社会は大きな転換期を迎えており、社会における人間の在り方が問われているのであるから、その解決のためには、政治的、経済的、社会的、文化的な専門分野を総合した政策科学が必要なのである[6]。

2．総合政策科学研究科の設置目的と必要性

2．1　近年の急速な環境変化と対応の困難化・長期化・混迷化

　近年の社会を取り巻く環境は急速に変化してきている。地球規模では、科学技術の急速な発展、ソ連邦の解体、中国や東欧など共産・社会主義圏の市場経済への移行、同時に世界規模でのメガ・コンペティション（大競争）時

5）　川喜田二郎『KJ法』（中央公論社、1986）、同『野性の復興』（祥伝社、1995）。
6）　宮川・前掲書61頁。

代への突入、先進資本主義経済圏でのECやNAFTAなどブロック経済への移行、ASEANからNIEs諸国へ、さらには近年の中国やベトナム、インドなど開発途上国での急速な経済成長、他方では、経済開発に伴い、フロンによるオゾン層の破壊への恐れや、二酸化炭素、酸性雨などの大気汚染の問題、「垂れ流し」による水銀汚染など公害問題の出現、原木林の乱伐に伴う国土の砂漠化など、地球環境の悪化の問題が登場している。

国内的には、55年体制の崩壊による2大政党制から多党制への移行、自民党と少数党との連立政権の誕生、情報化やマスコミ媒体の発展に伴うファッションの促進・影響、国民生活の水準上昇・多様化と価値観の多様化・混迷化、人生における個人の目標・目的の喪失と模索、動機の不明な事件や殺人事件の多発、宗教や企業・組織体における乱脈、バブル経済の崩壊と景気後退への調整の長期化、低金利時代への移行に伴う消費経済の停滞、金融機関をめぐる諸問題の噴出、1990年代のアメリカ経済の復活と国際競争力の回復に伴う日本企業の国際市場でのシェア後退、国際競争力の頭打ち、日本的経営の国際的な展開の行き詰まり、大型企業倒産の続出と転廃業の促進、ベンチャー企業など起業・創業の沈滞化と経済活力の喪失などの諸現象が台頭してきている。

このように国内外で諸問題が続出し、企業や官庁等では、その対応が困難化・長期化・混迷化してきている。個人的にも価値観の模索と新たな構築の必要に迫られてきている。

2.2　同志社大学大学院総合政策科学研究科の設置

上記のように、急速な環境変化に伴い種々の問題が台頭し、企業や官庁等では緊急な対応と解決に迫られている。このような急速な環境変化と混迷は、従来のような伝統的な分野での知識と教養、技術を身につけたスペシャリスト（専門家）による個人的な対応では解決できない事柄が増えてきている。そのため、プロジェクト・チームが臨時的に結成され、問題を分析したり、対策を樹立したりして解決を試みようとしている。しかし、それにも限界がみられる。むしろ、一個人が総合的・統合的な視点により学際的な研究を展開することによって、総合性・体系性を育成し、統合力の養成を必要と

してきている。いわば新たな総合的・統合的な知識を身につけたスペシャリストの育成と誕生が待たれている。

したがって、同志社大学大学院総合政策科学研究科の場合は、次のような設置目的から設立された。すなわち、「科学技術の進歩に伴い社会の国際化、高度情報化および高齢化が急速に進み、社会構造は複雑化の一途をたどっている。そのため、社会の諸分野において指導的な役割を演じうる高度な専門知識・能力を身につけた職業人の養成が強く望まれている」[7]。

それは、「特に、学部レベルの教育または社会での実務経験を通じて、特定の分野について一定程度の知識や経験を蓄積した人たちに対して、より広い視点と新しい理論を教授し、社会で必要とされている総合力を備えた人材を養成する大学院」を設置する必要に迫られたからである。それは学部教育に連続する修士（博士前期）課程・博士後期課程において、これまでの専門学部の縦割的な学部教育とは異なり、問題性に関して解決指向による横断的な視点からの総合性を備えた人材を育成するとともに、さらに学部教育を終了し、一定年限を実社会において過ごしてきた人たちに対しても、改めてリカレント（再教育）するための課程でもある。

そのため、「本総合政策科学研究科は、上述のような社会的要請に沿い、官公庁や企業等での問題解決にあたって、指導的な役割を果たすことのできる社会人を養成するための、新時代の大学院を目指すもの」である。そこでは、学部教育に連続する若い新鮮な問題意識を保有した世代層と、社会人として一定のキャリアと経験を積み上げ、改めて新たな分野の勉学を指向している世代層とが交流することにより、時には意見の対立やさらには相互理解へと新鮮な刺激と緊張感がもたらされ、職場におけるヒエラルキーを通した利害関係を伴うことによる上司と部下との対話の断絶といった現象はみられず、年齢や世代のギャップを超えた対等な院生同士による討論と対話がなされている。それは、新たな効果を求めた実験的な要素も含まれている。

ただし、関連研究領域をつなぐ共通の概念として、「政策」が採用されており、「社会の諸問題を分析し解決策を探求するという課題にとって必要な

---

[7] 『同志社大学総合政策科学研究科設置の主旨及び特に設置を必要とする理由』から引用、以下同様。

高い専門性と総合性を養成するための学際的な体系」が設定されている。したがって、同志社大学大学院総合政策科学研究科では、70科目もの関連領域の講義科目や演習等が設置されているのである。

　大学院生の学際的な問題意識とテーマの設定によって、「問題解決にとって有効な『政策』の立案および実施に有用な理論と手法の開発を可能とするため、諸学問分野を有機的に結び付けた、新しい学問体系を目指している」ことになる。しかし、この課題の達成は、大学院生自体が本格的に追求するかどうかによって効果が大きく左右される。

2.3　他の関連総合政策科学部・大学院の設置目的と教育内容[8]

　a.　埼玉大学大学院政策科学研究科は、新構想の大学院として1977年に設置された。学部段階の教育プログラムは持たず、大学院固有の教員と施設を保有した独立大学院として全国に先駆けて創立された。目的は、現実の政策形成に有効で適切に資することができる、学際的な政策研究と政策科学の体系化と構築にある。科学的思考と手法に裏付けされた政策分析と政策形成能力を備えた行政官や政策アナリストの養成にある。

　b.　中央大学総合政策学部は、1993年に設置された。法律・政治・経済・文化の総合的学習を目的としており、国際的で学際的な研究と、外国語教育と情報教育に重点をおき、昼夜開講制で運用されている。

　c.　立命館大学政策科学部は、1994年に設置された。政策に関する多面的な問題を対象としており、総合的な視点から「新しい時代を創造する学問」の構築をめざそうとしている。①マッキントッシュ（ノート型パソコン）を全学生に所持させ、②ディベート（討論）を重視し、③使える語学を目指している。

　d.　慶應義塾大学大学院政策・メディア研究科修士過程は、1994年に設置された。総合政策科学関連では、初めての大学院の設置である。「従来の個

---

[8]　以下の内容は、埼玉大学大学院政策科学研究科『政策形成の科学化・最適化をめざして』(1992)、中央大学総合政策学部『POLICY STUDIES』(1997)、立命館大学政策科学部『講義概要』(1997)、SFC『慶應義塾大学大学院政策・メディア研究科修士課程』(1994)、『大阪大学大学院国際公共政策研究科』(1994/95)、関西学院大学総合政策学部『地球の未来、人間の明日を考える』(1995)、からの引用による。

別学問に加えて、それらを横断的にとらえた大学院レベルの新しい問題解決アプローチが必要……専門知識と実践的な能力を身につけた"高度な職業人"の養成を主目的」としたものである。基本的な考え方として、①「高度な専門的職業人」の養成、②政策・組織研究とメディア研究の融合による新分野への挑戦、③研究プロジェクトによる研究と教育の統合、④コラボレーション（共同研究）の重視、⑤ネットワークとデータベース環境の利用者重視、をあげている。

　e.　大阪大学大学院国際公共政策研究科は、1994年度からスタートしている。前期課程と後期課程があり、設置目的は、法律・経済に関する学術的、実践的知識を用いて、現代国際社会において日本が直面する公共的な問題について、現実感覚を研ぎ澄まして体系的に分析・評価し、問題解決に貢献できる世界的な視野を持った専門職業人の養成である。

　f.　関西学院大学総合政策学部は、1995年に設置された。問題解決や政策立案を通じて人類の未来に貢献できる人材の育成を目指している。第3年次からは、エコロジー政策コース、都市政策コース、国際発展政策コースの専攻コースのいずれかを選択する。英語教育を重視し、TOEFL試験にチャレンジさせ、到達度別のクラス編成を行っている。また、完全セメスター制度を採用して、小集団教育を実施し、学生のモチベーションに対応できる教育システムをとろうとしており、情報処理教育にも力を入れている。

3．刊行物からみた総合政策科学の現状と制約

　ここでは、経営学に比較的近いと思われる経済学的アプローチによる政策科学の紹介に限定しており、公共政策、法政策学からの接近は考察の対象外にしている。それらは本書の第4章や5章および6章を参照されたい。

3．1　宮川公男『政策科学の基礎』

　宮川氏によると、「政策科学とは何か」ということ自体が、いまだ不明確[9]な状態であるという。その意味では、政策科学は、いま始まったばかり

　9）　宮川公男『政策科学の基礎』序文4頁（東洋経済新報社、1994）。

の新しい学問ということになる。

しかし、政策科学は、「社会科学を中心とした学際的応用科学」ではあるものの、既存の伝統的な各学問や科学とは無関係に突如誕生したものではない。むしろ、社会の環境変化に対応して、これまでの伝統的な学問や科学が総合化・統合化・体系化されようとしている傾向を指している。これまでの学問・科学の蓄積の上に、新たに再構築が図られようとしている学問・科学なのである。まさにパラダイム改革として誕生し、今なお発展を遂げつつある学問・科学である。したがって、用いられている概念や方法論、分析用具のほとんど大部分は、在来の諸科学が開発し発展させてきたものである。

ただ、「政策レベルの問題」への取り組みの重要性を強調しており、そのためには、これまでに専門化されてきた諸科学の狭い問題意識や問題解決の方法に閉じこもることなく、諸科学の理論と方法を統合して新たに問題解決に取り組もうという、一つの運動なのであるとしている。

宮川氏の著作では、第Ⅰ部の政策科学の生成と発展、第Ⅱ部 政策決定論の基礎、第Ⅲ部 政策分析の基礎、第Ⅳ部 科学としての政策科学、と現状ではもっとも体系的で、かつもっとも学問としての「総合政策科学」に近いと評価できる。しかし、内容的には近代経済学、統計学、情報システム論が基礎になっていることが窺われる。

3.2　加藤寛・中村まづる『総合政策学への招待』

本書では、経済学からの総合政策科学へのアプローチが特徴である。今日のような現代社会は、「経済、政治、社会、環境、情報などにまたがり、経済学だけで解決できない問題が多くなって」[10]おり、そうした分野の相互関係を考慮に入れた総合的研究が乏しいために、経済学が役立たなくなったという意識が強まってきたという。そのために、経済学に関して人びとの関心が低下してきたというのが両氏の見解である。

また、「政策判断」は、総合的視点なくして分析し判断することは不可能である[11]とみており、全体では、市場の特性と、市場への政府介入の問題、

---

10)　加藤寛・中村まづる『総合政策学への招待』5頁（有斐閣、1994）。
11)　同上書、13頁。

世界史でのリーダーの交替の教訓、日本の課題などの総合的観点からの研究と分析が必要なことが強調されている。しかし、手法的には経済学に立脚しており、現時点での経済学の限界と打破の方向を「総合政策科学」に求めていることが理解できる。

3.3 丸尾直美『総合政策論』

丸尾氏は、序文において「総合政策」として次のような特徴を挙げておられる。すなわち、第一に「自然科学の一面」を取り入れていることであり、第二に「総合社会科学的な学問」を目指している[12]ことである。つまり、従来の社会科学の枠をさらに拡充しようとしており、また反面で、それらを総合化しようとしていることである。

さらに、「総合政策科学」の学問としての成立の困難性、非現実性という批判への反論として、次の5つを列挙しておられる。

第一に、総合性とはいえ、「どこかに頂点を持つ」総合的研究であればよいこと。第二に、総合政策をオーケストラの指揮者にたとえて、指揮者はすべての楽器に名人である必要はないことが強調されている。第三に、総合性でも、横に切った特定の専門分野、専門帯（ゾーン）では専門家になれるのではないかという指摘がされている。第四に、コンピュータの発達によって、ツールとして利用することで、個人としての学問の総合化にも余裕が生まれるのではないかともいわれている。第五に、現実社会の政治や行政を政治家と官僚に委ねてしまってよいのかという疑問を提示しておられる[13]。

むしろ今日の社会が、政治家や官僚による乱脈と腐敗の表面化によって、問題を露呈し、行き詰まりを見せていること自体が、総合性を備えた新たなスペシャリストの誕生が待たれていることになるのではないかという問題提起でもあろう。

内容的には、高齢化問題、年金制度問題、医療保障と福祉サービス、物価政策、総合雇用政策、労使関係、環境問題などを経済学的手法で分析している。

---

12) 丸尾直美『総合政策論』8～9頁（有斐閣、1993）。
13) 同上書、同上10～11頁。

以上、いずれもまだ伝統的学問に依拠しながら、総合政策科学の形成・構築を模索中であるといえよう。

4．総合政策科学と既存の学際的学問の関係

4．1　現状における学際的科目・学問の制約

現状における既存の学際的科目や学問を列挙すると、次の通りになる。政治社会学、法哲学、教育社会学、経済法、情報法、環境法、国際経済学、地方財政学、自治体会計論等である。

すでにこれまでの環境変化が、新たな学問・科目である上述のような両領域にまたがった科目・学問を誕生させてきた。これら既存の学問は、すでに学際的な特徴をもっているものの、本来の総合性・統合性・体系性という意味での総合政策科学的な水準までには達していないし、それ自体が目的にもなっていない。

4．2　特定の対象を種々の専門領域から接近する学際科目・学問と制約

たとえば、事例として中小企業論を取り上げると、この科目は、これまでに「境界領域」の学問とか、いくつかの領域にまたがるという意味で「谷間の学問」ともいわれてきた。

中小企業論では、これまでは「経済政策論、経済法、国際経済学、金融論、労働経済学、労働法、社会福祉学、経済地理学、工業経済学、技術論、産業組織論、商業論、サービス経済論、都市経済論、都市工学、工業立地論、経営学、大企業論、公企業論、社会学、政治学等等からの接近」[14]がなされてきた。しかし、中小企業論は、すべての領域をカバーした科目や学問というものではなく、問題意識によってどれかに特化したアプローチになっているのが実態である。筆者の場合は、経営学、企業論、社会学、経済学等からのアプローチを主体にし、方法論的には産業比較・地域比較・国際比較の手法を用いてきた。

---

14)　太田進一『中小企業の比較研究』3頁（中央経済社、1987）。

なお、中小企業論の一分野である「中小企業政策論」は、産業政策からのアプローチが主流であり、その意味では企業政策コースというよりも公共政策コースに属するといえるかもしれない。

以上、ここで取り上げた学問や科目は、いずれも「総合政策科学」といえる学際性はなく、学際性は存在したが、これまでの問題意識と環境変化に規定されてきたという意味では学際性は限定されており、総合性・統合性・体系性という学際性からみると自ずと限界があったといえよう。

5. 「政策科学体系論」への取り組みと展望

同志社大学総合政策科学研究科では、1995年度からは4人の講師による「政策科学体系論」が講義されてきた。4人の講師による法律学、政治学・行政学、経済学、経営学からの講義への特化と限界が生じていた。その意味では、1997年度から開始されたより豊富な講師陣による「政策科学体系論」の講義は、より総合性・統合性・体系性を求める意味で理想に近づいてきているといえよう。ことに、情報理論、情報工学、自然科学分野からの講師陣の追加は、これまでの社会科学のみによる総合性追求という限界を補完するものである。

総合政策科学研究科へ院生として入学してくる人たちの出身大学・学部は多様である。文学部、法学部、経済学部、商学部、経営学部、社会学部、社会福祉学部、理学部、工学部等々まちまちである。その人達に新たに出身学部とは異なった学部の専門の基礎を学んでもらうとともに、新しく登場してきた諸問題に対して、解決策をこれまでの狭い専門領域から探るのではなく、新たな問題意識でもって、もっと広範に横断的な学問の形成を試行してもらうことによって、解決を図ろうとするものである。

学部時代に習得した既存の伝統的な学問に加えて、新たに経済法、産業論、環境問題、地域経済、会計学、人的資源管理論、情報工学等の諸学問や科目を補足することによって、統合的な社会科学の誕生や新たな総合科学の形成が要請されている。

これまでの学問の発展は、個別分化（専門化）と総合化・統合化を繰り返

してきたといえよう。ある特定の時代には、個別学問の深化・掘り下げが追求されるが、学問が専門化されすぎると、隣接学問でさえ理解が困難となる。極論すると、あたかも互いに外国人同士が自国語をしゃべってコミュニケーションがとれないような状況がもたらされる。共通言語が欠けているために相互理解が難しくなる。その時点で学問の総合化が必要となる。

　さらに、時代の環境変化とともに、事象や現象を理解しようとすると既存の学問の統合化や、これまでとは異なった次元や価値観に基づく学問の誕生を要請する。これらは、すでに1960年代にクーンの『科学革命』によってパラダイム転換として主張されたことである。クーンの時代環境からさらに新たな環境変化の時代へと突入した現代は、装いを新たにした学問としての「総合政策科学」の誕生を時代そのものが要請しているといえよう。

第2章 政策分析と政策科学
―政策分析手法の展開と課題―

1. 政策分析を検討する今日的意義

1.1 「政策形成のための政策科学:政策分析の発展」

　政策分析は、従前の公共政策決定において、これまでの決定方式における非科学性、非客観性を克服し、優れた政策形成を実現するために、20世紀半ばの米国に登場した手法である。もちろんその起源は、20世紀前半の市政改革運動や、連邦政府の改革に際してとられた予算編成の改善努力などに求めることができる。政策形成に当たって、よりよい選択をしていくためには、適切な政策分析が前提となる。現実に個々の社会的課題や政策問題に直面したとき、どのような選択をしていくのか、その課題解決に即した問題定義を行い、よりすぐれた政策案を作成し、諸提案の中からよりよい政策を選ぶための基準を探ることは、きわめて重い課題であった。

　この分野自体は、実務的な必要性によって触発され、その研究が進んだが、やがて、より厳密な学問的研究として、精緻な分析手法が開発されていくようになった。そこでは、主に、数理的あるいは計量経済学的な手法が多用されてきた。もちろん、オペレーションズ・リサーチが政策分析の理論的な原点の一つであり、政策分析の実際上の手法の一つとされてきていることに端的に示されるように、単なる理論志向ではなく、実用性や現実への適用可能性を重視したものであったことは間違いない[1]。

---

1) 本稿は、政策分析の意義を再確認することをその主たる目的としているが、その基本的な発想は、Radinによる以下の著作に触発されたところが大きく、検討方法や検討結果もその影響を大きく受けていることをお断りしておく。Beryl A. Radin, *Beyond Machiavelli : Policy Analysis Comes of Age*, Washington D.C.: Georgetown University Press, 2000, Chap. 1 and 2.

いずれにしても、今日の政策科学は、政策分析の実践と研究によって、その基礎を築いてきたところがあるといってもよい。もちろん、政策分析が政策科学の基礎のすべてであるというわけではない。政策科学を支える学問分野の裾野の広がりは大きく、さまざまな研究に基礎をおきながら、政策科学は発展してきた。とはいえ、政策分析は、その中でも、大きな潮流を作り出した実践と研究の中心のひとつにあったことは間違いない。

1.2 「政策科学から政策評価へ、そして再び政策分析へ」

いま現在でいえば、日本での政策科学の関心は、政策評価に大きくシフトしている。つまり、政策形成に対する関心よりも、事後的な評価にウエイトを置いているのである。それは、NPM（New Public Management＝新しい行政管理）の主たる目標である成果主義の行政を目指す動きとも連動している。

こうした動向は、米国ではいち早く1970年代以降、明確になってきている。政策分析よりも政策評価に重点が置かれる背景には、福祉国家や大きな政府の限界が感じ取られ、しかも財政赤字あるいは財政危機への対応が迫られると、政策形成への関心やその過程に対する投資をすることよりも、既存の政策のメンテナンス即ち政策評価に大きく関心が移ることになる。米国ではこの時期から、議会も行政機関も、政策分析とともに、政策評価に力点を置き始めたという[2]。

日本では、従来、政策科学に対する取り組みについては、実務からの要請ではなく、それよりも、米国における政策科学の隆盛から研究すべき課題と感じ取られてきた。もちろん、実務上の取り組みがなかったというわけではないが、90年代に入るまでは、実験的な位置づけに留まっていたのである。これに反して、理想化して言えば、米国においては、1940年代後半から、政策形成をめぐって政策分析が実務と研究の両面で発展し、その基礎の上に立って、70年代以降の政策評価への取り組みに結実したといえよう。それだけに留まらず、政策研究の成果を、実務への貢献や実務家教育にも積極的に導

---

[2] Weis, Carol H. (ed.), *Organization for Policy Analysis : Helping Government Think*, Newbury Park, Calif.: Sage Publication, 1992, pp. 161-177.

入してきた米国における政策科学の発達と、それらに対する批判と諸問題の超克に向けた更なる努力は注目に値する。本章では、米国のこうした政策科学の発達において、政策分析が、実務の営みとして、また研究の主題として、どのように探求されてきたかを明らかにしたい。そうした政策分析に関するさまざまな実践や研究の軌跡を追い、その意義を改めて検討しておくことは、日本の政策科学あるいは政策研究においても不可欠のものと思われる。

2．政策分析の定義

2.1　「政策分析の多様性」

　政策分析については、その意味内容に関して、一定した定義があるわけではない。その意義は論者によって多様である。たとえば、政策分析は、それを必要とする政治家や官僚など顧客のための技術であるとか、その技術の応用のプロセスであるとか、またその結果として提出される勧告や報告だとまとめられることもある。特定の顧客に対して何らかの報告を提出するべく、定性的手法や定量的手法を含めた多様な方法を用いてデータを検討し、問題の発見、仮説の提示、対案の提案、利害関係者やアクターたちの確認、あるいは政策選択の提案などを行うことであり、そのための作業として行われる評価、分析、予測などのプロセスであると幅広く理解されることもある[3]。

　このように多様に定義されるとはいえ、多くの議論に共通する要素もある。それは、第一には科学的な研究としての内容面について定義を行うものであり、第二には、政策分析の役割や社会的な位置づけ、特に政策分析家と顧客（公共政策の場合には政治家や官僚など）の関係に着目した定義である。第三には、それらの定義においては、通常、分析対象と分析手法とが共に含まれるが、分析結果に着目する場合と、分析のプロセスないしは手順に着目する場合とに分けられるかもしれない。

3）　Brewer, Garry D. and Peter deLeon, *The Foundation of Policy Analysis*, Homewood : The Dorsey Press, 1983, Chap. 1.

2.2 「政策のための分析と政策に関する分析」

　第一と第二の定義に関しては、政策分析の役割を大きく政策擁護のための分析と、客観的な政策分析との違いとして定義する立場がある。もちろんその間には多様なバリエーションがあるが、基本的には、特定の政策を推進するという立場から、その理由の如何を問わず、政策分析を行うケースが見られるという。

　Gordonたちは、政策分析についてその目的と顧客の違いによって、「政策のための分析」と、「政策についての分析」に区分できるとしている。そして、政策のための分析として、「政策の擁護」や「政策推進に資する情報」としての政策分析を示した。その一方では、政策についての分析として、「政策内容分析」と「政策決定要因分析」をあげている。両者の中間にあるものとして、「政策の監視と評価」があるという[4]。

　政策（あるいは政策群）の直接的な擁護は、政策決定者向けに一定の目的を達成するための政策案（または代替案）を提案することである。政策推進に貢献する情報とは、政策決定者向けの政策情報であり、政策刷新の事例などアドバイスの提供を意味してもいる。政策の監視と評価は、政策プログラムの事後的な分析であり、政策の効果あるいは結果を政策決定者に直接伝えるものである。政策決定要因分析は、公共政策決定のインプットとその変換過程の分析を行うものであり、環境諸力の作用、内部の目標設定、外部の認知状況、行動制約要因などを強調する。最後に、政策内容分析は、研究者が分析的に行う場合が多く、政策の起源や意図、あるいは作動状況の研究を行う。

　政策分析は、一方の極においては、特定の政策を実現するために政策決定者を支援するタイプのものから、他方では、客観的科学的に政策分析を行うタイプのものまで、大きく異なっている。どのような顧客のために行われているのか、その目的は何であるのかによって、政策分析の定義もさまざまでありうるといえる。

4）　Gordon, Ian, Janet Lewis and Ken Young, Perspectives on Policy Analysis, *Public Administration Bulletin*, 25, 1977, p26.

2.3 「政策分析の対象と方法」

　第三の定義に関して、政策分析の定義としては、しばしば言及される分析対象と分析手法について、おおよそのコンセンサスがあるものと思われる。とはいえ、対象のレベルや局面の捉え方によって、やはりその内容は多義的である。

　対象となるのはいわゆる政策、行動計画、方針、プログラム、プロジェクト、施策、事業、標準作業手続、マニュアル、要綱、などである。これらは、形式的に民主的決定を必要とするような公式のもの、つまり法律や規則に属するものと、内部的な運用規程に近い非公式のもの、即ち要綱やマニュアル（あるいは標準作業手続）などとに区別される場合があるが、いずれにしても公共部門の問題にかかわる広い意味での政策が分析の対象となる。そして場合によっては、政府や地方自治体以外の公共政策に関する諸問題をも、対象とすることがある。

　もちろん、政策分析の対象については、そもそも政策が必要とされる問題状況の分析を、対象としなければならないということもできる[5]。つまり、争点や問題の分析、あるいは原因の解明が重要であるとする立場である。問題記述や、その影響の記述をすることが任務の主要な部分だと考えるのである。これらは、政策分析の主たる対象を、問題状況に関する情報収集、そのデータベースの作成と考える立場ともいえる。政策決定は、それ自体、政治的決断に属するものと理解されるのであり、政策分析は、その決断のための情報提供をする立場にあるという位置づけとも理解できるのである。

　政策分析の対象は、それに応じた手法を必要不可欠としている。そして政策分析は、その目的に応じた対象と方法を備えることによって、実にさまざまなパターンのものとなって、実際に行われているのである。

2.4 「政策分析の手法とその共通点」

　政策分析の手法については、分析対象に関するデータの収集と、その解析、そしてその結果に基づく何らかの報告ないし提案をすることが中心とな

---

5) Brewer, op. cit., Chap. 2.

る。実際には、定量的定性的技術を応用することが、中心となる。具体的には、システムズアナリシスや費用便益分析、その他の統計学的な手法や計量経済学的な手法が活用される[6]。

しかしながら、いずれの手法にしても、解析の結果に基づきながら、政策について何等かの評価を行っているという点で共通している。政策問題について、可能な解決策を検討しその実現手段について包括的・客観的・体系的に評価する活動である。当該の政策争点ないしは問題状況について、それに関係する可能性がある要因を分析し、関連する変数の研究を行い、そして解決策を示すことになる。

もうひとつの共通点は、政策分析が、何らかの勧告や報告を予定しているという点である。誰のために、何のために政策分析が行われるのかは別にして、最終的には、何らかの政策に関する提案を行うのである。典型的には、政策代替案の提示、政策勧告、問題解決策の提案、助言の検討と提案、あるいは政策関連の情報解析結果が報告されることになる。

2.5 「政策分析のプロセス」

政策分析において、その対象と方法をめぐって、特にプロセスが重視されている。それは、2種類に分けられるが、第1には、政策過程の各段階における政策分析の役割として強調される。これは、分析対象を、単に政策代替案の評価に限るのではなく、政策決定にいたるまでの各段階で必要とされる分析や評価、あるいは決定後の実施や評価段階におけるフィードバック情報の提供という局面を含めて、考えようとしていることを示す。第2には、政策分析過程それ自体の手順についての注目である。これは、調査主体や研究グループの編成、調査方法やデータ解析手法、その手順などにかかわる観点から、適切な分析ができるための枠組みを理論的にまた実務的に提供しようとすることに関心がある。すなわち、政策分析それ自体を、一連の作業プロセスと見る視点だということもできる。政策決定の過程を説明する作業、決

---

6) Nagel, Stuart S. and C. E. Teasley III, Diverse Perspective for Public Policy Analysis, in Jack Rabin, W. Bartley Hildreth and Gerald J. Miller (eds.), *Handbook of Public Administration*, New Burry : Marcel Dekker, 1998.

定を理解する作業、決定による将来の変化を予測する作業などが、合理的効率的に進められること、そのための必要条件を明らかにすることなどに関心があり、それらを指し示す用語と考えることができる場合もある[7]。

　政策分析のプロセスへの注目のうち、政策過程的な視点についてみれば、分析対象の過程的な側面での切り分けと、当該要素に対する分析検討や、それら要素間の関係についての検討が行われている。たとえば、問題発見段階でいえば、争点や問題の構成要素の解明、問題に関する定性的・定量的データの収集と解析、争点に影響する変数の解明、争点の定式化、そしてアジェンダ設定にいたるプロセスの各局面とその相互関係が検討される。政策形成段階においては、政策案あるいは代替案の案出、代替案比較の基準設定、代替案の有効性評価や関連情報の提供を行う。そして、政策決定段階においても、政策案の採用決定に関する評価情報を提供することが、政策分析の役割となる。いったん、決定が下された場合においても、政策分析の役割として、政策の詳細についての制度設計や実施計画の策定、実施体制（組織編制を含む）の構築支援、執行段階における政策の分析（中間評価）などが担われることになる。政策評価は、それ自体として、政策分析の機能と重なるものであり、分析結果情報のフィードバックという役割を担うのである[8]。

3．政策分析の特性

　政策科学の中における政策分析を考える場合、他の研究手法との比較を通じて、その特徴はどのように把握できるのであろうか。実際、政策分析はその定義の多様さにもかかわらず、上述したところからすれば、そこには、共通する特徴が見られる。

3．1　「政策分析とシステムズアナリシス」

　Y. Drorは、政策分析の重要性を強調し、PPBSに代表されるシステムズ

7）　E. ストーキー・R. ゼックハウザー著　佐藤隆三・加藤寛監訳『政策分析入門』勁草書房、1998年、第1章参照。

8）　See Brewer, op. cit. and George M. Guess and Paul C. Farnham, *Cases in Public Policy Analysis* (2nd ed.), Washington D.C.: Georgetown University Press, 2000, pp. 5-12.

アナリシスとの比較から、政策分析の特徴を以下のように定義している。

それによれば、第1に学問的な基礎としては、システムズアナリシスがその基礎としてあるが、これに政治学、行政学、行動科学の一部を加えたものであり、とりわけ政策科学に基づくものだという。

第2に、政策分析の主たる強調点は、定性的分析とそれによる新たな政策手法の革新にあり、可能な場合には定量的な分析を加味するものである。

第3に、政策分析の専門家に望まれる特性は、賢明であること、非保守的であること、高度な分析能力を持つことに加えて、成熟していること、政治行政の現実について明示の知識または暗黙の知識を持つこと、想像力があること、理想主義的な現実主義を採ることであるという。

第4に、政策決定の基準としては、複数の基準を持つものであって、社会的、経済的、そして政治的な有効性を含むものである。

第5に、主たる分析手法については、経済分析と定性分析によるモデル構築に、定量分析モデルを加味し、これらを創造的思考と未来的な思考方法および暗黙知と統合することによるという。

第6に、政策分析が活躍する場としては、PPBSの分析部門や、形態はさまざまであるが社会の方向を決めるシステム全般においてであるという。

第7に、公共的な政策決定に応用した場合の主たるアウトプットは、まず、高度に複雑な政治的争点について、何らかの良き決定をすることであり、また政治的論争に関する教育的な効果であり、長期的に見た場合は公共政策決定システムに対する改善の効果である。

第8に、政策分析に関する知識体系の発展や専門職を供給するための必要条件として、学問研究分野としての政治学や行政学の方向転換と共に、新しい大学カリキュラムの確立、新しい包括的な専門分野としての政策科学の確立が求められるという[9]。

3.2 「政策分析の特徴と再定義」

以上のようなDrorによる性格づけを、前述した政策分析の定義と関連付

---

9) Dror, Yehezkel, *Ventures in Policy Sciences*, New York : Elsevier, 1971, p. 234.

けて見ると、次のように特徴と定義をまとめなおすことができる。

第1には、公共政策決定の実際に深く関連する研究だという点である。あるいは実務的であり、現実との有意味な関連性を重視すると言い換えてもよい。

第2には、定量的手法と定性的手法が共に強調され、また定量的データと定性的データとが共に重視されること、いずれにしても科学的客観性を確保しようとすることである。また分析や評価に当たって、論理的合理性や包括的な体系性が求められることもある。

第3には、予測や推計が重視されていることである。特に、政策選択による将来的な効果予測は、政策代替案の選択基準となる。

第4には、政策の改善や政策決定過程の改革を目指そうとすること、またそのためにも問題解決の方向については一定の前提が置かれていること、そうした志向性が意識的であれ、無意識的であれ、含意されていることである。

3.3 「政策分析と政策科学」

政策分析と政策科学の関係についていえば、上述のように、実務的な関心から発する政策分析と、よりアカデミックな政策分析への関心から、その共通の基礎として、政策科学が成立していると考えてよいであろう。政策分析が実務家の関心の中心ではなく、政策評価に大きくシフトしている現状においても、政策形成に関する関心がなくなったわけではない。政策形成はもとより、政策評価にせよ、政策分析の手法を取り入れていることは間違いないのである[10]。また、政策分析に基礎を持たない政策評価は、後述のように、ありえない。このように政策分析は、政策科学にかかわるものにとって、重要な出発点のひとつなのである。政策科学は政策分析の科学的基礎であると同時に、政策分析は政策科学の原点と考えることができる。

---

10) 政策分析と政策評価の方法論上の異同およびその間の相互補完的な意義については、Geva-May たちによる以下の論考を参照されたい。Geva-May, Iris and Leslie A. Pal, Good Fences Make Good Neighbors: Policy Evaluation and Policy Analysis-Exploring the Differences, in Stuart S. Nagel (ed.), *Policy Analysis Methods*, Commack, New York: Nova Science Publishers, 1999, pp. 1-24.

もちろん、今日的な政策科学の発展状況を前提としつつ、政策分析にかかわりうる政策科学の意義を、確認しておくことは必要であろう。それには、おそらく、学問的な意義、実務的な意義、そして教育的な意義が、見出せるように思われる。何のための政策分析かという問いかけに対して、一つには、政策に関する科学的研究としての政策分析があり、政策分析に関する知識の体系を整理し、その理論体系を構築し、現実を理解しまた改良しうる知識と理論の発展に貢献する学問研究として措定することができる。二つには、実務的な有用性にかかわる意義があり、現実の政策の提案や改善に貢献すること、それは社会的にも有益であること、またそれを必要とする人々に政策分析に関する知識や技術を提供できることが、指摘できる。三つには、教育上の意義があり、客観的科学的には政策分析やその手法を教育することが教育の直接的目的となる場合、実際に政策分析の担い手を育成するためという教育目的を持つ場合、あるいは現代民主主義社会に暮らす市民の基礎的教養としての政策分析教育という目的を持つ場合などが想定できる。

このような学問研究としての政策分析について、価値自由の観点からは、既存の現にある政策方針を前提とした政策研究の多くは科学性や客観性を欠いたものと批判されることになる。また、一定の価値体系を前提にしていることから、その成果や方法には限界が多いということもできる。そして、批判理論あるいはカルチュラル・スタディ（文化研究）のグループからは、社会問題解決としての本質を見逃していること、科学的装いの下に、さまざまな矛盾を隠蔽していることなどが、指摘されるのである[11]。

4．政策分析の展開

以下では、米国における政策科学の諸研究との関連を含めて、とりわけ政策分析の発達を振り返るなかで、政策分析の特徴を浮き彫りにしたい。そし

---

11) カルチュラル・スタディやクリティカル・セオリーの立場からの批判は以下を参照。Robert Denhardt, Toward a Critical Theory of Public Organization, in *Public Administration Review*, vol. 41, no. 6, 1981. Anne Lararson Schneider and Helen Ingram, *Policy Design for Democracy*, Lawrence : University Press of Kansas, 1997.

て、それとの対比のなかで、日本における展開を考えてみることにしよう。

4.1 「米国における政策分析の登場」

米国においてなぜ政策分析が登場してきたのか、そしてとりわけ第2次世界大戦後、政策研究に急速に人材や資源が集まり始めたのか。

その理由の一つは明らかに1930年代以降の大きな政府への潮流がある。大恐慌以後の社会政策や経済政策の実施は、もちろんそれまでにも底流としてあった連邦主義の変化を決定付けることになった。そして連邦政府の支出は飛躍的に増えることになった。こうした国内問題への介入の拡大は、一方では、従来の予算統制や行政管理の徹底では、政府を管理しきれないという事実を、連邦議会にもまた大統領府にも実感させるところとなった。かくして、政府活動を統制しうる手段の模索が始まることになった[12]。

予算制度改革との関連の中で注目されたのが、政策単位ごとの予算の分析評価によって、予算編成を合理化する手法であり、いわゆるプログラム予算方式の導入であった。そして、そのなかで、1950年ころに試みられたプログラム予算制度は、単に予算編成の合理化や議会における検討のための手段というに留まらず、政策への注目と政策を単位とする政府活動の再検討に向かう重要な節目となった[13]。

プログラム予算は、当然のことながら、PPBSとしての政策分析の本格的な導入を導くことになった。1960年代の米国では、PPBSの導入によって、防衛部門では政策決定の合理化を達成するなど大きな成果をあげたとされる。ジョンソン政権下の65年には、他の省庁にもこれを拡大して実施することになった。しかし、71年には、予算過程においてPPBSの前提条件となる資料作成を不要とする決定があり、PPBSはその役割を終えた。

PPBSの意義と限界、その廃止の原因などについては、後述するとして、初期の政策分析作業は、展望的な分析機能をもつものとして、即ち、よりよ

---

12) Radin, op. cit., Chap. 1.
13) 予算改革は、1947年に設置された第一次フーバー委員会（The Commission on Organization of the Executive Branch of the Government）によって49年に提出された勧告によって導入されることになった。経費削減のために提案されたパフォーマンス予算制度が、一般にプログラム予算と呼ばれることになった。

い政策決定のための分析を目指すために、長期計画と予算編成そして政策決定を合理的に関連付ける手段を提供することになった。システムズアナリシスによる新しいプログラムの分析は、政策代替案の可能性を検討する合理的な手法と考えられたのである。

4.2　「PPBS以後の政策分析」

　PPBSの失敗にもかかわらず、その中で利用された手法は、その後も多くは生き残った。費用便益分析がそれであり、その発展は、1970年代において顕著となった。米国陸軍工兵隊による公共事業、とりわけダムの建設については、その経済効果の説明を必要とされたことから、費用便益分析が盛んに用いられた。そして費用便益分析は、容易に政策評価活動に転用可能な技術であり、評価への注目が増えるにしたがって、活用されるようになっていった。また、PPBSの失敗は、もう一つの重要な遺産を作り上げた。それは、議会における政策分析に関して、議会予算局によるプログラム評価活動の活発化があったことである。プログラム評価は、70年代半ばから本格化することになった[14]。このようにして、政策分析から政策評価への移行と、政策分析と政策評価の結びつきないしは関連付けが進んで行ったのである。

　1960年代半ばから80年代に至る時期は、米国においても、揺籃期の政策分析が、その制度化を果たした時期だと考えてよい。特に、1980年代における政策分析の制度化は、分析の多様化と縦割り化、各組織の文化を反映した政策分析、政策分析が政策過程にほぼ完全に位置づけられるという意味で、制度化が行われたと考えられている。つまり、政府活動を統制しうる手段の模索は、政策への注目と政策を単位とする政府活動の再検討へと向かい、政策評価への傾斜が強まることになった（この点については、次の項で詳しく触れたい）。そしてそれと平行して、政策分析および政策評価の制度化が進み、各省庁の分析アプローチが明確になってくると共に、分析者の組織文化が明らかになるプロセスが認められるというのである[15]。

---

14)　山谷清志『政策評価の理論とその展開―政府のアカウンタビリティー』晃洋書房、1997年、39-40ページ。

15)　Lynn, Jr., Laurence E., Policy Analysis in the Bureaucracy : How New? How Effective?, *Journal of Policy Analysis and Management*, vol. 8, no. 3, 1989.

政策評価の発展は、1990年代には、GPRA（政府業績評価法）の制定と各省庁への適用によって、省庁の計画目標に対する達成度評価の手法の定着とそれに基づく予算編成との連動を進めることになった。各省庁は、こうした制度制定を背景として、それぞれ独自の政策分野や問題領域について、そこで有用な限定的な政策分析ないし政策評価の手法を発達させることになり、政策評価もまた分野別に特化していく傾向、すなわち分析手法や分析対象の特定化が進むことになった。

4.3 「政策評価と政策分析」

近年、顕著な傾向として、すでに指摘した政策分析から政策評価への関心の移行がある。これらは1970年代にはすでに顕著となっていた。その初期の政策評価は、経済機会局によるものであり、それは、プログラム内容を適切に情報伝達することができたかどうか、プログラムの定義が正しくできたかどうか、それらを実現するための新しい方法作りを実験したかという回顧的な評価方法によるものであり、そこでは、さまざまな手法を用いて、プログラムの介入効果を検討することに主眼があった[16]。

政策分析と政策評価とのオーバーラップは、80年代に顕著になった。国家の資源制約が明らかになり、その有効活用が課題となってきたことによって、新たな政策を追加的に展開できる余裕が小さくなり、従来の政策分析の主たる出番である新たな政策の形成に貢献する活動は相対的に少なくなったのである。

これに対して、評価活動は、1930年代から行われてきているが、たとえば、教育の評価が、教育による学生の成績に対するインパクト評価として、行われたことが、比較的初期の段階の評価の試みであったという。また、地方レベルでは、市政改革運動などの影響を受けて、都市行政の合理化効率化が課題となり、その行政活動の客観的な測定が試みられた[17]。いずれにして

---

[16]　以下、米国における政策分析と政策評価に関する歴史的な記述は、Radin の文献によるものである。Radin, op. cit. pp. 17-22.

[17]　この時期の地方自治体レベルの行政活動を評価する基準を示そうとするものとして、以下の文献がある。ハーバード・A・サイモン、クラレンス・E・リドレー著、本田弘訳『行政評価の基準―自治体活動の測定』北樹出版、1999年。

も、それらの評価の対象は比較的限定された領域についてのものであり、特定のプロジェクトがもたらす、介入の評価をしようというものである。

1960年代そして70年代の評価は、新たな政策がもたらす効果を測定することに、強い要請があった。しかし、評価を主導した議会も、連邦政府各省庁も、多くのさまざまなタイプの効果測定を行い、これらを評価の名において行ったのである。議会予算局が行ったプログラム評価はその嚆矢である。

とはいえ、70年代には、既に評価と分析とは、その一体化の傾向を示していた。政治的な関心が、新政策の創造ではなく、既存プログラムの評価に移行し始めたことを背景として、この時期には、政策形成にかかわる政策分析の専門家と、事後的な政策評価にかかわる分析の専門家とが、米国の議会や省庁に同居する状況が生まれたという。

1980年代に入ると、従来の政策評価とは大きく異なる評価の手法が、多様に見られるようになった。プログラム評価にとどまらず、ベンチマークによる評価手法や業績測定手法などが、多様に展開されることになった。この状況については、評価をすればするほど新たな政策プログラムの開発は少なくなり、新しい提案が多くなれば多いほどそのフォローが少なくなるという状況が現れたのである[18]。

政治的に見れば、政策評価は、その政治的利用可能性に大きな関心が集まる時期でもあった。福祉国家的な大きな政府から、レーガノミックスに代表されるような新自由主義的な政策への転換においては、政府の財政資金の蛇口が小さくなり、巨額の資金を必要とするような政策決定は困難になる一方で、日常のきめ細かなニーズに対応して政策調整を可能にするような政策評価が、政治家や官僚など政策決定にかかわるものたちの関心を集めるようになったとも言える。政策評価の重要性が、新自由主義的な緊縮財政の中で、改めて強い関心を集めることになったのである。そしてこの傾向は、90年代のクリントン政権においても、方向転換をすることはなく、GPRA（政府業績評価法）の実施に見られるように、実態は別として、評価と政策形成を連

---

[18] Wilensky, Harold L., Social Science and the Public Agenda: Reflections on the Relation of Knowledge to Policy in the United States and Abroad, *Working Paper 96-15*, Institute of Governmental Studies, University of California at Berkeley, 1996, p. 6.

動させることができるようなシステムの導入を推し進めることになり、少なくとも政策プロセスのフィードバックが一定程度は可能となったのである。

4.4 「日本における政策分析と政策評価」

日本における政策研究は、1970年代あたりから注目されるようになった。その中心は、研究者による米国での政策研究の隆盛に刺激されたものであった。米国の研究状況の紹介や、関連する論文が発表され、日本での研究の必要性が強調され始めている[19]。

大学その他の研究機関における理論的検討志向は、学問的には、工学系あるいは経営工学系の研究者により、政策決定論ないしは意思決定論として、研究が深められた。これらは、経営学の分野においても同様に、経営意思決定の分析や合理化に向けての研究として発達した。さらに、経済学では、政策分析が元来経済計算から出発したこともあり、計量モデルの研究やその実証が進んでいった。また、行政学や政治学においては、政策過程への関心から、定性的あるいは記述的な分析を中心に研究が進んだ。日本の場合には、政策科学一般について、工学から社会科学へという推移があったということもできる。

日本の教育研究における政策科学の先取りは、実務からの取り組みの必要性を反映したものではなかったために、米国では中心的なテーマとされてきた政策分析についての関心を学問研究的な側面以外には持たないものになった。現実の政策形成や政策決定との関連性を意識されてこなかった政策研究は、研究としては、1980年代から大きく注目されるようになったとはいえ、研究者や研究機関の狭い世界に限定されがちであった[20]。その日本でも、政策研究への関心が、実務レベルでも広がり、研究者の多くのラッシュが始まったのが、90年代である[21]。特に、政策評価への関心は高く、日本でも、政

---

19) 比較的まとまった初期の研究としては、以下のものがある。河中二講『政策と行政』良書普及会、1983年。
20) 宮川公男『政策科学の基礎』東洋経済新報社、1994年、17-18頁。
21) 1990年代中ごろから政策科学関連の学会設立が続いている。1996年には、従来は研究会であったものが公共選択学会として発足し、また、同年日本公共政策学会が設立されている。1999年には政策分析ネットワークが、そして2000年には時代潮流に対応して日本評価学会が、設立された。

策科学ないしは政策研究は、政策評価論を中心に検討されているかのような印象すら与えることになった。もちろん、政策分析や政策過程研究への関心がないというわけではなく、実務家を含めて教育研究ではその必要性が指摘されまた実践もあるが、やはり大勢は、政策評価やその関連分野を中心とするものであった。

実務における政策研究の要請から見れば、従来からもPPBSや費用便益分析の必要性は強調されてきてはいた。しかしながら、実質的に政策科学の成果が活用されるようになるのは、90年代以降のことであった。とりわけ日本では、実務における評価の先行があり、ODA評価、事務事業評価、建設事業評価などが、先行して進められることになった。学問研究的な観点からは、こうした実務の政策評価試行に触発される形で、研究展開がされることになった。したがって、政策科学は、学問研究の観点は別として、実務的には政策評価に焦点が当てられることになっている。

日本の政策研究における不幸は、結局のところ一部の例外を除けば、政策分析なき政策評価にある。そのことが、政策評価にせよ政策分析にせよ、それらが究極的には、政策の改善に結びつかなければ無意味であるにもかかわらず、単なる説明責任や、行政のスタイル転換に貢献するところを強調することに結びつき、政策分析本来の役割が軽視されることになっていったのである。たとえば、公共事業の評価において、実際には、政策分析の中心的な手法である費用便益分析がもっぱら利用されている現実があるが、その使われ方は、政策選択のためというよりも、説明責任に重きがおかれているように見えるのである。

5．政策分析の手法

政策分析を考える場合に、その理論的な基礎と方法論的な展開について、確認をしておくこと、その意義を明らかにしておくことは不可欠である。もちろんその根幹にあって配慮せざるを得ないのは、経済的効用および経済効率性基準の適用である。具体的に言えば、社会的価値の平等配分をいかに達成するかということと、個人の欲求満足にあたっていかに効率的に満足がで

きたかが問われるのである[22]。この原則を政策の中に実現するために政策分析が行われるのであるが、そのためには、政策それ自体の分析をどのような枠組みで検討していけばよいのかという手順を明らかにし、次いで、その判断基準となる方法論を示す必要がある。

5.1 分析のフレーム論

Bardach は、政策分析のフレームについて、最も古典的とされるような論点の提示をしている。彼によれば、1．問題の定義、2．証拠の収集、3．政策群の構築、4．選択とその基準、5．結果の投影、6．トレードオフへの対応、7．決定、8．方針の発表、という8つの段階が示されている[23]。

政策分析のフレームについては、さらに分析作業の構成要素と、その作業の段階的な処理過程という局面に分けて考えることができる。Quade は、政策分析の構成要素として「1．目的」、「2．政策代替案」、「3．インパクト」、「4．格付け基準」、「5．予測モデル」を提示し、これらについて検討せざるをえないとしている。目的は政策が追及している到達点であり、これを達成するために政策代替案群が作成され、各々の代替案がもたらす何らかの特定の結果（インパクト）が明らかにされ、その代替案を順位付けする格付け基準があり、ある代替案を選択したときの結果を予測するモデルがある。そして、ベストの代替案を選択するためには、「1．問題と目標の設定」、「2．代替案の探索」、「3．環境条件の予想」、「4．効果のモデル構築」、「5．総合と結論」という5つのステージを踏んでいくこと、それらを結びつけ繰り返すことが必要だという。すなわち、問題の明確化と問題範囲の決定そして目的を定めること、代替案を確認し構築し検証すること、将来環境や作動状況を予測しておくこと、インパクトを左右するモデルの構築と適用、そして代替案を比較し優先順位付けをする総合的な結論をえることと

---

[22] Jenkins-Smith, Hank C., *Democratic Politics and Policy Analysis*, Pacific Grove: Brooks/Cole, 1990, p. 10.

[23] Bardach, Eugene, *The Eight-Step Path of Policy Analysis*, Berkeley: Berkeley Academic Press, 1996, p. 83.

している[24]。

　もちろん、これらすべてをそなえた政策分析が実務的に行われるわけではなく、この枠組み自体は現実的ではない。現実には、どこかの段階まで、あるいはいずれかの段階についての政策分析であることが、実務であれ研究であれ多いのである。なお、そのほかにも考慮に入れるべき要素は多く、政治環境要因、歴史的文化的要因などがあると考えられる。

5.2　政策分析の手法

　政策分析の基本的な手法は、定量的な分析であり、これに付加されてきたのが定性的な分析である。定量的な分析手法の代表的なものの一つは、予算編成過程の研究を通じて発展してきた。プログラム予算、PPBS、ゼロベース予算などがそれである。合理的な予算決定のための政策分析を課題とし、システムズアナリシスと総称される手法などを使いながら実現されてきたのである。もう一つはその分析の中で活用された手法の一つである費用便益分析とその展開である。費用便益分析は、政策分析手法として更に多様に発展し、道路やダムなどの公共事業評価に多用されるようになる。

　PPBSは、予算編成において、同一の予算分野における政策間の優先順位を決定する方法として発達した。政策目標を達成しようと提案された予算配分プログラムの代替案群について、その費用と便益を計算し、合理的に優先順位を決定していこうとするのである。もちろんこのシステムは、計算可能であることが前提であり、共通の価値尺度となる市場価値に換算できない場合や、政治的な価値配分に直面したとき機能しないことになり、それは実際に米国でも使われなくなったことに端的に示される[25]。

　一方、定性的な分析としては、環境影響評価に代表されるようなインパクト分析がある。具体的には、自然環境にもたらす負のインパクトを測定しようというのである。こうしたインパクト分析は、様々な分野に応用されよう

---

24)　Quade, Edward S., *Analysis for Public Decision*, New York : Elsevier, 1982, pp. 46-50.
25)　PPBSとその問題については、以下を参照されたい。宮川公男『PPBSの原理と分析』有斐閣、1969年。Wildavsky, Aaron, Rescuing Policy Analysis from PPBS, *Public Administration Review*, vol. 29, 1969, pp. 189-202.

としている。教育や福祉などの分野でも有効だとされているし[26]、近年の政策評価に際しては、定量的な分析に追加して定性的な評価を特に環境影響評価の側面で活用している例が多い。なお、成果主義を標榜する多くの評価活動が依拠するのも、多元的な価値を前提としそれぞれに異なる評価尺度を用いたインパクト分析であるともいえる。具体的には、ベンチマーク手法や業績測定手法などがそれである。

6. 政策分析の視点

　政策評価が全盛となっている現状において、何故、政策分析を取り上げなければならないのか。その理由は簡単である。前述した Wilensky の言葉にあるとおり、政策形成の分析と政策評価の分析とは、いずれか一方が過大に行われることになると、他方への関心が低くなる傾向にあるからである。政策過程を総合的に捉え、よりよい政策過程を確保していくためには、今日のように政策評価全盛の時代においても、政策分析と政策評価の双方が必要となる。

　このことは、政策科学の基礎を確立するということのためにも重要である。政策科学は、今のところ日本において、必ずしも十分に定着した学問研究分野ではないし、実務的に必須とされているとはいえない。そうした状況にあって、日本においても、政策分析に関するパースペクティヴを、明らかにしておかなければならない。

　今日的な政策分析の要請として、一つは、特定の政策分野についての専門性が求められている点がある。政策領域に固有の分析対象や分析手法を考えていかなければ、現実からの要請に対応できないのである。分野ごとの政策分析手法の体系化や知識の総合化が求められている。二つには、政府組織内あるいは自治体行政内の政策分析についての専門性の要請である。政策代替案の提示と選択にかかわるような政策分析能力が、米国と同様に日本においても行政組織内において求められることになろう。三つには、政策分析の専

---

[26]　Bickers, Kenneth N. and John T. Williams, *Public Policy Analysis : A Political Economy Approach*, Boston/New York : Houghton Mifflin, 2001, pp. 232-234.

門家養成である。いま現在、幅広く進められている一般的な政策評価、行政評価は終焉を迎え、いずれその役割を特定化していくこと、政策過程ないしは管理サイクルのツールとして位置づけられることになるであろう。政策分析にかかわる政策科学の課題の次のステップは、特定問題に熟練した評価の専門職に対する有効な分析手法の提供から、更に専門性を深めた政策分析能力の養成に向かうことになろう。

そうした政策分析にかかわる政策科学を将来展望していくとき、いくつかの留意点がある。一つには、他の政策分野を含めた総合政策的な視点であり、そこには政策過程に対する注目を併せ持たなければならないという広範囲に及ぶ視座の確保である。二つには、とりわけ日本では、政策分析という専門職を、従来の学問研究分野に従属させるのではなく、新たな社会的地位をもつものとして確立していく必要があるという点である。三つには、政策分析にかかわるものは、結局のところ、政治過程と政策過程が交錯するところに成立するのであり、政治文化や政治的文脈とのかかわり方について、常に自己省察と現実的対応を繰り返さなければならないという点に注意していく必要がある。

〔参考文献〕

Ellis, Ralph D., *Just Results : Ethical Foundations for Policy Analysis*, Washington D.C. : Georgetown University Press, 1998.

Fischer, Frank and John Forester (eds.), *The Argumentative Turn in Policy Analysis and Planning*, Durham and London : Duke University Press, 1993.

Meenaghan, Thomas M. and Keith M. Kilty, *Policy Analysis and Research Technology : Political and Ethical Considerations*, Chicago : Lyceum Books, 1993.

Nagel, Stuart S. (ed.), *Policy Theory and Policy Evaluation : Concept, Knowledge, Causes, and Norms*, Westport : Greenwood Press, 1990.

Nagel, Stuart S. (ed.), *Research in Public Policy Analysis and Management*, vol. 7, Greenwich : JAI Press, 1995.

第3章　草の根の政策科学

1．政策科学の射程としての草の根

1．1　日常的現象としての「政策」

　政策とは、これをごく簡単に定義すれば、問題を解決する案とその案を実現するための手順（＝プログラム）のセットである。問題とは、そのまま放置すれば個人や組織の正常な機能を阻害し、場合によっては機能を停止ないし破壊しかねない現象である。喩えて言えば、人間をはじめ動植物にとっての病気が「問題」の典型である。風邪や食あたりのように放っておいてもそのうち治癒するものもあれば、癌等の悪性新生物のように放置すれば致死率が高いものもあるし、高血圧症や糖尿病のように長い時間をかけて徐々にしかし確実に通常生活ができない機能不全へと五体を誘う慢性のものもある。病気が軽い場合、われわれは体温を測るなど自己診断し、経験則に基づいて早めに休んだり市販薬を飲んだりして自助努力で治癒に努める。病気が重い場合、通常専門医の診察を仰ぎ、その処方箋ないしプロトコルに従って治療を受ける。

　この比喩を続けると、しかし、病気すなわち心身の病理状態だけが「問題」なのではない。心身の生理機能が十全すなわち健康であっても、より美しい容貌や強い肉体を求めて人は整形手術を施したり、トレーニングに励んだりする。それは、自分が理想とする状態と現状との間に差があり、そのギャップを埋めようとする誘因が働くからにほかならない。このように理想と現実の乖離もまた「問題」なのであり、その乖離を埋める手段もまた「政策」と呼びうるのである。

このように考えると、われわれは生活や人生の至る所に「問題」とそれを解決せんがための「政策」の組み合わせないしセットを発見することができる。進学先や就職先に関する進路問題、蓄財の方法、わが子の育て方、痴呆状態に陥った親の介護問題、果ては今晩のデートコースをどうするかといったごく日常的なことまで、ある意味では人間生活とは問題とそれを解決するための政策の立案・決定・実施の連続だと言うこともできるのである。このような問題のうち、ある範疇の社会の不特定多数の成員に関わるものを公共問題（public affairs）と呼ぼう。

1．2 政策のフィールドとしての「草の根」

したがって、政策は人類社会の様々な階層に遍在していることになる。上は国連におけるイラク問題の討議から下は今晩のおかずまで、人間活動のあらゆる舞台で古今東西無数の政策が立案され計画化され実施されてきた。その中で本章が焦点を合わせるのは「草の根」と総称できる近隣社会での問題と政策である。近隣社会といってもその範囲は一義的に定義することは難しい。英語では neighborhood や local community が語義的にもっとも近いであろうか。日本語の類義語としては、「ご近所」や「世間」、行政区画としては「小学校区」がその具体的イメージを喚起しやすい。松野は、「われわれが日常の生活世界の観点から、地域社会を捉えていく場合には、町内会・自治会等の総体的に小規模なコミュニティとれている近隣社会（Neighbourhood Society）や地域社会の基礎的単位とされている市町村が地域社会として認識されていると考えるのが一般的であろう。」と指摘する。（松野、2004年、34ページ）要するに、われわれが日常的に活動する家庭や職場が存在する地理的空間が近隣社会であり草の根なのである。草の根は、角のコンビニの店長や〇〇鮮魚店の大将など、われわれが顔を識別できる具体的生活者や、家の前の電柱、近所の公園のトイレ等、実際に見て触れる物体によって主として構成されている。その意味で、草の根はわれわれの五感と直結したきわめて具象的世界であり、その有り様や変化はリアルに経験することができる。このリアリティこそが草の根世界の大きな特徴なのである。

われわれの生活世界と重複することの多いこの草の根世界でも、当然なが

ら、様々な公共問題が発生する。例えば、いまや多くの日本人が暮らすようになったいわゆるマンション。マンションの本来の意味は富豪や貴族の館だから、「ロイヤル・パレス○○マンション」といった類の1Kアパートを見るたびに日本人の優れた諧謔精神に筆者は感動するのだが、それはともかく、このマンション＝高層集合住宅という草の根の小さな社会でもしばしば公共問題が発生する。筆者が実際に経験した例をいくつか挙げると、空室に暴力団風の人物が入居しようとしたり、駐車場に至る広めの通路に無許可駐車が頻発したり、あるいは管理費を下げるために管理会社を替えようという提案が入居者から出されたりという問題が発生する。こうした問題は管理会社に連絡すれば解決するという類のものではない。マンションは通常管理組合を結成しその自治で運営していくものであるから、まずは管理組合理事会が問題解決の衝に当たり、そこで解決できない場合は最高意思決定機関である総会において解決策を協議することになる。とくに分譲マンションの場合、区分所有者はやがて訪れるであろう大規模修繕ないし建て替えのために費用を積み立て、大規模修繕もしくは建て替え計画を策定しなければならないという一種の運命共同体の中にあるから、否が応でも自治による問題解決能力を問われることになる。その意味で、マンションはどの草根の社会にもまして日本人の自治能力が試される場であると言えよう。（参照、小林・藤木、2000年、96-102ページ）

　同様に、公共問題は草の根社会のいたる局面で発生する。2003年4月からNHK総合テレビで放映されている番組『問題解決！ご近所の底力』はまさしく近隣で発生する様々な公共問題の解決策を扱ったものである。そこでは、空き巣対策、住宅街の迷惑駐車、犯罪からの子どもの保護、放置自転車対策、ゴミ減量など、われわれの生活に密着した公共問題解決の先進的事例が次々と紹介されている。「草の根の政策科学」の教材ないし事例集として大いに活用されてしかるべきこの番組でわれわれがもっとも注目しなければならないのは、地域住民が公共問題解決の主体になっていることである。これまで、こうした公共問題の解決者は市町村等の自治体行政の役割だと考えられることが多かった。公共問題でなくとも、「じいさんにいじめられてしょうがない」というおばあさんからの苦情に市役所の課長が出向いて気長に

そのおじいちゃんの話を聞いたという実話すらある。（参照、扇谷、1971年、115-6ページ）高度成長時代、人口の約6割が都市部へ移動し、相互扶助の精神や共同体意識が希薄な都市社会が拡大するにつれ、人々は近隣の公共問題の解決を警察を含む行政、さらには司法へと求めるようになった。だが、行政の解決能力ないし意欲が不十分であることが判明するにつれ、地域住民は自らが当事者である公共問題の解決に乗り出し始めたのである。また、そのような地域住民を支援するNPOやコンサルタント等の"応援団"も増えてきた。草の根の政策科学をもっとも必要としているのは彼らなのである。

1.3 「草の根」を視る座標軸

草の根に発生する公共問題の政策科学的解決を目指す際、その草の根社会の特性を知っておくことは不可欠の要件である。草の根社会といっても、その有り様は場所によって時代によって様々であり、その特性を決定する要因も多々存在する。そのような要因の中でとくに重要なものを座標軸という比喩を使って挙げれば、歴史軸、地理軸および経済軸を指摘することができる。

第1の歴史軸とは、その社会の史的・時間的変遷である。日本の草の根社会は、大字（16世紀から17世紀にかけて行われた検地により編制された旧村ないし近世村）と字もしくは小字（村の下位単位）と空間的に重なりあうことが多い。現に、大字と小学校区は一致することが珍しくない。戦後の人口増と都市化、それに伴う宅地開発によって、原野を切り開いて、あるいは海を埋め立てて、出現したような新たな草の根社会——とくに大都市近郊の新興住宅地やベッドタウン——は別として、日本の草の根社会はそれぞれの固有の永い歴史を抱えているところが少なくないのである。もちろん、各々の歴史を通底する日本の地域社会の共通の特質を剔抉しようという試みももちろん存在する。（参照、Embree, 1939、きだ、1967年、牛島、1988年、守田、2003年）なかでも、太平洋戦争の直前に熊本県球磨郡須恵村——現在は、町村合併により球磨郡あさぎり町須恵——に夫人とともに約1年間滞在して日本の伝統的村落共同体の特質を観察したエンブリーの著書は、連合軍総司令部の対日占領政策に大きな影響を与えたとさえ言われる古典である。また、例えば、

日本の社会風土の特徴を①集団主義、②和、および③協業化だと喝破する（山田正喜子「日本の組織風土」（地方自治研究資料センター編、1979年）、69-72ページ）ような概括的理論化も無論有用である。だが、草の根社会の公共問題を考察する者はその社会独自の歴史があり、その歴史に培われた独特の社会構造や人間関係が存在することを忘れてはならないだろう。問題はその歴史をどう認識し、利用していくかである。書誌的に郷土史が記録されている場合はそれがもっとも手近な方法である。最近でこそ財政難で勢いが衰えたものの、市町村史を編纂している自治体は少なくない。中には小中学校区単位で校区史を編纂しているところすらある。しかし、そうした記録された郷土史が存在しない場合はどうするか？　まず、その地域にもっとも近い市町村役場、図書館や公民館に足を運ぶことである。そこには多くの場合当該地域に関する歴史資料が存在しているはずである。また、古老にヒアリングするのもよい手法である。地域の歴史は存外口伝というかたちで伝承されていることが多い。土地の語り部として自他共に認ずる古老を探し出し、地域の歴史を洗い出していく作業は根気が要るにせよ、きわめて有用である。

　第2の地理軸は、風土軸と言い換えてもよい。日本の国土は狭いといわれながらも、実はその気候風土はきわめて多様性に富んでいる。南九州、瀬戸内海、三陸といったブロック単位での差異が大きいことは当然として、郡単位ですら山や平地、河川湖沼等の配置によって微妙に気候が変わってくる。このような自然環境の多様性と、日本が基本的に海外との接触を断った幕藩体制時代の統治システムや地域の経済・文化の多様性が相乗的に作用し合って、地域住民の気質ないし人気が醸成された。例えば、石川県の北部、旧加賀藩は標高2702メートルの白山を中心とする加賀山地があるために陸路による交通に恵まれず、海路で京都や東北地方との交流が発展した。その孤立性がかえって上方文化を貪欲に吸収させ、武士主導による文化・産業振興戦略と相まって、加賀蒔絵、加賀友禅、加賀象眼等の美術工芸品や「百万石文化」と呼ばれる加賀宝生、前田家本等の学術文化を生み出したとされる。（参照、武光、1999年、104-131ページ）このような歴史的蓄積が、内発的創造都市としてイタリアのボローニャと並ぶ注目を集めている現代の金沢市の原動力となっていると言ってもよい。佐々木雅幸がいみじくも指摘するごと

く、「ポスト・フォーディズムの時代における金沢は、ある意味で江戸時代に始まった職人的生産の復活と再構築ををめざしていると考えられる。つまり、職人的生産（クラフト生産）→フォーディズム（大量生産）→文化的生産（新しいクラフト生産）という歴史的展開の中に金沢がめざす文化的生産を位置づけることができる。」（佐々木、2001年、129ページ）

　そして、第3の経済軸は産業軸と読み替えてもよく、要するにその地域社会の経済的基盤は過去から現在に至るまで何であったのかということである。いわゆるベッドタウンのように、都市通勤者の住宅地で、食料品店、理髪店、ガソリンスタンドのようなサービス産業しか目立たないところもあれば、昔も今もほとんどの世帯が農林業で生計を立てている地域も少なくはなったが存在する。上述の金沢市の場合、京都に次いで伝統工芸品産業が多く継承され26業種を数える。伝統産業に関連する製造業事業所数は約800、従業者数は約3000人に達し、これは市内の事業所の24％、従業者数の8.2％をそれぞれ占めるから金沢市の基幹産業の一つといってもよい。（参照、佐々木、2001年、117ページ）こうした経済軸ないし産業軸がインフラとなって文化的生産都市としての金沢の発展を支えていることは容易に想像できる。佐々木雅幸は金沢の都市経済の特徴を次の5点にまとめている。（以下、佐々木、2001年、115-116ページによる）

① 巨大企業はないが、本社や研究開発機能を備えた主力工場を地域に置き、持続的に発展を遂げた中堅・中小企業が多数集積していること。
② 明治中期以来、約1世紀に渡って消費財産業としての繊維工業と、それに生産財を供給する繊維機械工業とが二つの基幹工業として地域内で相互連関的に発展を遂げたこと。
③ 繊維工業に典型的に見られるように、地元の産元商社を中心とする独自の産地システムを形成し、繊維産業の製造機能のみならず販売・流通機能、そしてそれをベースにした金融機能が域内で発展していくことによって二次産業と三次産業のバランスのとれた都市経済になっていること。
④ このような都市経済の内発的発展力が、外来型の大規模工業開発やコ

ンビナート等の誘致を結果として抑制し、産業構造や都市構造の急激な転換を回避してきたこと。
⑤ 以上のような内発的発展がもたらした独自の都市経済構造が域内でさまざまな連関性を持った迂回生産によって付加価値を増大させ、地域内で産み出された所得のうち、利潤部分の域外への「漏出」を防ぎ、そのことによって中堅企業の絶えざるイノベーションを可能にしたこと。

このような地域社会の経済構造の特徴は多かれ少なかれどの地域にも存在するはずである。問題は以下にその特徴を正確に分析・把握し、記述するかである。いわゆるSWOT分析の手法を用いてもよい。その作業を通じて、地域社会の持つ経済的強み（Strength）と弱み（Weakness）、チャンス（Opportunity）と脅威（Threat）が明らかにされていく。それらは公共問題の解決を政策科学的に考える際の基本的考慮事項となるはずである。

2．草の根政策科学の実践——まちづくりの体験から

ここで、筆者の具体的なまちづくり活動の経験から草の根政策科学とはどのようなものか考えてみよう。2003年2月まで九州大学で教職に就いていた筆者は、九州大学の主要キャンパスが位置し、自らの生活の場でもあった福岡市東区箱崎地区で、1991年頃から筥崎（はこざき）まちづくり放談会という団体を中心にまちづくり活動に従事してきた。長らく任意団体であった放談会も2002年3月にNPO（特定非営利活動法人）となり、今ではいわゆるコミュニティ・ビジネスを複数展開する事業体に成長している。その過程で、地域住民自治の再編や商店街との協働、さらには新空港計画に反対して自ら福岡県知事選挙に立候補するといった予想外の突発的事態さえ持ち上がった。ふり返れば、多事多端のこの十有余年は、また筥崎——箱崎小学校区と隣接する筥松（はこまつ）小学校区を総称するときにこの地名を用いる——という草の根の地域社会における様々な公共問題とその解決策としての政策を、まさしく自らの問題として等身大で考える絶好の機会に恵まれていた。個別の事例から必ずしも一

般的命題が導出できないのはケース・スタディの固有の弱点であることを重々認識しつつ、自らの経験的草の根政策科学論を以下に開陳することにしたい。

2.1 箱崎という草の根社会

福岡市東区箱崎は、延喜元年（923年）創建と伝えられる筥崎宮の門前町として千年以上の歴史を誇る、福岡市でももっとも古い町の一つである。主たる産業は農業、漁業、そして商工業。今は完全に姿を消したが箱崎の海は海苔養殖でその名を全国に知られ、浅草海苔の多くは箱崎産だったという。福岡市は1945年6月19日にアメリカ空軍爆撃機の来襲を受けて、市域の約4分の3が消失したにもかかわらず、箱崎は米軍捕虜収容施設があったという理由でまったく爆撃を受けなかった。だから、戦前からの街並みがいたるところに残っている。農村および漁村の村落共同体とその住民である在来民も健在だ。路地が多く、道路も狭い。この町は、筥崎宮から箱崎浜まで続く参道を西の端とし、九州大学の理系・文系キャンパスを東の境界とする箱崎小学校区とほぼ同一である。一昔前は福岡市東部や糟屋郡の拠点の町として賑わったが、古い町のもつどこか廃れて寂れた感じは否めない。馬出にある九大医学部の前を通って筥崎宮の参道を直角に横断し、九大理系キャンパスの正門に続く通称大学通りがある。細い道であるが左右には曲げ物や染物の店など、小さいながら昔から続く商店が軒を連らねている。

筥崎宮と並んで箱崎の象徴とも言える九州大学は1911（明治44）年に当時の糟屋郡箱崎町に設立された。それ以前の箱崎は「地蔵松原」が白砂青松の海岸に沿って帯状に広がり、その南側に大畑作地帯が展開する豊かな農村であった。これらの畑からは「博多ネギ」、「博多キュウリ」、「博多長ナス」など、"博多ブランド"の野菜が生産され各地に送られていた。その野菜栽培に必要な水ははねつるべと呼ばれる井戸から汲まれた。便利なスプリンクラーなどあろうはずがない。農民は来る日も来る日も重い水桶を肩に担い畑に水をまいた。肩は腫れ上がり、野良着が血で染まるのは日常だったという。「俺たちは肩で野菜を作ってきた。」今は亡き古老達は誇らしげにそう筆者に語った。日本三大蔬菜（そさい）の産地に数えられたこの素晴らしい農地

は、しかし、九州帝国大学工科大学の設立という"国家的大事業"のために土地収用法で取り上げられ、農民達は現在のJR鹿児島本線の南側に新たに畑地を開墾せざるを得なかった。現在のキャンパスが農民の血と汗の結晶である畑を奪ってできたものであることを語るのは、わずかに地蔵の森の古石群のみである。とはいえ、蔬菜農家以外の箱崎住民にとって、西新町との激烈な誘致合戦に勝って獲得した九州大学は天与の宝物に等しかった。爾後、万を超える九州大学教職員・学生は箱崎の経済を潤し、箱崎は大学街として発展していく。多くの家が下宿や間借りを提供し、家族の一員として温かい学生時代を過ごした九大生も少なくない。学生向けの食堂、麻雀店、銭湯等が軒を並べ、箱崎は九大生にとって生活の場そのものだった。九州大学があって箱崎があり、箱崎があって九州大学がある、両者はいわば唇歯輔車の関係を築いてきたのである。その関係は、箱崎町が1940年に、総力戦に伴う国策としての博多港開発への協力を理由として、福岡市に吸収合併されてからも変わらなかった。

2.2 公共問題の発生と住民＝解決者としての自覚

人間を襲う病気にも慢性のものと急性のものがあるように、地域社会に発生する公共問題にも、基本的には、慢性的、つまりその構造的特性に根ざした内因性のものと、急性的、つまり外部からの問題因子の侵入や環境変動によってもたらされるものがある。箱崎の場合、慢性的公共問題の一つは狭隘な道路とそこに流入する大量の車両がもたらす悪しき生活環境であった。とくに問題は先に触れた箱崎のにぎわい軸＝大学通りであった。この幅員6メートルほどしかない箱崎の"メイン・ストリート"には、しかし、地区の西側沿いを走る国道3号線の渋滞を避けて博多駅方面に迂回する車が朝夕を中心に殺到する。多いときには1日に5千台を超える車両が歩道もなく離合もままならないこの隘路を通過するのである。その結果発生するのは図1のような劣悪な道路空間である。両側に商店街が軒を連ねる通りは高齢者や幼い子ども連れの母親が多く通行する。そうした社会的弱者と車の接触事故は日常的に発生する。私事で恐縮だが、筆者とその妻との間に1985年8月第一子である長女が生まれた。1918（大正7）年生まれの古希間近い義母も同居し

図1：大学通り＝劣悪な道路空間

ていた。まもなく筆者の家族がこの劣悪な道路空間の被害者となった。義母は車のフェンダー・ミラーが肩に当たって重度の打撲傷を負い、妻が押す乳母車は左折する大型車の車輪に危うく巻き込まれそうになった。

公共空間に発生する問題が問題として認識されるのはどのような場合であろうか。筆者の経験から言えば、認識主体が問題の当事者——多くの場合、被害者——になったときである。逆に言えば、被害の程度が大きければ大きいほど、問題に対する関心度と問題解決への動機づけは高まる傾向にある。だから、公共問題の発生レベルがより草の根——家族生活が営まれる日常的な生活圏ないし生活空間——に近いほど、その解決策としての政策もより必要性が強まることになるのである。

このようなレベルの問題に対する関心はまず怒りという感情を伴って現れることが多い。大事な家族が一歩間違えば落命していたかも知れないという恐怖が怒りに転じるのは当然の心理的作用であろう。筆者の場合も然りであった。自分とその家族が毎日暮らす街にこれほど危険な空間があり、それが長いこと放置されていることへの疑問は怒りを伴って答を模索する。その答を知る者はいずこにいるのか？　行政学者の末席に名を連ねる当時の筆者にとってまず思い当たったのはやはり「行政」であった。レベルの違いはあれ、公共問題の最初の解決者は行政ないし政府であるという"常識"の、恥ずかしながら筆者もまた、虜だったのである。

筆者は最初に福岡市東区役所に電話を入れ、「なぜこんな危険な状態が放置されているのか？」と詰問した。帰ってきた答は「交通量が多いのが原因だから、交通規制を担当する福岡県警東警察署に連絡すべきだ。」というものであった。同署の交通課に電話を入れると「このモータリゼーションの時代に交通量が多いのは仕方ない。道路が広くなれば解決する問題だから、福

岡市の都市計画担当部署に相談してみては？」という回答。そこで、福岡市都市整備局都市計画課に尋ねると、何と1947（昭和22）年に都市計画道路として決定され、両側に6メートルの歩道を持つ立派な幅員22メートルに拡幅される予定だという。しかし、都市計画決定が行われて約半世紀が経とうとするのに、なぜまだ未着工なのか？ そこを問うと、「都市計画道路は予算と時間がかかる。あと3～40年も待てば何とかなるのでは？」と信じられない答が返ってきた。愕然として電話を切った筆者がその時気づいたのは、身近な公共問題の解決を行政だけに依存するのは間違いだ、結局、その当事者であり被害者でもある住民自身が解決主体になるべきではないか、という今となってはごくありふれた命題だったのである。

2.3 公共問題の展開と解決主体づくり

自ら草の根の公共問題の解決者たらねばならないのではないか？ そう思い始めた矢先、箱崎地区に未曾有の大変化が、しかも一挙に二つも押し寄せることとなった。その一つは、1990年、JR鹿児島本線の連続立体交差事業とそれに付随する区画整理事業の決定である。要するに、線路が高架化になって踏切が消え、道路が新設されたり拡幅されるということである。もう一つは、九州大学の移転である。1991年、九州大学は箱崎キャンパスを福岡市西区の元岡（もとおか）地区に移転すると発表した。すでに述べたように、箱崎の町と九州大学は切っても切れない関係にある。とくに、箱崎内外には約6000人の学生や教職員が生活しており、箱崎の経済も大きく九州大学に依存しているのである。その九州大学が移転して無くなってしまうと箱崎の地域経済は計り知れない打撃を受けるにちがい

図2：高架化前のJR鹿児島本線。1980年ここで3人の児童が一度に轢死した。

ない。こうして、九大移転とJR鹿児島本線の高架事業及びそれに伴う道路体系の再編によって、箱崎校区は百年に一度あるかないかの大変化、すなわち地域を根幹から揺さぶる公共問題群に直面することになったのである。

そのとき、この黒船のごとき公共問題の到来に直面して、あたかも攘夷の志士のごとく箱崎・筥松の将来を憂いて立ち上がった住民達がいた。団塊世代の中年男性を中心とするこのグループは自らを「筥崎まちづくり放談会」と名付け、月に一度の定例会を持つことにした。「放談会」と称したのは、歴史ある地域固有の土着的しがらみを離れて自由闊達に後腐れなくまちづくりについて語り合う場を創造しようという決意の表れでもあった。筆者もその一員となっていた。この放談会がいわば草の根の政策集団になっていくのである。

だが、公共問題の範囲が小中学校区という、合併前は一つの地方公共団体であった区域に及ぶと、懇話会や研究会のような性格の任意団体は、問題の所在をアピールしたり、議論のきっかけを提供はできても、その解決主体になることはきわめて困難である。放談会の場合、「Yes or No 九大移転？」というシンポジウムや「九大移転に関する緊急住民アンケート」を実施したものの、校区として大学移転に賛成するか反対するか、約半世紀が経過しても着工されないのに沿線の地権者がいわば"蛇の生殺し"状態に置かれている都市計画道路を見直すのかどうか、という地域総体に関わる問題の意思決定を行える機関には到底なり得ない。そうすると、市町村という団体自治の主体を欠いた地域——人口規模の大きい都市部ではこうした地域がほとんどである——で、正統性ある公共問題解決の主体となれるのはどの団体であろうか？　それは、地域自治会とその連合体をおいてはほかにない。日高がいみくじくも指摘するように、「地域自治会は市町村の中に満遍なくある『第三層の地方政府』に相当する」（日高、2003年、「はしがき」3ページ）からである。

しかし、放談会は、箱崎を含め福岡市の地域自治会には自治的・自律的な公共問題解決主体となる上で致命的な欠陥があると考えた。それは、日本全国の地域自治会のほとんどがそうであるように、国民精神総動員運動による隣保班のネットワーク化の準備段階として、1940（昭和15）年の内務省訓令

「部落会町内会等整備要領」によって全国的に組織された中央集権的・行政主導型住民組織にそのルーツを持つものだからである。地域自治会は一方では「古来伝承シ来レル隣保相扶ノ美風」(上記要領)を持つ住民自治組織という側面を持ちながら、他方では最末端(=草の根)行政協力機関ないし行政組織そのものという側面を現在まで引きずってきているのである。福岡市の場合、自治会・町内会の会長は2004年3月まで町世話人という市広報の配布等を担当する準公務員を兼ねている場合が多かった。つまり、自治会長は両面神ヤヌスのように自治と官治の代理人機能を併せ持っていたのである。(参照、日高、2003年、44ページ)これに加え、校区内の各種団体、例えば、民生委員、体育委員、リサイクル推進協議会、人権尊重推進協議会等は、それぞれ福岡市の保健福祉局、教育委員会、環境局、市民局の担当部署からの指導や助成金で活動する行政のエージェント的役割をも担っている。つまり、日本の多くの草の根社会で活動している公的団体は1940年体制の名残を残しつつ縦割り行政構造の中で行政施策を補完する役割を甘受し、その縦割り的守備範囲を超えて地域が直面する公共問題に自ら主体的に対処しようという動機付けを組織特性的に欠いていたのである。

　だからこそ、放談会は、歴史的な大変化に直面した箱崎には地域の公共問題を総合的に考え解決に当たる新たな自治の担い手が必要だと考えた。そこで、箱崎と筥松校区の有力者や長老達に、行政の縦割りに制約されない、地域横断的・総合的な新たな自治組織であるまちづくり協議会の創設を勧説し始めたのである。説得が成功するまでには3～4年を要したものの、筥松校区では1997年に、箱崎校区では1998年に、住民が自主的に創設したものとしては福岡市初のまちづくり協議会がそれぞれ誕生した。まちづくり協議会の意義が構成団体や会員にただちに浸透したとは言えないにせよ、両協議会は校区内の各種地域団体を傘下に置きながら、意外なほど迅速に自律的な活動を展開していった。現在では、両協議会は、福岡市にある144の小学校区でももっとも自主的かつ積極的にまちづくりに取り組んでいる団体の一つとしての評価を得ている。その活発な取り組みの背景には、地域コミュニティとしての箱崎・筥松地区が、もともと、筥崎宮を中心に千年以上にわたって豊かな海と山の幸を享受してきた農漁村であり、いわゆる「隣保共同ノ団結」

図3：まちづくりワークショップの模様

を今に残しているという歴史的要素を指摘することができる。両校区とも、住民の人情は厚く、地域を愛する気持ちは強い。連綿として続く独自の伝統芸能や文化は、正月三日の玉せせりや筥崎宮最大の祭事、放生会（ほうじょうえ）の際二年に一度挙行される御神幸（おみゆき）にその一端を見ることができる。そんな地域のまちづくり活動はいったん軌道に乗ると驚くほどのスピードとパワーで走り出すことを両協議会の事例は教えている。箱崎まちづくり協議会でいえば、協議会内に「歴史と史跡を守る部会」、「まち整備部会」、「九大跡地部会」および「地域交流部会」の4部会が設置され、それぞれがテーマに即した活動を行うことになった。例えば、「まち整備部会」は先述した都市計画道路をどう見直すかを検討する部会であり、「地域交流部会」は「まちづくりワークショップ」や「箱崎未来トーク」等を自主的に開催していった。（参照、図3）

　この協議会は政策研究集団としての性格も持っていた。政策を考える上で自前のデータが必須であることに気づき、1999年には自主的に質問項目総数200に及ぶ住民意識調査を実施したことは特筆すべきであろう。校区内全世帯に配布され40％以上の回収率を上げたこの調査からは数々の貴重な知見が得られた。例えば、「犯罪被害の有無」、「犯罪の種類」、「犯罪の発生場所・

時間」に関する調査回答から、この校区ではどのような犯罪がどの場所でどの時間帯に発生しているかを知ることができ、街灯設置などの対策に大いに貢献したのである。

　その後、箱崎まちづくり協議会には福岡市都市整備局都市計画課の「まちづくり支援事業」によりコンサルタントが派遣され、専門の行政職員も参加するかたちで、「大学移転後の跡地対策」と「鉄道高架化と区画整理に伴う道路親切・整備後の都市計画道路のあり方」という二つの公共問題を軸に、政策の検討が進められていくことになる。とくに大学移転は、20年以上の歳月を要した広島大学の例で明らかなように、地域にとっては超長期的な課題である。移転後の跡地をどう利用するかは30～50年後の課題にさえなり得る。しかし、跡地にどのような施設が立地するにせよ、その施設と地域が無関係であるはずがない。どのような跡地利用が地域にとって最善なのか、その問いかけは、「善い社会」を何としても創造するのだという強靭で持続的な意志を原動力としつつ、的確な将来予測と合理性に裏づけられた——その意味で科学的な——地元発の跡地利用構想へと発展していかねばならない。歴史の因果とはいえ、箱崎という草の根社会はあまりにも大きな課題を担わされた。逆に言えば、それだけ地域の政策力が鋭く問われたのである。統合された政策力のない地域は、外部の力に翻弄され、有象無象の利害関係者の個別利益の充足だけが関心事となって、たとえ見かけは繁栄していようと、精神的・文化的廃墟に堕してしまう。人間にとって幸福が他から与えられるものではなく自ら獲得するものであるのと同様に、誰にとっても住みやすく快適で豊かな地域社会（＝幸せな草の根社会）は、結局、その地域社会とそれを構成する住民が自らの政策力と実行力で勝ち取っていくほかはないのである。

2.4　コミュニティ・ビジネスへ——放談会の挑戦

　箱崎の事例のように、大学移転対策や都市計画道路のようなマクロで長期的な公共問題の政策的解決は、地域社会でそれなりの政治的正統性を持つ団体や集団に委ねられるのが一般的である。だが、ミクロ＝個別具体的で短期的な解決が見込めるものや、社会実験的な意義を持つ政策提案は、個々の市

50　◇第3章　草の根の政策科学

図4：2001年9月にオープンした筥崎公会堂

民やそのグループ、あるいはNPO等の地域団体がむしろ適任であることが多い。政策集団としての筥崎まちづくり放談会が目指した方向は、マクロな公共問題の解決は箱崎まちづくり協議会に委ね、自ら創設した「民設公共スペース筥崎公会堂」を拠点に市民公益事業（＝いわゆる「コミュニティ・ビジネス」）という形式での公共問題への挑戦であった。

　実は、この方向転換は決して意図的なものではなく、むしろ偶然がもたらしたものであった。それは、箱崎商店街の中心にあったスーパーマーケットの撤退に端を発する。筥崎宮と九州大学・箱崎キャンパスを結ぶ通称大学通に、1950年代から西鉄（にしてつ）ストアというスーパーマーケットが営業してきた。しかし、1999年に業績不振を理由に撤退を表明した。このスーパーの裏手には「きんしゃい通り」という市場があり、買い物の中心としてにぎわっていた。このにぎわいの中心にあったスーパーがなくなり、跡地にマンションができれば一階部分はほぼ確実に駐車場となる。筥崎まちづくり放談会は、そうなれば、箱崎の町はにぎわいの中心を失い、さびれた町になってしまうかもしれないと懸念した。それを防ぐには、仮に跡地にマンションが建ったとしても、その一階部分に店舗を作らせる以外にはない。放談会はそう考えて、建設業者と交渉を開始し、ようやく一階部分に駐車場以外に店

舗を設けるという約束を取り付けた。だが、その約束には条件があった。分譲店舗の入居者は放談会が責任をもって斡旋するという条件であった。放談会は、店舗の営業形態としてはイタリアン・レストランがいいだろうと考え、福岡市内を奔走してイタリアン・レストラン業者に店舗購入を勧めた。しかし、折からの大不況もあり、結局、購入者は現れなかった。一方で時間は経過し、約束の期限は近づいてくる。そこで、放談会の代表幹事を務めていた筆者が私財を投じて自ら購入することを決意するに至ったのである。

　放談会は、協議の結果、その場所に、民設の公共スペースを作ることで意見が一致した。つまり、誰もが気軽に利用でき、自由に語り合える場である。名称はその趣旨上「筥崎公会堂」とすることにした。また、筥崎公会堂には、レストランを併設し、プロの調理人に業務委託ことにした。レストランは、Café 万福館と命名した。

　では、放談会は、なぜ、レストランを作ったのか？　その理由は主として三つある。第1は、「営利事業と非営利事業の好循環モデル」というNPO的ビジネス・モデルを創出しようとしたからである。言うまでもなく、レストランは営利事業である。営利事業としてのレストラン事業の売上げの10％——ほぼ地代相当——を非営利事業であるまちづくり活動や専従職員の給与に充当することによって、集客効果があるまちづくり活動によって客が集まり、その客がレストランも利用する。すると、レストランの売上げが増え、レストランから提供する資金も増加して、非営利事業としてのまちづくり活動もいっそう増幅する。このような好循環を期待して、放談会はレストラン設置に踏み切ったのである。（参照、図5）

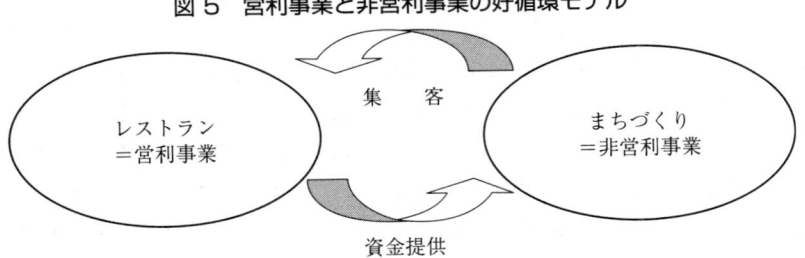

図5　営利事業と非営利事業の好循環モデル

レストラン＝営利事業　　集客　　まちづくり＝非営利事業

資金提供

第2に、NPOなり市民活動の財政的存立基盤を確立するためにも営利活動は必要という認識があった。通常、ボランティア団体やNPOの資金は、通常、会費や寄附金、さらには政府や公益法人等からの補助金や助成金で賄われることが多い。しかし、前者の収入はある程度安定してはいるが、増額はさほど期待できない。後者の収入は確実だという保証はない。結局、市民公益事業を自己資金で展開しようとすれば、自前の営利事業を確立することが必要になるのである。

　そして、第3は、レストランは、組織構造上アソシエーションの特性を持つNPOやボランティア団体にとって、格好の"たまり場"になるということである。もともと放談会は、酒杯を交わしながら、まちづくりを肴に談論風発することが会の趣旨であった。また、そのような気の置けない自由闊達な議論から斬新な政策的発想が生まれることも珍しくない。その意味で、レストランないしカフェは、いわばハーバマス流の文芸的公共性や政治的公共性を産み出す公共空間となりうるのである。(参照、ハーバマス、1973年、50-64ページ) また、レストランに客としてやってくる多様な人々と交流することで、人脈が広がり、政策的発想がネットワーク化されるという「交流の輪の拡大」効果も見逃せない。実は、この効果こそが、その後の放談会によるコミュニティ・ビジネスの展開の推進力となったのである。

2.5　政策としてのコミュニティ・ビジネスの展開

　箟崎公会堂において「交流の輪の拡大」は現実のものとなった。レストランが開業してまもなく、まちづくりNPOの拠点と知ってか、多様な人々が箟崎公会堂を訪れるようになった。その中には放談会に加入する人もいた。放談会に参加する人は当然まちづくり等の市民公益活動に関心を持つ人たちである。そうした人々からは、いろんなまちづくりのアイデアや事業提案が出てくる。放談会は2002年1月に大規模なワークショップを開催し、次年度の事業計画について活発な意見交換を行った。その結果、大小長短併せて45もの市民公益事業を行うことが決定されたのである。しかも、個々の事業ごとに事業計画を定め、担当責任者を選任し、収支計画を立てることとなった。また、すでに専従職員の雇用も始まっていた。そうすると、任意団体の

図6：オープンテラス「日だまり」

ままでは諸々の支障が出てくる。そこで、放談会は、特定非営利活動促進法に基づく法人格を取得することにしたのである。申請手続きは順調に進み、2002年4月には、特定非営利活動法人筥崎まちづくり放談会が誕生することとなった。

NPO法人となった筥崎まちづくり放談会が展開した45の事業には、一日だけの音楽コンサートから1年を通じて継続するパソコン教室まで、様々なものがある。そのうちの主要な事業をいくつか列挙してみよう。

(1) オープンテラス「日だまり」事業

レストランとして使用している店舗前のオープンテラスをマンション管理組合から賃貸して、無料で一般開放している。民設公共スペースを謳っている筥崎公会堂のもっとも公共性・公開性が高い部分である。箱崎・筥松校区は1940年に福岡市に合併して以来自前の政府を持たなかったため、往来を通行する高齢者等の社会的弱者が休息する公共のベンチすらなかった。そこで、放談会が、それならば自分たちが無料で休憩し団欒できる場を提供しようとこのオープンテラスを開いたものである。

(2) コミュニティPCサロン「ろうれんなる」事業

商店街の空店舗を賃貸し、自前で改造して誕生した「第二公会堂」とも呼

図7：PCサロン「ろうれんなる」

ばれる「きんしゃい公会堂」において、放談会会員がボランティアで、主として高齢者を対象にパソコン教室を開催している。いわゆる「デジタル・デバイト」を解消し、高齢者もパソコンやインターネット等を使いこなせるようにするという公益的目的の事業である。現在、受講料を基に独立採算で運営され、付近の高齢者の交流サロンともなっている。

図8：「学童ぽっぽ」

(3) 「学童ぽっぽ」事業

同じく、「きんしゃい公会堂」において、毎週土曜日および学校の長期休暇期間中に、知的障害をもつ子どもたちを、ボランティアの支援を得て、預かり、プールやハイキング等のレクリエーション活動をする事業として始まった。現在は近所に拠点を移し、保護者会による事業として独立している。行政が障害児の学童保育に本格的に取り組むきっかけを与えた政策誘導型事業としての側面も持っていた。

(4) カーシェアリング・ネットワーク事業

九州電力㈱、福岡市環境局および環境NGO西日本リサイクル運動市民の会と放談会との共同事業として、電気自動車を使ったカーシェアリング（＝会員制レンタカーシステム）を行っている。カーシェアリング・ネットワーク自動車を共有することで都市部での交通混雑を緩和するだけでなく、電気自

動車を使用することで二酸化炭素の排出を減らし地球温暖化の防止に効果がある事業であるが、まちづくりと連動した試みは本邦初と言われる。放談会は、カーシェアリングを高齢者のための移送サービスや商店街での配達サービスに利用することを検討している。

(5) 市民株式会社「テアトルはこざき」事業

2003年3月、放談会は、筥崎公会堂の道路をはさんだ向かいの歯科医院跡地に劇場を建設した。政策的課題は「表現によるまちづくり」。ねらいは、アーティストを街に呼び込むことで街の文化的・ファション的活性化を図ると同時に、地域社会の住民自身がダンスや音楽等の表現活動を通じて自らを活性化しコミュニティ形成を図る機会を提供するということである。建設資金は、土地所有者が銀行から融資を受けることで確保し、月々の家賃を放談会および1Fのバー経営者が支払っている。また、劇場の運営資金は、1株5万円の株式を200株発行し、趣旨に賛同する友人・知人に購入してもらう市民株式会社方式で確保した。出資額に応じて事業人の関心が高まるという一種の心理法則を利用して、株式会社方式で市民公益事業が展開できることを実証した事例である。

図9:箱崎のカーシェアリング・ネットワークの始業式（2002年10月1日）

図10:テアトルはこざき夜景

56 ◇第3章　草の根の政策科学

図11：「公会堂はママの味」

(6) **命・食・農をつなぐコミュニティ・レストラン「筥崎公会堂」事業**

　これまで事業委託してきたレストラン部門を「命・食・農をつなぐコミュニティ・レストラン」のコンセプトによって2003年12月より放談会直営とすることとした。レストラン名も「筥崎公会堂」そのものに改めた。食原病が叫ばれ、添加物や環境ホルモンが充満する食環境を改善するには食と農の連関を見直すほかはないという会員の強い政策提案により、できるだけ無農薬や有機の食材を使用した母親の手作り料理を提供するレストランを目指している。放談会理事を中心とするスタッフたちは、仕入れ先として良心的生産者とのネットワークづくりにも力を入れ、次の「いいなかプラザ」とも連携しながら、「草の根からの食の変革」を目指している。

図12：5反の田んぼで無農薬米を栽培

(7) **都会と田舎をつなぐ「いいなかプラザ」事業**

　放談会にはもともと都市と農山村との交流に強い意欲を持つ会員がいて、大分県大山町や山口県阿武町の地域おこしグループと活発な交流を続けてきた。筥崎公会堂が「命・食・農をつなぐ」をテーマに自然食レストランへと変身を遂げた

こともあり都会と田舎の交流事業に本格的に取り組もうという気運が盛り上がってきた。そこで、商店街の空店舗を借り、「がんばる田舎の情報や産品を都会で受発信」することをミッションとする「いいなかプラザ」を2004年7月に開店したのである。「いいなか」とは都会と田舎が「良い仲」になるの謂いである。いまや全国各地で人気を集める産直店も都会のカネと田舎のモノの交換にとどまっている。真に安心できる農産物は信頼できる生産者のみが提供できるし、その信頼は人と人の交流の蓄積からしか生まれない。また、都市住民が都会は田舎なしには存続し得ないことを理解し田舎の価値と能力を高める努力をしなければ、いずれ双方が自滅する。こうした思いを政策的に実現すべく、いいなかプラザでは、無農薬・有機栽培や良心的な特産品づくりに励む田舎の情報や産品を常備して提供するかたわら、田植え体験、大豆トラスト、農作業体験ツアー等のグリーンツーリズムも手がけている。さらに、近所で環境市民団体「循環生活研究所」が開発した段ボール・コンポストを展示・販売するなど、循環型社会づくりもその事業活動の守備範囲に収めつつある。

3．草の根政策科学の理論

3．1　政策主体としての市民

　草の根政策科学の理論を語る場合、出発点となるのは、草の根レベルで公共問題を解決したり新しい公共的装置を開発するという意味での政策の主体は、政府とその職員だけでなく、草の根社会の生活者である市民もまたそうであり、多くの場合、市民こそ最適の政策主体であるという認識である。その意味で、「政府が、その環境諸条件またはその対象集団の行動に何らかの変更を加えようとする意図のもとに、これに向けて働きかける活動の案」（西尾、2001年、245ページ、傍点筆者）という政策の定義は修正されざるを得ない。みたび医療に喩えれば、政府は医者であり、医者でなければ治療できない傷病も多い。一方、患者である市民や地域社会は、症状の程度や質は誰よりも自分が知っており、適切な知識と技量さえあれば自分で治せる病気や怪我も少なくない。また、運動やダイエットによる体力づくりや体質改善は

自力でやるほかはないのである。軽度の傷病でも病院にかけこむわが国民の習性が医療費を破滅的な規模にまで膨張させた一因であるのと同様、あらゆる公共問題の解決を政府に求める国民性が財政破綻の一助となったことは否定できまい。

　市民＝政策主体であるという認識は、1995年1月の阪神淡路大震災を経て次第に広がりを見せているものの、しかし現実には浸透度ははなはだ不十分で、まだまだ「病気は医者が治すもの」と思いこんでいる人は多い。まさしく、「民は、官に対してさまざまな要求をしたり、ときには官の政策形成に参加する機会はもってきたりしたものの、公共そのものの一部を担う主体者意識は希薄だった」（寄本、2001年、3ページ）のである。箱崎でも旧来の町内会・自治連合会に加えてまちづくり協議会を立ち上げるのに4年の歳月を要した。その際、最大・最強の壁になったのは「なぜ自分たち住民が都市計画道路の存廃や大学移転問題を考えねばならないのか？」という疑問ないし意識であった。一般に、公共問題の解決過程ないし政策過程への参加意欲は、利害関係度と当該コミュニティへの帰属度の関数として現れる。箱崎で言えば、都市計画道路の地権者でかつ地域団体の役員——神社の氏子総代を含む——に強い参加意欲が見られた。だが、参加意欲は初めから確固として存在しているわけではない。それは、あたかも生き物のように消長するものであり、時には他者による育成を必要とするものである。

　この点で興味深いのは、熊本市の川尻地区で、1995年には国土庁長官賞を受賞するなどめざましいまちづくり活動を展開している熊本市南部地区市民の会（http://moon.edogawa‐u.ac.jp/Ashita/Group/57-70/62/06201.HTM）の人材育成法である。この会では、イベントの後かたづけを熱心にやる若者を選び、旅費を与えて先進地視察や研修に送り出すという。その時、スライド用フィルムを2本渡して記録写真を撮らせ、戻ってくると、それぞれ60分、15分および5分のプレゼンテーションを計3回義務づける。そうすることで、若者は研修の成果と意義を自分なりにまとめて他者に伝える能力を身につけ、その結果、モチベーションの高い中核的スタッフに育っていくという。筆者も、先進地視察で高く熱いミッションとパッションを持ったリーダーに接することで参加意欲が高まる例を何度か経験した。

政策主体としての自覚と能力を持った市民があたかも草莽が崛起するがごとく自ずと次々に簇生してくれればそれでよい。しかし、それを可能とする土壌や外部性ショックに欠ける場合は、人材の発掘と育成に人為的努力が必要となる。その方法は上の例に限らず多様であろう。理論的最適解は見当たらないかも知れない。しかし、多くの事例を集積し、分析することによって何らかの経験則を紡ぎ出すことは可能ではないか。その経験則は、教育や研修の場にフィードバックされて、効果的な人材発掘・育成に効果を発揮することが期待されよう。世古のように、大人になってからでは遅い、「子供のときからのまちづくりへの参加体験の場づくり、教育が何より必要」(世古、1999年、55ページ) という見解も首肯できるにせよ、まだ緒についたばかりの日本の草の根政策科学の現場では考え得るあらゆる方法が試されねばならないだろう。

3.2　政策創造のための組織

どのレベルでもそうであるように、草の根でも政策は特定の組織形態と方法によって創り出されていく。だが、行政組織や企業組織と異なり、その組織は多様でありインフォーマルであることが多い。組織形態も、階統制や上命下服等を特徴とする官僚制組織であることはごく少なく、どちらかというと英語で言うアソシエーションに近い。アソシエーションは、佐藤慶幸によると、「人々が自由・対等な立場で、かつ自由意思に基づいてボランタリー (自発的) に、ある共通目的のために結び合う非営利・非政府の民主的な協同のネットワーク型集団である」。(佐藤慶幸、2002年、155ページ) また、佐藤は、アソシエーションは「人と人が出会い、語り、理解し合い、結び合い、決定し、そして共に行為する、相互肯定的な関係」(佐藤慶幸、2002年、156ページ) であるとも言う。

このアソシエーションの組織特性は、10年以上にわたって筥崎まちづくり放談会という、入会に箱崎・筥松という地域のまちづくりに関心があるという以外に特段の資格も、序列も、利害関係もなく、出入りも自由なボランタリーな団体で活動してきた筆者の経験に適合する。放談会には、とくに会則らしい会則もなかったものの、「地位や土着のしがらみを離れて、自由闊達

に語り合い、根に持たない。」とか「しらふの時の約束は守らなくても、飲んだときの約束は守る。」といった不文律は存在した。職業、地位、年齢、出身、時にはジェンダーまでかなぐり捨てて一介の人間同士として向き合うとき、人間が共通に持つ喜怒哀楽の感情や苦しみ、悲しみ、幸不幸等をよりよく共感し、分かち合うことができる。放談会が知的障害児の学童保育支援に乗り出したのも、重度の知的障害児を持つ母親と公会堂の丸テーブルを囲んでその悩みを聴いたのが始まりだった。「学校5日制が始まり、土曜も仕事に出なければならない自分はどうしていいか分からない。いっそ心中しようかと思うときもある。」という切々たる訴えに突き動かされて、商店街の空店舗を借り受け、そこを改装して学童保育の拠点としようという提案が一月もしない間に「きんしゃい公会堂」となって実現していった。

　もちろん、意思決定の組織的基盤としてのアソシエーションにも欠点は少なからずある。「対等の関係の個人が自由に出入りする」のであるから、契約関係や職務分掌規程といった規約による組織への従属関係は存在せず、したがって言動に対するフォーマルな責任は生じない。情熱が冷めればさっさといなくなるという意味でボランティアの自発性は"揮発性"でもあるという揶揄がアソシエーションにも通用するのは否定できない。しかし、言動に対するフォーマルな責任が問われないし問えないからこそ、自らの言動に対する、人間的良心を根本規範とする倫理的責任が重要になるのである。「飲んだときの約束は守る」という放談会の不文律は、実は、食言を許さない言葉の重みが自他共に尊重されなければ、アソシエーションのメンバー間に信頼関係も生まれず、その信頼関係の上に築かれる政策のための意思決定の蓄積と実行のプロセスは砂上の楼閣に等しいということを示唆しているのである。ことほどさように、草の根政策科学においては「誠実」、「良心」、「信頼」、「言行一致」等をキーワードとした倫理のあり方がきわめて重要な考慮事項となるのである。

3.3　政策創造の方法

　われわれの日常的生活空間でもある草の根では実に様々な問題が発生する。先に触れたNHK総合の番組「ご近所の底力」で取り上げられたテー

マで見ると（参照、http://www.nhk.or.jp/gokinjo/）、「やればできる！　住宅街の防犯」、「犬のフン害に憤慨！」、「定年後　もう一花咲かせたい」、「大迷惑！　町の落書き」、「カラスの勝手は許さない」、「スーパー撤退　買い物大作戦」、「マナー違反のゴミ退治」、「若者よ　タムロはやめて！」、「抜け道暴走車を撃退せよ」、「日本の夏　祭りよ　よみがえれ」等々、生活環境から青少年育成や地域文化の再興に至るまで実に多様である。しかも、これらは多くの地域社会に共通する普遍性を有する問題であるからこそ、この番組は多くの視聴者を惹きつけているのである。番組では「なるほど！」と思わず膝を叩きたくなるような"名案"が次々と登場する。

　ここで注目したいのは、そうした名案、つまり政策とその実施プログラムが創出される過程である。その過程に共通している点は、上に指摘したように、まず当事者である住民が政策主体であることをしっかりと自覚していること、次に少数の役員が案を立案・決定しそれを一般の住民に伝えるというビューロクラシー型ではなく、全員が対等の資格で政策創造過程に参加できるというアソシエーション型の組織形態が見られることである。そして、第3に、政策創造過程に参加したメンバー全員に平等の発言の機会が与えられ、発言内容についても等しく尊重され、かついったん決定され確定された政策の実施については基本的にやはり全員がその実施責任を負うという点である。逆に言えば、独断からは"名案"は生まれないということである。ある一人の人間の頭脳と発言から生まれた"名案"であっても、そのアイデアが参加者に公開され、吟味され、場合によっては複数の代替案との優劣を判断されるという試練ないし濾過の過程を経なければ、決して"名案"とはならないのである。だから、草の根政策科学でいう"名案"は、内容が優れているという実質的条件と、参加者の少なくとも多数の同意ないし賛成を得たという手続的条件の両方を兼ね備えていなければならない。ワークショップと類似したKJ法という発想法に対して「これが利点となるのは、頭が鈍い人が集団で考えるときだけである」（立花、1984年、151ページ）という批判は、集団で問題解決を図っていく草の根の政策創造には該当しない。

　その点で近年よく使われるようになった手法がワークショップである。ワークショップは「講義など一方的な知識伝達のスタイルではなく、参加者が

自ら参加・体験して共同で何かを学びあったり創り出したりする学びと創造のスタイル」(中野、2001年、11ページ) と定義されたりする。この手法自体は教育のみならず芸術や研究など多様な分野で採用され応用されている汎用性の高いものである。草の根政策の領域では、複数の人間が集まって問題を解決する手段として有効であり、まちづくりの実践活動では、「参加者がともに討議し、あるいは現場を見、協働でまちづくりの提案をまとめるなどの作業をする集まり」(世古、1999年、57ページ) として活用されている。異なった環境、役割、価値観のを持つ種々の人間が共通のテーマないし問題を討議し、解決案を紡ぎ出していくという点で民主的な意思決定手法であり、また合意の調達に時間をかけることで意思決定のコストは確かに高くなるものの、全員の合意ないし同意を得ていることによって実施のコストがきわめて安くすむことが特徴である。航空法第39条2項に規定する公聴会さえ行わず合意調達のコストを徹底して軽視したが故に、実施のコストが金銭的にも時間的にもそして生命を含む人的資源の点でも膨大なものとなった成田空港建設の意思決定手法とは対極的である。(参照、松岡、1981年、131-139ページ)

　さらに、ワークショップは明治以前からの日本社会の伝統的意思決定手法に近似している点も特徴的である。江戸時代の村の意思決定方法は、意思決定に先立つ満場一致を原則とする事前合意が重視されていた。「一回の寄合で決まらない事柄は、二回、三回と協議を重ね、次第に全員の意見が一致するまで辛抱強く話し合いを積み上げるという方法で、最終的に共同体の意思を決定するのである。」(都丸、1982年、18ページ) もっとも、このような意思決定は必ずしも近代的意味での民主的に行われたわけではなかった。「ボスがリードして最後には自分の意見に同調せしめ、満場一致にもってゆく所謂ボス支配的満場一致が行われ」(稲田、1988年、169ページ) た事例も多かったことが、実証研究から指摘されている。しかし、いずれにしても、満場一致を重んじ、そのために話し合いや根回しを重ねる方法が日本的共同体の意思決定スタイルの基本であったことは疑いない。満場一致は総意の創出を意味する。この総意はしばしば「和」とも呼ばれる。「多数決原理は和への対決の原理であり和を乱すものとして理解される。〔中略〕和とは常に同質性であらねばならないのであり、そのかぎりで和とは常に全会一致によって支

えられるものなのである。」（大淵、1993年、98ページ）もちろん、ワークショップの目的は付和雷同状態を創り出すことでも、根回しによって反対意見を丸め込むことでもない。しかし、全員で合意・同意・総意を徹底した議論と相互の差異を尊重しながら協働して築き上げていくという点において、日本的共同体の伝統的意思決定手法とワークショップという手法は重なり合う部分を多く共有しているのではないだろうか。だからこそ、ワークショップはとってつけたような舶来モノとは異なり、いわば和風の問題解決ないし意思決定手法として、その洗練が草の根政策科学では追求されてよいのである。

3.4　政策を導く理念と科学技術

　政策が、その適用単位となる社会なり集団の広狭にかかわらず、より多くのその成員の便益を向上させるとき、その政策の公共性はそれだけ高度なものとなる。しかし、その公共性の内容（＝公益）は先験的には存在しない。その意味で、「《公共》とは、都市型社会では個別争点をめぐる政策・制度解決という形で、社会の多元・重層構造を背景に〈模索〉しながら『設計』され、しかも各政府レベルでそれへの支持を多数決という『手続』をとりながら、プラグマティックに、私たち市民が『決定』していくことになります」（松下、2004年、47ページ）という指摘はきわめて適切である。とはいえ、公共性の内容ないし何が公益であるのかを集合的に議論・考案し、決定していく過程を導く理念までが形而上的な公共観念実在論の一部として唾棄されるとすれば、それは盥の水とともに赤子を流す愚に等しい。人間は古今東西「正しい生き方とは？」や「よい社会とは？」といった主題を探求し、その答を得ようと苦闘してきた。その答はすぐれて人生観や世界観などの価値観に関わってくるし、人間の叡智と歴史的体験はやがて数々の普遍的価値を産み出し、「人権宣言」や各種の憲法規範として具体化されてきた。草の根政策科学でもこれらの普遍的価値は当然尊重されるべきであるし、政策創造の過程を導く理念として機能しうるものである。箆崎まちづくり放談会が知的障害児の学童保育を手がけたとき、そこには「障害者とその保護者にも平等な機会が保障されてしかるべきだ」という普遍的価値観がメンバーに共有さ

れ動因となっていた。しかし、草の根では、そうした価値観は大上段に振りかざされるとき、むしろ敬遠と反発を招きやすい。換言すれば、抽象的レベルで主張され適用されるのではなく、例えば、「〇〇君のママが安心してお仕事に行けるから。」というような具体的・個別的レベルの価値観へと変換ないし翻訳された方が共感を呼び共有されやすいのである。この変換・翻訳作業こそ、草の根政策科学者にとっての重要な仕事の一つなのである。

　最後に、草の根政策科学における「科学技術」の必要性の触れておきたい。政策の合理性に少なくとも経済的合理性、科学技術的合理性、法的合理性、政治的合理性および社会的合理性あることはつとに指摘されてきた通りである。(参照、Diesing, 1962) こうした政策合理性の中で、草の根ではどうしても科学技術的合理性が敬遠されやすい。それは、"素人集団"が当事者となることが多いし、だからこそいわゆる専門家に過度に依拠しがちな傾向が生まれるからである。(参照、小林(編)、2002年、第3章) しかし、生活者の利害に密接に関わってくる草の根の公共問題では、実は、素人と専門家の距離はそれほど開いていないことが多い。命に関わる重篤な病に冒された患者が必死に勉強してやがて医者顔負けの知識を体得することがままあるように、平穏な生活が脅かされたり子孫の将来に深い危機感を覚えたりすれば、市民には死にものぐるいで学習し研究を重ねて、当会問題についてやがて玄人はだしの知見や技術を獲得する人々が出てくる。筆者の身辺でごく一例を挙げれば、改良に改良を重ねて高性能の段ボール・コンポストを開発したNPO法人循環生活研究所 (参照、http://www.jun-namaken.com/)、苦節十余年の試行錯誤を経て今や海外でも注目される生ゴミ堆肥化のプラントを完成・稼働させているNPO法人伊万里はちがめプラン (参照、http://www6.ocn.ne.jp/~hatigame/) はその代表格である。草の根政策科学の裾野は豊かな可能性に満ちた広がりを見せているのである。

【参考文献】

Embree, John F., *Suye Mura : A Japanese Village* (The University of Chicago Press, 1939) (邦訳　ジョン・F. エンブリー〔植村元覚訳〕『日本の村：須恵村』日本経済評論社、1978年)

Diesing, Paul, *Reason in Society : Five Types of Decisions and Their Social Condition* (University of Illinois Press, 1962)

阿部謹也『「世間」とは何か』講談社、1995年
五十嵐敬喜・天野礼子『市民事業：ポスト公共事業社会への挑戦』中央公論社、2003年
池澤　寛『市民のための都市再生：商店街活性化を科学する』学芸出版社、2002年
稲田陽一『地方自治とその原点』木鐸社、1988年
牛島盛光『写真民族誌・須恵村1935～1985』日本経済評論社、1988年
扇谷正造『すぐやる課太平記』産業能率短期大学出版部、1971年
大淵英雄『地方制度と生活意識：明治期村落の共同意思決定について』慶応通信、1993年
きだみのる『ニッポン部落』岩波書店、1967年
倉沢　進『コミュニティ論〔改訂版〕』財団法人放送大学教育振興会、2002年
小林一輔・藤木良明『マンション：安全と保全のために』岩波書店、2000年
小林傳司（編）『公共のための科学技術』玉川大学出版部、2002年
斎藤　槙『社会起業家：社会責任ビジネスの新しい潮流』岩波書店、2004年
佐々木雅幸『創造都市への挑戦：産業と文化の息づく街へ』岩波書店、2001年
佐藤直樹『世間の目：なぜ渡る世間は「鬼ばかり」なのか』光文社、2004年
佐藤慶幸『NPOと市民社会：アソシエーション論の可能性』有斐閣、2002年
世古一穂『市民参加のデザイン：市民・行政・企業・NPOの協働の時代』ぎょうせい、1999年
田尾雅夫・川野祐二（編著）『ボランティア・NPOの組織論：非営利の経営を考える』学陽書房、2004年
武光　誠『藩と日本人：現代に生きる〈お国柄〉』PHP研究所、1999年
立花　隆『「知」のソフトウェア』講談社、1984年
地域社会学会（編）『シティズンシップと再生する地域社会〔地域社会学会年報第10集〕』ハーベスト社、1998年
地域社会学会（編）『市民と地域：自己決定・協働・その主体〔地域社会学会年報第13集〕』ハーベスト社、2001年
地域社会学会（編）『地域における「公共性」の再編成〔地域社会学会年報第14集〕』ハーベスト社、2002年
地方自治研究資料センター編『地方自治の日本的風土』第一法規、1979年
都丸泰助『地方自治制度史論』新日本出版社、1982年
中野民夫『ワークショップ：新しい学びと創造の場』岩波書店、2001年
中谷　猛・中谷真憲『市民社会と市場のはざま：公共理念の再生に向けて』晃洋書房、2004年
西尾　勝『行政学新版』東京大学出版会、2001年
ハーバマス〔細谷貞雄訳〕『公共性の構造転換』未來社、1973年
日高昭夫『市町村と地域自治会：「第三層政府」のガバナンス』山梨ふるさと文庫、2003年
松岡秀雄『成田空港って何だろう』技術と人間、1981年

松下圭一「公共概念の転換と都市型自治」(西尾勝・小林正弥・金泰昌 (編)『公共哲学 11 自治から考える公共性』東京大学出版会、2004年、31-57ページ)
松野　弘『地域社会形成の思想と論理：参加、協働、自治』ミネルヴァ書房、2004年
守田志郎『日本の村：小さい部落』農山漁村文化協会、2003年
山下龍夫『県民性なるほどオモシロ事典：人柄診断と攻略法』日本実業出版社、1996年
山脇直司『公共哲学とは何か』筑摩書房、2004年
寄本勝美 (編著)『公共を支える民：市民主権の地方自治』コモンズ、2001年

第4章　自治体の変容と公共政策

1．はじめに

　1990年代以降、わが国では地方分権の推進と、それを契機にした地方自治全体の大きな変革を目指した分権改革が、政治・行政上の大きなテーマとなっている。当然、中央・地方を問わず、政治家や行政関係者はもとより、研究者、国民をも巻き込んで多くの人々の関心を集めてきた。もっとも、いわゆる「総論賛成、各論反対」は分権改革の論議にも見られる現象であり、必ずしも論議の盛り上がりが現実の分権改革につながるとは言い切れない部分がある。

　とはいえ、2000年4月には地方分権一括法が施行され、法制度面での改革はある程度まで進んでいることは間違いない。実際、戦後ながらくにわたってわが国の国と自治体を主従の関係に押し込めてきたと悪評が高かった機関委任事務が廃止されたことにも見られるように、国-自治体関係が対等・横並びの関係に変わるような制度的裏付けはかなり整備されてきた。国から府県、さらに市町村への権限移譲もそれなりに進んだ。

　しかし、多くの住民は地方分権の効果を実感していない。具体的に何が変わったのかというと、目に見える形では何も変わっていない。機関委任事務が法定受託事務に変わったからといって、普通に生活している人々にとってはほとんど差異はない。結局のところ、地方分権は国と自治体の間での制度変更をしたに過ぎないという印象が支配的になってしまうのである。これでは分権改革の狙いはまったく達せられていないことになる。そこで、地方分権の進展状況、さらには分権改革の進み具合を見る際に、2つの視点が必要

ではないだろうか。
　1つは、国と地方の関係、あるいは府県と市町村の関係といった中央-地方関係であるとか政府間関係に関する論議と、その結果である制度改革である。具体的な論議としては、権限移譲や財源移譲に関わるものが典型例である。いわゆる「三位一体の改革」もここに入る。それらは、中央政府と地方政府という広い意味での政府部門内部での改革である。
　もう1つの視点は、自治体の行政と住民との関係に関する論議である。すなわち、行政が地域社会の諸問題を解決するとともに、公共サービスの供給主体であると位置付け、住民は行政の客体としてもっぱらサービスの消費者の立場という従来からよく見受けられた形態を続けるのか、行政と住民を共に地域の公共問題を解決していく主体として把握するのかという論点に対して、考え方の整理をし、それに基づいた新たな仕組みづくりをしていくという視点である。近年、「ローカル・ガバナンス」という概念を使ったり、「新しい公」と言ったりして論議が進められている論点である。
　第1の視点は、これまでの地方分権の論議でも常に取り上げられてきた。むしろ、地方分権論議の中心でありすべてであったと言っても過言ではない。実際、前述のように権限移譲はある程度進んだし、長年の課題であった機関委任事務の廃止が実現した。ただ、その時にしばしば見落とされがちであるのが、権限や財源を得た自治体がそれらを使いこなす能力、つまり政策形成能力をどれだけ持っているかという側面である。制度的に地方分権が進んだとしても、自治体に政策形成能力が備わっていなければ、住民の日常生活や地域の活動との関わりでは実質的な地方分権とは言えない。自治体が主体的に政策を生み出し、独自の事業を展開し、実情にあったサービスの提供をしてこそ、地方分権の効果が生まれたと言えよう。少なくとも、住民の立場からすれば、単に制度改革が進んだだけでは、地方分権を実感することはないだろう。
　第2の視点で改革を進める場合、とりわけ行政に根本的な発想の転換が必要になる。いわゆる意識改革が求められるのである。しかも、少なくとも2つの重要な側面での意識改革が求められる。
　従来の自治体では、政策を生み出すのは国（中央政府）であり、自治体は

事業を実施することがその役割であるという暗黙の了解があった。自治体には、自らが政策形成をになう主体であるという認識があまりなかったのである。したがって、政策主体としての自覚と自負を持つという意味での意識改革がまず求められるのである。

仮に自治体が政策主体だという認識があったとしても、これまでは政策を作成し実施することを行政が一手に引きうけるという発想が支配的であった。そこでは行政は、地域社会や地域住民を統治するという考え方が無意識のうちに支配している。そのような意識のもとでは、いくら市民参加を唱えてみても、行政が主体であり住民はお客さんにしかなり得ないのである。そこで、行政だけでなく住民を含めた様々な主体が自治体の政策の担い手であるという発想を持たなければならない。これが2つめの意識改革である。そして、このような発想の転換が実現したときに、住民も地方分権の進展を実感することになるだろう。その時、自治体における政策形成には大きな変化が見られるはずである。すなわち、これまで行政内部で行われてきた政策形成が行政の外部に開かれることになるのである。

2．自治体における政策

研究者が使う広い意味での政策という概念は、例えば「政府が行うか、あるいは行わないと決めたこと」[1]というような包括的なものであることが多い。大森彌の「政治社会における政策（public policy）は、社会次元での調整をこえる争点ないし紛争に対して統治活動を施すことによって、その一応の解決をはかる手段であり、この意味で社会の安定に関係づけられる統治活動の内容である」[2]という定義も、政治学的な分析概念としては有益であるが、包括的であることには変わりない。行政学の立場から西尾勝の定義を見てみると、「政府が、その環境諸条件またはその対象集団の行動に何らかの変更を加えようとする意図のもとに、これに向けて働きかける活動の案」[3]

---

1) T. Dye, *Understanding Public Policy* (*8th ed.*), Prentice Hall, 1995, p. 3.
2) 大森彌「政策」日本政治学会編『政治学の基礎概念』岩波書店、1981年、130ページ。
3) 西尾勝『行政学』有斐閣、1993年、208ページ。

となっている。対象集団に働きかける具体的な行政活動が念頭にあることは行政学らしいと言えるが、これも大きな概念である。ごく身近な生活レベルから地球規模のグローバルなレベルにわたるまでのさまざま問題解決の方法について、多面的な考察を加える際に利用可能な抽象的な概念である。それゆえ、理論研究には向いている。しかし、このような政策概念は、行政実務における用語法とズレがあると言わざるを得ない。

　行政実務、とりわけ日常業務の中では、政策という言葉はあまり使われず、それに代えて「施策」とか「事業」という言葉が使われるのが一般的である。とりわけ、自治体の業務は個別の具体的な活動が中心であるため、政策について語ることがほとんどない。むしろ、ごく限られた人が、比較的限られた時期にだけ、政策について検討したり論じたりするという現実がある。国の省庁にしても、法案の内容を決めたり、新規事業の企画・立案などのいわゆる政策的業務を担ったりしているのは、キャリアと呼ばれるエリート集団を中心とした本省内部の、それも一部の組織単位に過ぎない。大半の組織と職員、とりわけ地方出先機関は、各種の施策・事業を構成する「事務」の実施ないしその監督に当たっている。

　わが国で自治体を政府としてとらえる見方がそれなりに定着しはじめたのは1980年代になってからのことであり、それまでは一般に自治体は政策の形成や決定と無縁であるかのようにみなされていた。国が政策を定め、自治体はそれを実施する実施機関に過ぎないという見方が有力であった。したがって、自治体にとっては、政策は特殊な概念であり、「施策」や「事業」を中心にした発想が今なお支配的である。

　研究という観点からすれば、政策は政治過程の産物として政治学の研究対象であり、経済学的な分析の対象でもある。しかし、現実の政策そのものや政策過程の研究を行うためには、上述のような行政実務の世界における政策概念を明らかにしておかないと分析不可能となる。

　実務界における「政策」は、比較的類似している「施策」や「事業」と区別されていることが多い。そして、抽象度の高い概念から具体的かつ実務的な概念という基準で並べると、政策→施策→事業という順に理解されているのが一般的である。それを図に示せば、図1のようになる。

図1 政策・施策・事業の関係

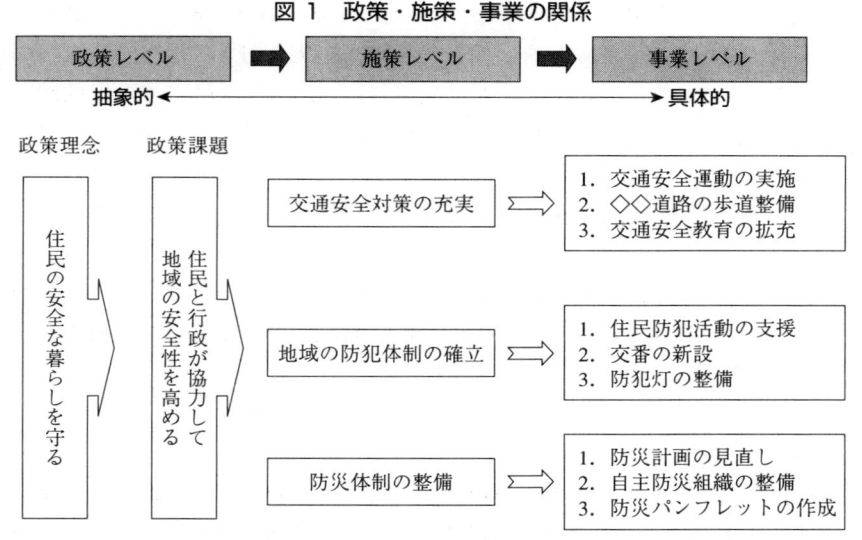

政策レベル → 施策レベル → 事業レベル

抽象的 ←――――――――――――→ 具体的

政策理念：住民の安全な暮らしを守る

政策課題：住民と行政が協力して地域の安全性を高める

- 交通安全対策の充実
  1. 交通安全運動の実施
  2. ◇◇道路の歩道整備
  3. 交通安全教育の拡充
- 地域の防犯体制の確立
  1. 住民防犯活動の支援
  2. 交番の新設
  3. 防犯灯の整備
- 防災体制の整備
  1. 防災計画の見直し
  2. 自主防災組織の整備
  3. 防災パンフレットの作成

出典：真山達志『政策形成の本質』成文堂、2001年、48ページ。一部改変

　図1のように、実務的には、理念や大枠を示し達成すべき（解決すべき）課題を示しているのが政策と捉えられることが多い。施策は政策を実現するための取り組みのグループであり、具体的な事業をまとめた概念である。そして、事業が日常の具体的な活動内容、業務内容を示し、「誰が、何を、いつ、どの様に行うか」といったことや、利用可能な手段や資源を規定しているものと考えられている。もう少し具体的に定義するなら、次のような整理になるだろう。

〈政策〉

　国または自治体として、一定の分野や問題についてどのような方針と理念で取り組むのかを示すもの。一般に自治体の総合計画の中で基本構想としてまとめられている部分である。実際の基本構想では「施策大綱」という用語が使われているので紛らわしいが、これは自治体では従来は「政策」という言葉を使っていなかったことの名残りである。具体例としては「〈健康で幸

せに満ちたまちを創る〉住民の健康で幸せな生活の確立をめざし、保健・医療・福祉の総合的な体系化を目指して施策の充実を引き続き進めます。特に、急速に進む少子高齢社会に備えて、行政の各分野にわたって福祉的配慮を組み入れながら、住民の地域活動をはぐくみ発展させるきめ細かなソフト事業を推進する必要があります。また、ボランティアを含め保健・医療・福祉等を担う人材の確保・養成が重要です。……」といったような表現になる。

このような政策は、法律や条例の目的に当たるので、法令の前書き、目的条文の内容に反映されたり、国や自治体等の責務の規定に盛り込まれたりすることが多いが、政策は法律や条例そのものではない。

〈施策〉

政策を実現するための様々な取り組みを、一定のグループにまとめたもの。自治体の総合計画では、「施策の体系」として列挙されていることが多い。上記の政策例に対応した施策としては、例えば次のようなものが想定される。「介護予防等の健康増進策の推進」「医療体制の整備・拡充」「保健・医療・福祉の連携強化」等々。

国レベルではこの施策の具体的な形式として法律があり、自治体では条例や要綱があると考えられる。例えば、「介護予防等の健康増進策の推進」という施策を具体化するものとして、「健康増進法」があると考えられる。ただ、施策を実現するのは必ずしも法律や条例でなければならない訳ではない。

〈事業〉

特定の施策の中に含まれる具体的な取り組み。通常は文字通り「○○事業」という名称が付いており、予算もこの事業を基準に編成されている。したがって、大半の行政組織はこの事業の執行を仕事としている。例えば、「医療体制の整備・拡充」という施策に含まれる事業としては、「○○市立病院新築事業（工事）」「高規格救急車整備事業」などがある。事業には必ずしも明確な法形式が対応しないが、要綱等を定めることがある。特に補助事業

の場合には、補助金の適正な運用のために「補助要綱」を定めるのが一般的である。

なお、事業を実際に執行する際には、さらに「業務」という単位に分解して、それぞれ担当係、担当者を決めて遂行することになる。

〈政策・施策・事業と法令の関係〉

上述の通り、政策・施策・事業（・業務）は国や自治体の問題解決や課題達成のための取り組みの体系を、目的→手段の連鎖として段階的に整理した概念であるのに対して、法令は国や自治体の取り組みを正当化し、公式化するための法形式である。

ある政策を実現するために、法律を作ることもあれば、計画を策定する場合もある。国民や住民の権利を制約するとか、一定の強制力を必要とする場合には、法律や条例が必要になるが、サービス供給や補助を提供する場合には計画や要綱で足りる。したがって、政策・施策・事業と法令はカテゴリーの違う概念である。

もちろん、政策・施策・事業の用語法には確定的な合意があるわけではないので、実際には色々な使われ方がある。例えば、前述の学術研究における定義に見られるように、政策とは国や自治体が行おうとすることを表したものの全てという理解がある。この場合は、政策内容を具体的に定めているのは、ある場合には法律であり、ある場合には予算であり、そしてある場合には計画であるということになる。また、事業も政策の一つの表現形態ということになる。政治学者や行政学者には、政策をこのように理解する人が少なくない。その場合、施策や事業という概念はあまり使われないことが多い。一方、実務では施策や事業という用語がよく使われる。その意味では、前述のような整理の方が現実的で実用性があると思われる。

以上のような政策・施策・事業の区分を前提に、これまでの国と地方における役割分担に関する認識を改めて整理すると、図2のようになるだろう。

この10年余りの間に地方分権が急速に進展してきたことを受けて、最近では自治体も政策に関わる必要があるという認識が高まってきており、自治体

図2　自治体における政策についての従来の理解

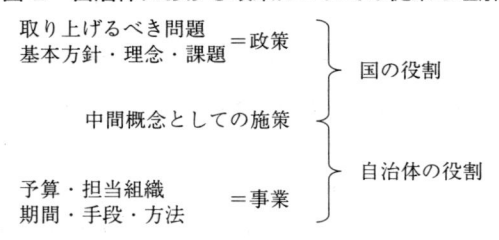

```
取り上げるべき問題
基本方針・理念・課題  ＝政策  ┐
                              ├ 国の役割
中間概念としての施策          ┘
                              ┐
予算・担当組織                ├ 自治体の役割
期間・手段・方法      ＝事業  ┘
```

の政策形成能力を高めることが緊急かつ重要な課題だといわれることが少なくない。つまり、図2のような役割分担の認識に変化が生まれはじめたのである。

3．自治体における政策形成の新しい形

　以上のような認識に立つならば、現在、自治体に求められている政策形成とは、どのようなものであろうか。政策形成のあるべき姿を考える時、自治体が個性あふれる事業やユニークな事業を作ることが重要だと思われていることが少なくないようである。しかし、そもそも政策とは問題解決のための体系と見ることができるものであるから、政策形成で最も重要なことは政策によって解決すべき問題が何であるかを明らかにすることである。いかにユニークで先進的な事業を展開しているとしても、住民が直面している地域の問題や将来に発生する可能性のある問題を解決することに役立たないような事業であったら無意味である。政策形成の出発点であり、かつ最も重要な要素が問題発見なのである。そして、地域によって社会的、経済的、地理的な要因の違いがある以上、問題も地域による違いが存在するはずであり、それゆえ国ではなく自治体がその発見の役割を担うことに意義があるのだ。

　政策形成能力と問題発見の関係を考える上では、問題を「認識型問題」と「探索型問題」とに分けて検討することが有益であろう[4]。認識型問題とは、

4）　問題の類型とそれに伴う問題発見能力について詳しくは、拙著『政策形成の本質―現代自体の政策形成能力』成文堂、2001年を参照。

図3　問題の類型と政策形成の関係

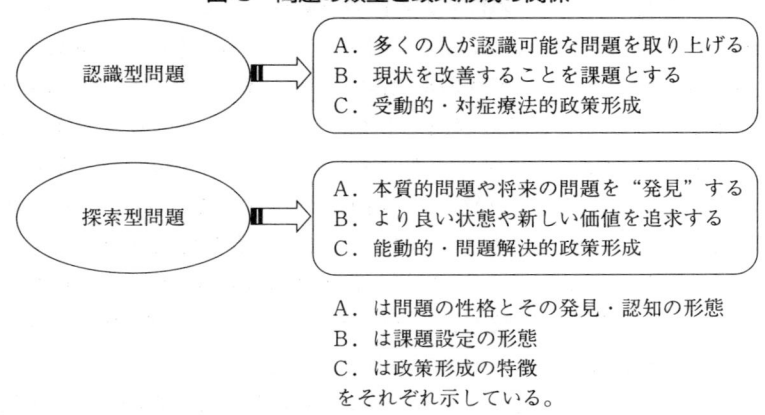

認識型問題 ⇒
A．多くの人が認識可能な問題を取り上げる
B．現状を改善することを課題とする
C．受動的・対症療法的政策形成

探索型問題 ⇒
A．本質的問題や将来の問題を"発見"する
B．より良い状態や新しい価値を追求する
C．能動的・問題解決的政策形成

A．は問題の性格とその発見・認知の形態
B．は課題設定の形態
C．は政策形成の特徴
をそれぞれ示している。

出典：真山達志『政策形成の本質』成文堂、2001年、p.11。一部改変

多くの人たちが問題の存在を知っており、なおかつ自らの問題としてその解決に取り組むか、少なくとも強い関心を寄せているような問題である。たとえば、高齢社会に伴って発生する介護の問題などは、社会的にも広く認知されているだけでなく、多くの人が自分や身内に起こりうる問題としてある程度まで自覚しているので、認識型問題の典型例である。一方、探索型問題とは、通常の生活の中では気づきにくい本質的な問題や、将来に発生するかも知れないような問題のことである。意識的に探す努力をしないと見つけることができないので、探索型と名付けている。具体例としては、地球温暖化問題などが考えられる。この種の問題が、日常の生活や業務の中で偶然に見つかることは期待できない。専門家の研究成果や国際世論などの動向を注視し、情報収集や研究を積み重ねていないと、問題の存在に気づかないのである。もちろん、マスコミなどで取り上げられることが多くなれば、多くの人が問題の存在を知ることになるが、それでもまだ自らの問題として認識し自覚するためには、問題についての理解を深めるための十分な分析・研究が必要となる。

　以上のように問題を2つの種類に分けると、認識型問題については、発見のための特別な努力を必要としないし、専門性や高度な技術を必要としない

が、探索型問題は発見のために努力と能力を必要とする。社会が複雑化し、将来の予測が難しい今日では、探索型問題の発見能力の方がより重要性を持ちつつある。したがって、現代の自治体にとっては、このような問題発見能力を向上させることが緊急の課題である。たしかに、多くの自治体で政策（企画）部門の充実が図られているが、本当にこのような探索型問題の発見能力の向上に寄与しているかどうかを検証してみる必要がある。仮に、政策（企画）部門が探索型問題を的確に発見することに有効であるとしても、昨今の財政事情から考えれば、その職員を大幅に増員するというのは難しい。

このように、自治体の行政として必要なことは、日常業務の中で認識型問題を見落とさないことと、その認識型問題に分析を加えることによって探索型問題へ近づいていこうとする努力である。しかし、これらのすべての役割を自治体行政が担うとなると、小規模町村ではほとんど不可能である。それゆえ、市町村合併を論議する意義がある。もちろん、たとえ大都市自治体であったとしても、必要な能力のすべてを備えることはきわめて難しい。そこで、いくら地方分権の時代といっても、都道府県や国との協力が必要になるのである。もちろん、協力の相手は国や他の自治体だけではない。地域の実情に精通した上で、専門性や多くの情報を有している大学、企業、市民団体も協力の相手方としては有望である。

以上のように、現代自治体の政策形成には、認識型問題に対する的確かつ有効な対応策を策定することと、認識型問題などを手がかりに探索型問題を発見した上で、基本的な方針を立てそれに沿った具体策を策定することなどが含まれている。つまり、政策形成とは単に事業を企画立案することだけではなく、むしろ問題（とりわけ探索型問題）を発見することと、問題解決に向けての基本理念や方針、課題などを明確にすることを中核とする。このような政策形成を行うためには、現在の自治体行政にはあまりない能力が必要となる。具体的には、発見した問題を理論的、科学的に分析する能力であるとか、分析結果や自らの意見を的確に関係者に伝えて合意を形成していく能力などである。そして、積極的に問題を発見し、その問題解決を政策課題として設定していく意欲的かつ主体的な発想が求められる。従来が事業中心の発想であり事業中心の知識であったのに対して、これからは政策型の発想と

政策を形成するために必要となる知識へと換えていかなければならないのである。

　政策形成に必要な新しい能力の向上と、その前提としての発想の転換は、自治体職員にとって欠くこととのできない責務である。しかし、すべてを職員の自覚と努力にのみ依存することは、政策形成能力の向上がおぼつかないのみならず、職員に過大な負担をかけることになる。そこで、政策形成能力を向上させるための仕組みや制度が必要となるのである。たとえば、現在のような思いつき、アイデアにとどまる職員提案制度を、もっと政策過程に連動した問題の発見であるとか、地域や社会経済における問題の指摘制度のようなものに変えていくことも１つの方法かもしれない。職員研修においても、政策形成研修と銘打ちながら、実際には事業の企画・立案をしてお茶を濁しているのではなく、本当に問題発見能力を高め、分析能力を身に付けることを目指し、その結果として政策的な発想を持てる人材を育てることを考えなければならいだろう。

　行政がこれまであまり手を付けることなく、どちらかというと不得意としてきた探索型問題の発見とその解決のための政策や事業を策定していく作業を進めていくためには、上のような行政内部の努力だけでなく、外部の資源や能力を有効に活用することも視野に入れなければならない。前述のように、探索型問題を発見するためには、日常的な問題意識だけではなく、分析・研究能力が必要になる。そのためには、最新の理論や技術についての知識・情報を常に蓄え、それを使いこなせるだけの専門能力を備えていなければならない。また、一定の時間とエネルギーを分析・研究に投入しなければならず、片手間の作業では不十分である。ところが、行政には行政の本来業務としての膨大な事務事業の管理や執行があるので努力にも限界がある。無理をして行政内部に専門能力を蓄え、分析・研究を専門に行う組織を設置すると、膨大な経費負担を背負い込むだけでなく、分析・研究を行う組織と事業を担当する組織との間に目に見えない壁ができてしまう可能性がある。現在でも、政策（企画）部門と事業原課との間に軋轢が生じている例は少なくないが、分析・研究機関となると、事業組織との有機的な協力はいっそう難しくなるだろう。

このように、コスト面と組織管理の両面から、行政内部に分析・研究を専門とする組織を置くことは合理的ではない。そこで、外部に分析・研究の専門組織を設置し、必要に応じて自治体職員が参加するような仕組みの方が合理的だと言える。その具体的形態の一例が行政の外部に設置する「政策シンクタンク」である。行政外部に設置された政策シンクタンクでは、問題の種類や分野に応じて様々な専門家集団を集めることが可能である。最新かつ高度な専門能力が活用できる。また、現行の事業や既得権益のしがらみがないので、客観的、合理的な分析・研究が可能でもある。この点は、行政内部の組織や、行政が事務局を務める審議会等では期待できない効果である。このように有効性が期待できる行政外部の政策シンクタンクであるが、その運用についてはいくつか留意すべき点がある。

第1に、専門家や研究者は行政の実態に精通している訳ではないため、社会経済の現状分析は得意であっても、現行の事業についての分析が弱いという面があることである。現代社会では、行政が関わりを一切持っていない社会分野を探すのが難しいくらいであるから、社会の問題を検討するときには現行の事業についての検討を欠くことができない。したがって、民間の専門家にすべてを任せてしまうのではなく、行政の実務家も対等な立場で参画することが望まれる。

第2の留意点は、世界経済の動向や国際情勢の変化を説明したり、少子高齢化やITの急速な進歩を記述したりすることから始まって引き出された探索型問題には、住民が現実味や一体感を持ちにくいことである。専門家や政策プロ集団が、生活実感のない小難しい研究をしているとか、自分たちの日常生活や地域社会には関係のない論議をしているという印象を住民が持つような検討をしているとしたら、少なくとも自治体レベルで活動する政策シンクタンクとしては失格である。住民の生活実感に結びついた問題意識から出発した分析・研究によって探索型問題を発見するという姿勢が常に望まれるのである。このような要請に応えるためには、一般住民の参加も考えられるが、日常の業務を通じて地域社会に日々接している行政実務家、とくに第一線で事業実施業務に従事している実務家の参加が重要となる。

第3に、これらの政策シンクタンクはあくまでも分析・研究が任務であ

り、課題を決めたり政策を決定したりする機関ではないことに留意しなければならない。自治体の政策は、あくまでも決定権を持ち、結果に対してアカウンタビリティを果たさなければならない主体が決定しなければならない。責任の主体を曖昧にした政策形成は避けなければならない。

4．ガバナンスの発想と自治体政策

　前節において問題発見能力に裏付けられた政策形成の必要性を強調したが、実際に生み出された政策には何が期待されているのだろうか。この問いに答えるためには、地方分権の流れの中で地域に起こりつつある変化について、もう一度目を向けておく必要がある。それは、権限や財源の移譲という制度の側面での分権化と並行して、あるいはそれと連動して起こっているガバナンスに対する関心の高まりである。

　ガバナンス概念は様々な分野で、きわめて多様な意味で使われている[5]。したがって、その定義については踏み込んだ検討が必要であるが、本章はガバナンスの概念整理を目的としているわけではないので別稿に譲る[6]。ここでは、従来から筆者が使っている次のような定義を使うことにする。すなわち、「公共空間に存在する諸問題の解決に向けて、政府（中央政府および地方政府を含むいわゆる government）、企業（民間営利部門の諸主体）、NPO、NGO 等（民間非営利部門の諸主体）のネットワーク（アクター間の相互依存関係）を構築し、それを維持・管理する活動（＝公共空間の協働管理）」である。この定義は、国レベルと地方レベルを含んだガバナンス全体を念頭に置いているが、このうち特に地方レベルに焦点を合わせたのがローカル・ガバナンスである。

---

[5]　ガバナンス概念を整理したものとしては、戸政佳昭「ガバナンス概念についての整理と検討」（『同志社政策科学研究』第 2 巻第 1 号、2000 年）を参照。また、ガバナンス概念を整理するに当たって多くの論者が参考にしている、R. A. W. Rhodes, *Understanding Governance : Policy Networks, Governance, Reflexivity and Accountability*, Open University Press, 1997. や P. Hirst, "Democracy and Governance," in J. Pierre (ed.), *Debating Governance*, Oxford University Press, 2000. も併せて参照。

[6]　拙稿「地方分権の展開とローカル・ガバナンス」（『同志社法学』第 54 巻第 3 号，2002 年）において、前注に示した文献等を検討しながらガバナンス概念の整理を試みている。

もっとも、最近ではガバナンスの訳語として「協治」（ないし「共治」）が使われることが増えてきている。「協治」という訳語の前提には、政策形成や公共サービスの供給において、政府部門はもとより、民間部門を含む様々なアクターが有機的に関わりネットワークを形成して活動することを通じて、政府部門（具体的には行政）と民間との協働のもとに公共の問題解決が図られている状態を想定している。もちろん、政府部門の政策であっても、政府内部だけで決定されているわけではないことは以前から指摘されてきた。例えば、経済政策や産業政策の分野を中心として形成されている政官財の密接な結びつきを「鉄の三角形」と呼ぶことはよく知られている。政策ネットワークや政策コミュニティと呼ばれるものも、利害関係が強いアクターが政策をめぐって形成する共同体に注目した概念である。それゆえ、利害関係や政治的影響力などの強弱によって参加資格が限定された閉鎖的なネットワークが想定されている。それに対してガバナンスは、問題に関係があったり関心を持ったりしているアクターが自由に参加可能な協働関係を前提としている。

　近年、行政改革を進める中で、民間の発想やノウハウに対してきわめて高い信頼と期待が寄せられている。そのため、これまで政府部門が供給していた公共サービスを、民営化や民間委託を通じて民間部門へ移管することが急速に進んだ。また、従来は公共サービスを行政が供給していたのに対して、NPOやボランティアがサービス供給を担うようなケースが多くなってきている。さらには、行政が関心を示さなかったような問題や対応が難しいと躊躇しているような問題に対して、住民やNPOなどが主体的に取り組むことも増えてきた。つまり、公共性があると全て政府部門が担当するという従来の常識的な理解とは異なり、公共の問題解決に様々な民間の主体が関わるようなケースが珍しくなくなっているのである。そこでは、政府部門の行政と民間との間で意見の対立や相互不信が見られることがあるが、少なくとも理想論としては、行政と民間が協働することが求められている。それがガバナンスの一般的な前提だと言えよう[7]。

7）政策形成や公共的サービスの供給が民間に任されることが増えれば、今度はそのような機能を担う民間に対する公的な統制や責任の確保が問題となる。つまり、公私の領域を越えた統

地方を中心に徐々にこのような意味でのガバナンスが生まれつつあるとはいえ、このようなオープンなネットワークや行政と民間の協働は未だ理想に過ぎず、非現実的であるかもしれない。実際、前述のように行政と民間の間には相互不信があることの方が多い。また、ほとんど公共の問題については既に行政が関与しているので、民間は公共の問題解決においては新参者に過ぎず、行政が圧倒的に優位な立場を維持していることが多い。そのような現実を踏まえると、対等平等のパートナーシップや協働ということを強調したガバナンス概念は、実態を無視した実用性のないものになりかねない。

　公共の問題を解決するためのネットワークが、自然発生的に生まれることもあるだろう。人々の間で徐々に問題意識や危機感が高まって、誰が中心になったかは明確ではないが、問題解決への取り組みが盛り上がりを見せるような場合である。例えば、地域に古くから伝わる伝統文化がすたれてきている時に、それを保存して継承していこうとして、地元の有志が集まって保存会を作って活動を始めたとする。それは、任意の小さな組織であるが、徐々に仲間が増え大きな組織になり、その活動を地元自治体が支援するようになる場合がそれに当たる。

　一方で、特定の組織が中心になって、関係しそうな組織や団体に積極的に働きかけてネットワークを意識的に作り上げる努力をしていく場合もある。従来、このようなケースでネットワークづくりの中心になっていたのが行政であることが多かったのである。行政が用意した介護保険制度とケア・マネージャーによる介護認定などの仕組みを前提に、NPOやボランティア、あるいは介護サービス会社が加わって介護サービスの供給ネットワークができあがっているのがその例である。今後は、自治体以外のアクターがネットワークづくりの主体になるケースが増えていくと思われる。そこでのネットワークの形成と発展は、次のように整理できるだろう[8]。

　　制と責任確保の体制が必要になっている。そして、統制と責任確保のことをガバナンスの確保と呼ぶこともできる。
8）　公共政策を巡るネットワークが形成され、そのネットワークが発展していくプロセス、そしてそのネットワークの管理については、拙稿「政策実施過程とネットワーク管理」(『法学新報』第100巻第5・6号、1991年) を参照。なお、この論文では、主として政策実施過程を対象としたネットワーク管理を論じているが、政策実施におけるネットワークを政策過程の展開

問題提起をし、マスコミに働きかけたり仲間を募ったりし、徐々に当該問題に関心を寄せる人を増やしていくことによって世論が喚起されると、まず争点ネットワーク（issue network）が形成される。争点ネットワークが一定の期間継続していると、次第に具体的な解決策を検討する動きが組織的に展開するようになる。このような解決策の策定の際に形成されるのが組織間政策ネットワークである。多くの場合、このネットワークを構成している組織の中心は政府組織であるが、住民参加が確立していくと、サードセクター（市民セクター）の組織の割合が大きくなることも考えられる。この組織間政策ネットワークの中から生み出された解決策（政策）を実施するのが政策実施ネットワークである。このように、問題の設定から具体的な問題解決活動までのいわゆる政策過程全体を、各種のネットワークの形成と維持・発展と捉えることも可能である。

　ある特定の社会問題が公共の問題として取り上げられ、解決のための取り組みが展開するようになるためには、以上のような各種のネットワークが生み出されなければならないし、生み出されたネットワークは維持・管理されなければならない。ネットワークが形成されるまでは、多くの関係者の盛り上がりに支えられるが、一旦できあがったネットワークは、適切な管理が行われないと空中分解してしまう可能性が大きい。したがって、ネットワーク管理が重要になるのである。このような現実を前提とすると、ガバナンスには単に「協治」という言葉で表現しきれない幅広い意味が含まれると考えるべきではないだろうか。ネットワークの生成とその維持・管理に関わる機能をより重視した概念として使う方が良い。そのようなネットワークの管理機能に注目したガバナンス概念を図示すると図4のようになる。

　ガバナンスにおける主なアクターは、第1セクターの政府部門（その中でも特に行政）、第2セクターに属する企業、サードセクターと称されるNPOや市民団体、それに一般の住民などが考えられる。これらのアクターが色々な立場で関わりを持っている。図4では、地域社会や住民、事業者に対して、政府部門がサービスを供給したり規制を加えたりするとともに、住民や

　の中で捉えているので、基本的には政策ネットワーク一般に応用可能な議論であると考えている。

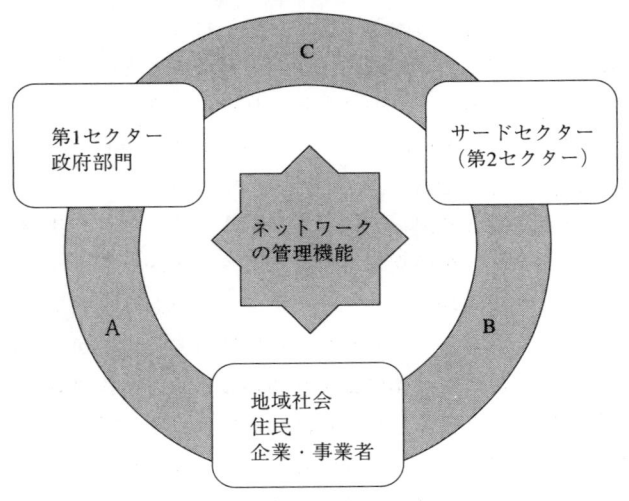

4．ガバナンスの発想と自治体政策◇ 83

図4　公共空間の協働管理としてのガバナンス

```
           C
  ┌──────────┐      ┌──────────┐
  │ 第1セクター │      │ サードセクター │
  │  政府部門  │      │ (第2セクター)  │
  └──────────┘      └──────────┘
         ネットワーク
          の管理機能
    A                    B
          ┌──────────┐
          │  地域社会  │
          │   住民    │
          │ 企業・事業者 │
          └──────────┘
```

事業者が政府部門に税や料金を支払うといった関係がAである。これは従来からよくある関係である。それに対して、最近ではNPOや市民団体が地域社会や住民に対して公共的なサービスを提供し、それに対して住民から料金が支払われたり、活動に対して金銭的、人的支援をしたりするということが増えているが、それらは図のBにあたる。そして、公共サービスの提供を中心に注目されるようになっているNPOや、PFI方式で自治体との関係が増えつつある企業等との間で、政府が許認可、補助、委託などを行い、NPOや企業が受託や分担という形で政府に協力するという関係が図のCの部分である。

　このように多くのアクターが様々な関係を結びつつ、地域における問題解決に相互作用、相互補完をしているのが、問題解決のためのネットワークである。このネットワークは、法令などによって作り出される場合もある。例えば、地域における介護サービスの供給に関わるネットワークは、その基本形を法令が定めている。しかし、そもそも法令がないところに新たなネットワークが生まれる場合もある。地域住民が主体的に伝統文化の保存活動を展開したり、子育て支援のサークル活動を拡大したりするうちに、行政も巻き

込んでいくこともある。したがって、どのようなアクターがどのような関係を結んでネットワーク化するのが適切かといったことや、ネットワークが存続するための資源をどのように調達すかといったことを、誰かが責任を持って、かつネットワークのメンバーに信頼されながら進めなければならない。それがネットワークの管理機能であり、ガバナンスの中心なのである。そして、この管理機能が有効であり、かつネットワークのメンバーが正当性を認めている時に公共空間は安定していると言える。そのような状態が維持されていることをガバナンスが確立していると言うことができよう。

　ガバナンス、とりわけローカル・ガバナンスの概念はこのように政策形成や事業実施をとらえ直そうとする概念として理解することができる。したがって、ガバナンス概念が自治体に広がり始めると、自治体職員はかなり抜本的な意識改革と発想の転換をしなければならない。そして業務遂行の形態の変更が必要になる。すなわち、問題に応じてどのようなネットワークが望ましいのか、そのネットワークの管理機能はどのセクターのどの組織が担うのが妥当なのかといったことを検討した上で、政策形成を進めなければならない。実際にネットワークのメンバーになりうる組織や団体が、どの程度存在しているのかを把握することは難しい。ましてや、ネットワークの管理機能を担える組織や団体はどれかを確認することはもっと難しい。しかも、政策分野ごとにガバナンスの形態が確定しているわけではなく、民間セクターの発展状況が異なれば、地域や時期によってガバナンスの形態は様々に変化するので、最適なガバナンスを見いだすのは相当の努力と能力が必要になるだろう。

　したがって、ガバナンスの下での行政の政策形成で求められることは、まず、住民指向という発想である。これは、NPM（New Public Management）を標榜する行政改革の中でも強調されることである。ただ、NPMの考え方では、厳密には顧客志向である。つまり、住民をサービスの受け手ないし消費者として捉える発想が強い。そして、顧客としての住民が、サービスのコストや質に満足しているかどうかに注目する。しかし、ここでいう住民指向の発想とは、住民は、サービスの受け手であるとともにサービスの内容や水準を決める決定主体であったり、サービスの供給主体であったりする

という発想である。そのような発想に立つと、住民がどのようなサービスを求めているかという観点からのいわゆるニーズの把握だけではなく、どのような決定プロセスを期待しているのか、住民自身がどのような役割を担おうとしているのかといった、住民の意向を把握することが必要になるだろう。したがって、住民ニーズを数量的統計データで把握するだけでは不十分である。

また、自治体の行政は統治の主たる担い手であるということではなく、ガバナンスを担う１つの主体であるという発想を持つことが必要となる。公共の問題解決を一手に引き受けるのでもなければ、公共性を独占する主体でもなく、公共の問題を解決しようとするネットワークを構成する数ある主体の１つである。したがって、常にネットワークの管理機能を行使するのが行政であるとは限らないという前提を持たなければならない。もっとも、現実には保有する資源や情報などの点で、ネットワークの中で圧倒的な力を持っているのが行政である。それゆえ、行政が従来の発想を変えない限り、ガバナンスの確立は難しくなり、住民と行政の関係は統治・被統治の関係に終始してしまう危険がある。

5．おわりに

地方分権の進展は自治体に高い政策形成能力を求めるようになっている。その要請に応えるために自治体の行政は最大限の努力をしなければならないことは言うまでもない。人口規模が大きく行政職員の数が多い都市自治体は、政策形成能力を高めることが可能である。なぜならば、組織規模が大きいことはそれ自体が能力を大きくするからである。都市自治体ではかなりの程度まで専門分化が進んでおり、職員は特定の業務に専心して、業務に関する知識・情報を蓄積したり、担当業務に関わる問題意識を持ったりすることも可能となる。反面で、人口が数千人の町村では、ひとりの職員が複数の業務を担当しているが、このような状況では日々の業務を処理することに忙殺され、政策形成のために時間と頭脳を割く余裕が生まれにくい。

しかし、規模の大きな自治体の行政組織でも、政策形成能力が高まるとい

うのは単なる可能性に過ぎず、実際に都市自治体の職員の意識がそこまで政策形成に向けられているかどうかは検討の余地がある。規模の大小を問わず、行政職員は政策形成だけをしているのではなく、むしろ事業の執行業務を担当していることが一般的である。したがって、職員の意識が大きく変わらないと、政策形成の可能性はなかなか開けないだろう。日常業務の中心が事業であっても、その業務の中から社会や住民の中にある問題を見つけ出そうという発想がなければならないし、見つけた問題をただ事実として認識するのではなく、分析を加えていこうという姿勢が必要となる。このような意識や努力は、従来の本来業務の視点からすると、余計な業務や役割になる。そして、本来的でない余計なことをすると、評価されるどころか、マイナスに評価されることが多い。余計なことをしてマイナスなるより、決められたことを無難にこなしてゼロ評価をされる方が安全であるというのが従来の行政組織であった。いわゆる事なかれ主義とか、安定志向を生み出すのである。このような実態を根本的に変えようという意欲的な意識が必要になるのである。

　また、今日、自治体に求められている政策形成能力のすべてを行政だけで賄うのは難しいということも認識しておかなければならない。問題発見を事業実施の現場で行うことが可能であるとしても、発見した問題を分析したり、関連する情報を収集したりするには、それなりの専門性や、集中的な処理業務が必要になる。しかし、行政ではそのような専門性を常に最新、最高のレベルで維持しておくことは難しいのである。そこで、前述のように、政策形成の一部を地域の政策シンクタンクが分担するのが合理的となる。

　自治体を構成する議員の意識と能力も重要である。現実には多くの最終決定権が議会にあるのは紛れもない事実である。国レベルであれ地方レベルであれ、世の中の問題を行政の責任にし、行政をスケープゴートにする風潮があるが、政治家の責任は行政よりも大きい場合が多いのではないか。とりわけ、自治体の行政では、部分的ではあるものの徐々に政策形成への取り組みが始まっているが、議会で容易に否決されてしまうことも想像に難くない。議員が特定の地域や利益団体の御用聞きの役割をして、利益誘導や仲介役をしているだけであれば議会などない方がましである。また、行政の監視と称

して重箱の隅をつつくような細々とした問題を取り上げて溜飲を下げているような議員も、きわめて物足りない。その役割、責任からすれば、議員こそ行政以上に高い政策形成能力を持たなければならない。

そして、言うまでもなく住民にも政策的な発想が求められる。目の前の不都合を解決するだけで満足するのではなく、住民といえども問題の本質を捉える姿勢や発想が必要である。さもないと、住民の要求に「正面から」応える行政が立派な行政という理解が広まり、問題が深刻になっていることに誰も気づかないまま時が過ぎることになる。あるいはまた、声の大きな者、要求がうまい者の利益は重視されるが、次世代のことを考えた提案には十分な配慮がなされなくなる。

行政も議会もそして住民も、物取り的な発想、たかり、依存の体質を払拭しなければ、今日の分権時代の自治体に期待されている政策を立案し効果的な事業を実施していくことは不可能である。自治体の公共政策は大きく様変わりしつつあり、様変わりしなければならないのである。

第5章　立法の政策科学

1．はじめに

　立法とは法律の作成・決定を指す包括的な概念であるが、それは政治過程によって実現されるものである。政治過程とは、社会的価値の権威的配分をめぐって、誰が、何を、いつ、どのように手に入れるかについての政治的プロセスを意味する[1]。本章では、規制政策という特定の法領域を対象に、その緩和・撤廃をめぐる構造改革特区法の政治的プロセスを分析し、政策の立法化の具体的事例とその一般化を考察することとする。

2．規制政策の政策過程

2.1　非決定権力としての鉄の三角同盟

　公的規制についての法令上の定義は存在しないものの、これまで、政府は、1988年の第二次行革審による答申を引用し、「公的規制は、一般に、国や地方公共団体が、企業・国民の活動に対して特定の政策目的の実現のために関与・介入するものを指す」と位置づけてきた[2]。こうした規制の手段の

---

1) Harold D. Lasswell, *Politics : Who Gets What, When, How?*, The Free Press, 1951.（H. D. ラズウェル（久保田きぬ子訳）『政治』岩波書店、1959年））。
2) 第二次行政改革審議会「公的規制の緩和等に関する答申」1988年12月1日。なお、旧総務庁は、公的規制は、国民や企業の自由な活動に任せていたのでは、国民生活の安全が損なわれる、産業経済の健全な発展が望めないなどの問題が生ずるおそれがある場合に、公共の福祉に寄与する特定の政策目的を達成するために、一定の活動を禁止したり、活動に先立って行政庁の許可、認可などを得なければならないなどの制限を加えたりするものであると位置づけていた。そして、公的規制が課される目的として、外部不経済の回避、情報の不完全性による不利

代表的なものは、法律や政省令等に基づく許認可等である。加えて、行政庁が行う是正命令や取消処分、国民や企業に一定の行為の実施を義務付ける作為義務やその反対の不作為義務、規制的な行政指導や、価格支持などの制度的な関与も規制の手段に位置づけられる。これらの規制手段は、事業への参入や、定款、事業計画の作成・変更、施設・設備の設置・変更、料金の設定・変更、事業の休廃止、承継などの行為に適用され、運用されている。これらの規制手段と規制対象の組合せにより、参入規制や価格規制、施設・設備規制、約款等規制、退出規制などに規制の態様を分類することができる。日本では、これらの事業規制が法令によって産業分野ごとに細かく規定されてきた[3]。国民の権利や自由を制限する規制には、法律の根拠が要件とされる。しかし、こうした法律の根拠をもちながら、実際には行政機関による許認可等の規制は法規裁量ではなく、自由裁量的に運用されている。行政学者の新藤宗幸は、「政府は個人や法人の活動について許可、認可、免許、承認、届出といったさまざまな規制を加えている。こうした政府活動はある特定の政策目標の実現に向けて個人や法人の行動を誘導しようとするものである」とし、許認可などによる規制と誘導が実施機関の法令解釈＝裁量を基本としている点を問題視している[4]。

一方、公共経済学では、経済的規制が、所得分配の不公平と資源配分の非効率を生むとしている[5]。その典型例である参入規制では、供給制限によって供給水準が抑制され、均衡価格が上昇することで、既存の供給者の所得を増大させることになる。こうして生み出された価格の上昇による利潤の増加が既得権益となり、規制された分野では超過利潤＝レントが発生する。金融産業や運輸産業などでは、政策的に新規参入が規制され、超過利潤が長期にわたって保護されてきた。こうした護送船団方式による既得権の擁護は、結

益の回避、規模の利益が存在することによる不利益の回避、産業の健全な育成、食料供給力の維持・確保と国土・環境保全などの農業・農村の公益的機能の発揮等を挙げた上で、それらが社会経済情勢の変化などに伴って、意義が薄れたり、技術進歩などにより実効性を失ったりする場合が少なくないとしている（総務庁『規制緩和白書（2000年版）』大蔵省印刷局、2000年、117〜119ページ）。

3） 総務庁『規制緩和白書（2000年版）』162〜176ページ。
4） 新藤宗幸『概説現代日本の公共政策』東京大学出版会、2004年、113ページ。
5） 井堀利宏『公共経済学』新世社、1998年、72〜73ページ。

局は、潜在的な供給者や消費者の利益を損なうことになっているとする。

　こうした行政の側に過大な権限が集中することによって、市場による競争原理が働かず、資源の効率的な配分を阻害してきたとする考え方が、経済界や政権首脳によって認識され、1980年代以降の規制緩和政策の動機付けとされてきた。しかし、規制省庁の側からの政策革新としての規制緩和は容易に進んではこなかった。村松岐夫は、規制をどの程度に実行できるかは被規制者の協力によるところが大きく、行政の多くの決定は民間の諸団体の支持を得たり、要請を受けたりして実行されるとする。そして、被規制者は、規制が自己に有利に働くように政治的活動を行い、そこに鉄の三角同盟が形成され、諸々の規制緩和に一番反対するのは、実は、規制で守られている関連団体であるとする[6]。村松の理解は、政策実施の段階における省庁と関連業界団体のネットワークと、業界団体による政策決定過程への影響力の大きさが、規制緩和の障害となってきたことを示唆している。捕虜理論では、規制省庁は当初は公共の利益のために積極的な規制に乗り出すが、組織体制が充実し、被規制側との関係が安定的になると、次第に被規制団体の捕虜となって新規参入や業界の競争促進を拒み、現状維持的な姿勢が目立つようになるとする[7]。規制するはずの省庁が、政策実施過程を通じて、逆に、業界保護に走り、既得権益の結合の中に自ら取り込まれてしまうようになるというものである。公共選択理論では、規制によってレントを受ける業界団体が、政治資金と票を交換に、族議員を業界の圧力装置として組織化し、規制する側の省庁からも、業界団体や企業への天下りを受け入れることで利害関係が結ばれるとする。その結果、規制政策をめぐる鉄の三角同盟が形成され、こうした同盟関係は、既得権を維持するために、様々な政治的影響力を行使する。これに対して、一般消費者は、広く薄く便益が拡散される規制政策の特質から、政策決定に参加するコストを負担しないフリーライダーとして、その利害を政治的に結集することが困難である。その結果、市場の失敗を補完することを目的とする政府による規制が、本来の目的を逸脱して、現状維持されることで、資源配分の効率性を損なうという政府の失敗を生じてきたの

---

[6]　村松岐夫『行政学教科書（第二版）』有斐閣、228〜229ページ。
[7]　早川純貴・内海麻利・田丸大・大山礼子『政策過程論』学陽書房、2004年、152ページ。

表1　規制改革と政策過程の関連

政策類型	政策手法	便益・費用	政治過程
分配政策	給付・サービス手法（補助金・税制・投融資）	便益集中（業界団体）費用分散（一般財源）	顧客政治（業界団体の既得権と政権党による擁護 vs. 政権首脳・経済団体による給付削減）
再分配政策	給付・サービス手法（社会保障・福祉・補助金）	便益分散（国民全般）費用分散（一般財源・社会保険）	多数派の政治（政策受益団体による給付維持 vs. 大企業労使連合・財政当局による削減政策）
競争規制政策	経済的規制手法（参入規制・需給調整・料金規制）	便益集中（業界団体）費用集中（消費者）	利益集団間政治（鉄の三角同盟による既得権の形成 vs. 政権首脳・経済団体による規制改革）
保護的規制政策	社会的規制手法（消費者保護・労働者保護・環境保全）	便益分散（国民全般・フリーライダー）費用集中（大企業）	起業家政治（大企業による規制緩和 vs. 労組・市民運動による規制強化）

である。規制緩和が進まなかったのは、こうした規制によってレントを得てきた鉄の三角同盟が規制緩和の議題設定を抑止する非決定権力となってきたからである（**表1参照**）。

2．2　経済的規制と社会的規制

　こうした規制緩和への抵抗が根強い中で、経済界や政権首脳部は、専門家からなる審議機関を設置し、内閣を主体に、規制緩和政策を進めてきた。その端緒となったのが、第二次行革審であり、同審議会の答申以来、政府は、公的規制を経済的規制と社会的規制に分類し、経済的規制に重点を置いて規制緩和を推進してきた。政府の定義では、経済的規制とは、市場の自由な働きに委ねたのでは、財・サービスの適切な供給や望ましい価格水準が確保されないおそれがある場合に、政府が、個々の産業への参入者の資格や数、設備投資の種類や量、生産数量や価格等を直接規制することによって、産業の健全な発展と消費者の利益を図ろうとするものである。これに対して、社会

的規制は、消費者や労働者の安全・健康の確保、環境の保全、災害の防止等を目的として、商品・サービスの質やその提供に伴う各種の活動に一定の基準を設定したり、制限を加えたりする場合が該当し、経済的、社会的活動に伴って発生するおそれのあるマイナスの社会的副作用を最小限にとどめるとともに、国民の生命や財産を守り、公共の福祉の増進に寄与しようとするものであるとされた[8]。こうした分類に従って、経済的規制については、その政策的意義や必要性の高いものとそうでないものとが混在しており、原則自由・例外規制の基本的な考え方に立って抜本的に見直す必要があり、社会的規制については、社会経済情勢の変化や技術革新の進展等に対応して、常に見直しを行い、状況に適合したものとし、国民に必要以上の負担や制約をもたらすことのないように必要最小限にすることを、政府の規制緩和策の原則としてきた[9]。

　こうした政府による規制緩和が1990年代に至って進展したのは、情報・通信や運輸、流通などの経済的規制の分野であった。参入規制や需給調整規制、設備規制や料金規制が、効率性を損ね、企業の経済活動の足かせとなるようになってきたことがその要因に挙げられる。需給調整の観点から行われる参入規制は、実質的な業界保護であり、90年代後半には業界規制法の需給調整事項や営業実態への規制緩和が行われることとなった。しかし、こうした経済的規制分野での改革が進んだ反面、社会的規制分野の改革に関しては、既得権を有する業界と監督権を失いたくない官僚機構の抵抗によって、族議員を巻き込んでの現状維持が図られてきた。規制緩和の推進派は、経団連などの経済団体であり、通産省などの経済官庁を推進役として、医療、福祉、教育、農業などの国民生活に密接に関連する社会分野の規制改革の必要性が主張されるようになった。社会的規制を所管する省庁や、日本医師会、農協などの業界団体は、これら分野の規制は、消費者や患者などの安全や健康を守るための社会的規制であるとして規制緩和に反対したものの、その実

8）　第二次行政改革審議会「公的規制の緩和等に関する答申」1988年12月1日。
9）　同答申では、実際の規制については明確にいずれかに分類できるものもあるものの、経済的規制と社会的規制の両方を目的としている法律や、規制の中に多様な目的が複合しているものがあり、個々の規制を単純に経済的規制と社会的規制のいずれか一方に分類することは必ずしも容易ではないとしている。

態は、実質的には、既存の業界を保護するための参入規制そのものであった。規制緩和推進派は、医療や農業などの分野でも料金やサービスなど消費者の選択の幅を広げる方がよいとして対立した[10]。

2.3　規制政策の憲法適合性基準

一方、こうした規制政策の憲法適合性を支える法理論として、規制政策を消極的規制と積極的規制に二分し、国民の生命及び健康に対する安全の確保ないし秩序維持のための消極的（警察的）規制のみならず、社会的・経済的弱者の生存権を確保するための積極的（政策的）規制についても、それを許容する規制二分論があり、規制立法に対する司法審査は十分に機能してこなかった[11]。判例・通説では、規制立法の合憲性判定の基準として、消極的規制については規制の目的を達成するために必要最小限度にとどまるものでなければならず、積極的規制については、規制措置が著しく不合理であることの明白である場合に限って違憲とする、いわゆる明白の原則を採用し、そこでは、立法府の広い裁量を認め、規制立法の合理性の有無の審査を緩やかに行うという方法がとられてきた[12]。しかし、こうした規制立法により実現される、消費者や一般国民の健康・安全の確保については、規制緩和論の観点からは、安全性に関する情報開示を義務付けし、当事者の自己責任と自己決定によって守られるべきものと考えられ、経済的弱者の保護についても、実際には、積極的規制の過保護によって弱体化した非効率的な部門に競争原理を導入することによって、消費者の利益を実現することが必要であるとの帰結が導き出される。憲法学者の棟居快行は、消極的規制が消費者の健康・安

---

[10] 規制改革のオピニオン・リーダーである八代尚宏は、株式会社の農業、医療、教育分野への参入禁止に関し、利用者の選択肢を狭め、既存の事業者の利益になるだけであると批判し、営利・非営利の差が重要かどうかは利用者が判断すべきことであり、政府の役割は情報公開と対等な競争条件の確保に尽きると主張する（八代尚宏『規制改革「法と経済学」からの提言』有斐閣、2003年、72ページ）。一方、規制を正当化する側からは、経済的効率性の観点から規制は最小限にすべきであるとしても、医療や農業、教育などの分野は、経済的原理だけでは判断できない複雑な要素が含まれており、競争の導入によって格差が生じ、公正や平等が損なわれるとして、従来の規制は必要であることが主張された。

[11] 棟居快行『憲法学再論』信山社、2001年、337～338ページ。

[12] 芦部信喜（高橋和之補訂）『憲法（第三版）』岩波書店、2002年、206～207ページ。

全を守るためというパターナリズムによる消費者の市場アクセス権の制約であり、積極的規制は、特定の生産・流通業者を保護するものであるから、実際には、弱い消費者から弱い生産者へ富を移転するものであることに言及し、消費者や経済的弱者の保護を規制の正当化のためのダシに用いてきた規制二分論に代わって、消費者の利益の観点から検討する必要性を指摘している[13]。

　経済的自由に関する不当な規制立法を是正するのは、政策の当否について審査する能力に乏しい裁判所よりも、議会の方が適当であると言える[14]。しかし、規制立法が、特定の業界団体を保護するために鉄の三角同盟が関与した実質的な利益集団的立法である場合に、「民主政の過程が正常に機能している限り」という議会による是正作用の前提条件はそもそも成り立たない。規制政策の目的に正当性や合理性があるかないかは、規制が必要とされた理由を十分に吟味した上で、規制を設けた時点と現在の社会的、経済的状況がどのように異なっているかを検討し[15]、規制という手段によりもたらされる社会経済的な便益と、一方で発生する社会経済的な費用とを公正かつ実証的に比較し、規制の目的と手段との間の合理的関連性を検証する評価作業が不可欠であろう[16]。

3．立法の装置

　日本における政府提出法案は、政権政党の政権公約（マニフェスト）に基づく、首相の強力なイニシアティブのもとで立案が行われるというトップダウン型ではない。実際には、各省庁が、政策執行のフィードバックによる政策の変更や、新規政策の導入の必要性の観点から、政策案を下から積み上げていくというボトムアップ型が一般的である。こうした各省庁による政策立案を支える根拠となってきたのが、内閣法に基づく各省大臣による分担管理

---

[13]　棟居・前掲書344〜347ページ。
[14]　芦部・前掲書175〜176ページ。
[15]　草野厚『日本の論争・既得権益の功罪』東洋経済新報社、1995年、165ページ。
[16]　福井秀夫参考人の発言（第155回国会衆議院内閣委員会議録第8号（平成14年11月19日））。

表 2　規制改革推進のスキームの展開

期　間	計　画	内　閣	担当審議機関	特　徴
1995.3～1998.3	規制緩和推進計画	村山内閣・橋本内閣	行政改革委員会規制緩和小委員会	個別規制の緩和・撤廃、年次計画の策定
1998.3～2001.3	規制緩和推進3か年計画	橋本内閣・小渕内閣・森内閣	行政改革推進本部規制緩和委員会（99.4より規制改革委員会）	事前規制から事後チェックへの転換、競争政策の強化、横断的検討方法の採用
2001.3～2004.3	規制緩和推進3か年計画	森内閣・小泉内閣	内閣府総合規制改革会議	医療、福祉、教育、農業等社会的規制の緩和・撤廃、構造改革特区の導入
2004.3～2007.3	規制改革・民間開放推進3か年計画	小泉内閣	内閣府規制改革・民間開放推進会議	官製市場改革、行政サービスの民間開放、市場化テストの導入

原則である。この原則を盾に、各省庁は、内閣からの強い自律性を保持し、役所の既得権に抵触するような政策の転換に抵抗することで、執政としての内閣によるイニシアティブの障害となってきた。

　そうしたセクショナリズムを克服する試みとして、第二次臨調以降、行政改革の分野において、議題設定と政策案の基本方針の策定を内閣に設置された審議機関（8条機関）に委ねる方式が採用されてきた。規制緩和に関する政策立案についても、第二次臨調の後継機関として設置された行政改革審議会を推進役として、各省庁の合意を得ながら、漸進的に実現するという手法が講じられてきた。村山内閣によって設置された行政改革委員会では、規制緩和推進計画を閣議決定し、1995年以降、年次計画に基づく規制緩和が実施されるようになった（**表2参照**）。

　発展指向型国家とされてきた日本の規制政策が、内閣主導で規制緩和を推進することとなった要因は、市場開放や規制緩和を求める外圧に対処し、急

速なグローバル化が進む中で国内企業の市場競争力を強化する必要性からであった。公的規制の撤廃や緩和が進んだのは、金融自由化のように規制省庁の側がイニシアティブをとる形で行われた経済的規制の分野である。行政指導に対する批判が高まる中で、行政手続法が制定され、規制政策の透明性が求められるとともに、事前規制型の行政から事後チェックルールの整備が図られるようになった。こうした政策転換の反面で、医療、福祉、労働、教育、農業等の社会的分野では、依然として旧来型の規制政策が温存され、構造改革が阻害されてきた。森内閣において設置された総合規制改革会議は、市場競争を妨げる規制を撤廃するとともに、消費者の選択肢を保障するための社会的安全弁を加えた最適な規制に置き換える規制改革を行うことを明確化し、社会的分野の改革を検討するようになった。しかし、これまでの規制改革の失敗の要因は、それら審議機関が、首相への提言機関にとどまり、提言を実現するための詰めの閣僚折衝にも加われず、省庁や業界団体の働きかけを受けた関係閣僚に、最終的にはその実現を阻まれるという限界を抱えていたからである[17]。その結果、規制緩和が進展した分野は、規制省庁が積極的であるか、または協力的な場合に限られてきたといえよう。規制緩和推進計画を閣議決定し、各省横断的な改革方針を決定しても、実際の立法過程では、各省庁が保有する起案権限により、法律の書き換えや、政省令、通達、行政指導を活用した規制緩和の骨抜きが行われてきたのである。

　こうした各省分担管理原則の限界を超え、内閣主導体制を確立するために、橋本内閣における中央省庁改革では、内閣機能の強化が図られた。内閣法の改正により、「内閣の重要政策に関する基本的な方針」に関する首相の発議権が規定され（内閣法4条2項）、こうした発議権を担保するために、首相の補佐・支援体制として、内閣官房の再編強化と内閣府の設置が行われた。改正内閣法第12条には、内閣官房に、閣議にかかる重要事項に関する総合調整権限（閣議の円滑な進行のための事務）に加えて、「内閣の重要政策の企画立案」の事務が付加されることとなった。その結果、内閣官房・内閣府

---

[17] 総合規制改革会議には関係省庁に対する勧告権は付与されておらず、内閣府設置法（第12条第2項）に基づき、規制改革担当大臣がその所掌の権限として、関係行政機関の長に対して「勧告の実施」を求めることができるのにとどまった。

に設置された事務局を中心に内閣官房が企画立案権を行使して、各省庁に代わり法案の立案を担当することが可能となった[18]。また、中央省庁再編は、規制改革を担当する官僚組織の変更をもたらすこととなった。2001年1月の省庁再編により、それまで規制緩和・改革を担当していた総務庁（行政管理局）は、総務省に衣替えし、地方自治や電気通信などを所管することで、自らが規制政策の所管省庁に転換した。その結果、規制改革の所管は、内閣官房・内閣府に移行し、旧経済企画庁や、経済産業省の影響力が強い事務局構成に変化することとなった[19]。こうした制度改革と組織の変容によって、規制改革は内閣の主導性をより高めることとなったのである。

4．構造改革特区法の導入

4．1　立法事実と立法目的

規制緩和が進まない要因には、規制緩和の費用対効果が明確でなく、規制を撤廃・緩和した場合のリスクについて誰が負担するのかという問題があった。しかし、その最大の障害は、規制を現状維持することによるレントを持つ規制省庁や業界団体の反対にあった。従来のような全国一律の規制緩和に代わって、地域を限定した特区から規制緩和の実験を行うという発想が生まれたのは、そうした官僚制の強い抵抗を排除することを目的としていた。政府部内で、構造改革特区のアジェンダセッターとなったのは、2002年4月の経済財政諮問会議での平沼赳夫経済産業大臣及び民間4議員の改革特区構想の提案であった。これを受けて総合規制改革会議の規制改革特区WGが具

---

[18]　内閣官房への企画立案権の付与以後、その所管法令は増加し、テロ特措法、有事法制、イラク人道復興支援法、国民保護法制の安全保障法制や、IT、都市再生、知的財産、構造改革特区などの経済再生・構造改革関連法制など14件に上っている。それらは、各省大臣の分担管理システムでは、各省庁の既得権に抵触し、内閣としての一体的かつ迅速な政策決定が困難な分野であった。それぞれの法制の立案は、内閣官房に設置された情報通信技術担当室、都市再生本部事務局、知的財産戦略推進事務局、構造改革特区推進室などが、各省庁に代わって担当することとなった。

[19]　2002年7月に設置された内閣官房構造改革特区推進室の初代室長には内閣府大臣官房審議官の中城吉郎が任命され、二代目の室長には、同じく内閣府出身の滑川雅士外務省経済協力局審議官が任命された。特区室は、当初、関係省庁からの派遣によって構成されたが、民間や地方自治体から派遣されたメンバーも加わることとなった。

体的な検討を開始し、2002年6月25日に閣議決定された「経済財政運営と構造改革に関する基本方針2002」に経済活性化戦略の一つとして特区構想が盛り込まれ、同7月23日には、総合規制改革会議によって、規制改革特区構想の中間とりまとめが決定された。同中間とりまとめでは、各省庁からの特区構想への反論が併記され、省庁側の抵抗の強さが示された。例えば、厚労省は、医療や福祉など、国民の生命や身体・健康に関わる規制は、全国一律で遵守すべきそれ以上後退できない基準を定めたものであり、経済活性化を目的として一部地域の判断で規制を解除できるような性質のものではないとして、国民の生命や身体・健康、労働者保護に関する規制は、「実験」や「試行」に馴染まないと反論した。さらに、医療や福祉等国民の生命や身体・健康に関するサービスに係る規制については、一部地域の住民のみを危険に曝すことは問題であること、生命や身体・健康に関する被害を防止するための代替措置を講ずることは困難であり、未然防止のための事前規制が必要不可欠であることから、特区制度の適用対象外とすべきと主張した。文科省も、教育に関する制度については、憲法や教育基本法における教育の機会均等などの理念を具体化するために設けられているものがあり、このような理念を没却するような結果を招く場合には、特例措置を設けることは不適切であると反対論を展開した。

　こうした反対論に対して、総合規制改革会議は、特区における規制の特例措置について、当該地域の特性に照らし、その地域の活性化を通じて我が国経済の活性化など国全体の公益が達成されるといった積極的論拠と、規制改革をしても代替措置等を講ずることにより社会的な弊害が生じないといった消極的論拠が備わるという立論が可能であれば、異なる事情の下での異なる規律を行うことにほかならず、平等原則に違反するといった問題は生じないものと考えられるとした。また、不可逆的な規制についても、自己責任原則の下での本人の自発的意思の確認など、適切な代替措置がなされることなどにより、特区制度の対象となり得るものであるとして、法的な問題を克服することは可能とした[20]。

---

20)　総合規制改革会議「中間とりまとめ―経済活性化のために重点的に推進すべき規制改革―」（平成14年7月23日）に対する所管省等の意見及びこれに対する見解。

小泉内閣は特区を推進することを目指して、首相を本部長とする構造改革特区推進本部を発足させ、2003年9月20日に、「構造改革特区推進のための基本方針」を閣議決定することとなった。同決定では、特区を推進する意義として、経済の活性化のために、規制改革を行うことによって、民間活力を最大限に引き出し、民業を拡大することが重要であり、日本の厳しい経済事情を踏まえると、一刻も早く規制改革を通じた構造改革を行う必要があるとした。しかし、全国的な規制改革の実施では、さまざまな事情により進展が遅い分野があることから、地方自治体や企業等の自発的な立案により、地域の特性に応じた規制の特例を導入する特区を設け、構造改革を進めることが必要であることを挙げた。そして、特区における構造改革の成功を全国的な規制改革実現の突破口として、日本全体の経済の活性化を実現すること、及び、地域特性が顕在化し、その特性に応じた産業の集積や新規産業の創出等により地域経済の活性化につなげることを、特区導入の目標に掲げることとなった。

　こうした立法事実に基づき、政府は、地方自治体の自発性を最大限に尊重した構造改革特区を設定し、規制の特例措置を受けた自治体が事業の実施または実施を促進することにより、教育、物流、研究開発、農業、社会福祉その他の分野における経済社会の構造改革を推進するとともに地域の活性化を図り、もって国民生活の向上及び国民経済の発展に寄与することを目的（構造改革特区法第一条）として、構造改革特別区域法（以下、特区法と略す）を立法化することが合意された。同法の基本理念では、従来のテクノポリス法やリゾート法のような国があらかじめメニューを決めて地域を指定する仕組みを採用せず、自治体や企業等がそれぞれの地域の実態に合わせて規制改革を通じた構造改革を立案し、自立した地方がお互いに競争していく中で経済社会の活力を引き出していけるような制度へと、発想の転換を図った。そこでは、「規制は全国一律でなければならない」という考え方から、地域の特性に応じた規制を認めるという考え方に転換を図り[21]、「知恵と工夫の競争

---

21)　地方公共団体は、法律の範囲内で（憲法94条）、法令に違反しない限りにおいて（地方自治法14条1項）、条例を制定することができる。条例による規制と国の法令との関係については、これまで国の法令と同一の事項を規制対象としていても、法令と目的が異なれば抵触関係は生じないとされてきた。また、国の法令が規制している目的と同一の目的であっても、国の法令

による活性化」を図ることとした。さらに、個別の規制に特例措置を設けることによって、特区内外において発生する可能性がある弊害を防止するための措置は、地方自治体が主体的に対応することを原則とし、従来型の財政措置を講じないことで、「自助と自立の精神」を尊重することとした。特区法では、こうして自治体間の政策競争によって政策発案のインセンティブを惹起し、失敗による不可逆性を持つことから反対された規制改革を、自己責任原則を徹底した「社会的実験」とすることで正当化を担保しうるものとしたのである[22]。

4.2 構造改革特区法のスキーム

こうした立法目的の下で、構造改革特区法は、以下のようなスキームを持つ法律として立案された。まず、同法は、通則法的な部分と個別の規制の特例措置（各論）の部分から構成される。

の規制対象から外れているものを規制すること（横出し条例）は、法令でそうした対応を禁止するような明示規定がない限りは可能と解される。さらに、国の法令が規制している同一の事項について、国の法令と同一の目的で、より厳しい規制基準を設けたり、より強い態様の規制をしたりすること（上乗せ条例）の可否について、最高裁は、徳島市公安条例事件判決（最高裁昭和50年9月10日）のなかで、「国の法令と条例の両者が同一目的であっても、国の法令が全国的に一律に同一内容の規制をする趣旨ではない場合には、条例に特別の意義と効果があり合理性もあれば規制は許される」としている（木佐茂男編著『自治立法の理論と手法』ぎょうせい、1998年、64ページ）。こうした自治体の条例制定権を通じた国の法令に対する規制の強化を容認する学説・判例が展開されてきたのに対し、国の法令が最低限度法律（ナショナル・ミニマム）である場合、条例が、同一の事項を対象に、同一の目的で、その法令より規制基準を緩めたり、より弱い態様の規制にしたりすること（条例による国の法令に基づく規制の緩和・撤廃）は、法令の執行を阻害し、法令との積極的抵触であり許されないとされてきた（木佐茂男編著・同63ページ）。しかし、改正地方自治法2条13項は、「国の法令により自治体が処理すべき事務が自治事務の場合には、国は、自治体が地域の特性に応じて事務を処理することができるように特に配慮しなければならない」と明記し、国の法令自身が地域の特性に応じた条例の制定に配慮したものに変わっていく必要性が求められていると考えられよう（川崎政司『地方自治法基本解説』法学書院、2004年、121ページ）。

22) ドイツにおける実験法律について、大橋洋一は、意図した改革に対する政治的抵抗を克服するための戦略的手段として投入されている点を指摘し、新たな規律が評価措置を伴うことによって、後に簡単に除去・修正可能であると留保を強調する戦略によって、法律の副作用を懸念する反対者を説得する機能を持つものであるとする。そして、こうした「実験」法律に対して反対を唱える者は、施行に基づく経験の獲得にすら反対する者であるといったレッテルを貼られ、孤立に追い込まれることとなるとしている（大橋洋一『対話型行政法学の創造』弘文堂、1999年、281～282ページ）。

通則部分は、特区の目的と定義、特区の基本方針、特区計画の認定手続、特区推進本部等からなる。特区法とその基本方針では、講ずることが可能な規制の特例措置（法律、政令、省令、通達等）が一覧性を確保されたプログラムとして明示され、自治体は当該プログラムに基づき、特区計画の作成・申請を行う。規制の特例措置として、何を対象とするかは、国が発案の主体となるのではなく、自治体や民間事業者などの被規制者側を特例措置の提案主体に転換した。これまで、法改正の議題設定は、法案を所管する省庁が独占しており、規制緩和のような分野では、規制によってレントを得ている既得権層からは改革の提案は生まれてこなかった。特区では、従来の審議会のような政策専門家ではなく、規制政策によってコストを負担している側からのイニシアティブを改革の起動役に活用することとしたのである。特例措置の対象となる規制については、法文上は制約を課さず、可能な限り幅広いものを対象とし、生命・身体・健康、公序良俗、消費者保護などに関する規制であるという理由によって対象外とすべきでなく、適切な代替措置などを講ずることが可能かどうかなどによって判断すべきとされた[23]。自治体からの特区計画の作成、申請に当たっては、法令等の不透明な運用や解釈の不明確さが民間や地方の創意工夫を妨げているとの観点から、自治体が関係省庁に各規制について法令の解釈を事前に求めることを可能とする「法令解釈事前確認制度（ノーアクションレター制度）」を日本の法律で初めて採用することとした。各省庁は、原則として30日以内に書面または電磁的方法により回答することが義務付けられ、透明性を高める措置が講じられた[24]。

自治体や民間事業者等から提出された規制の特例措置の提案は、内閣官房が受け付け、各省庁との折衝・調整を、内閣官房に設置された構造改革特区推進室（以下、特区室と略す）が一貫して担当することとなった。これに対して、各省庁は法律や省令の所管官庁として、この折衝の段階で内閣官房に

---

[23] 総合規制改革会議「中間とりまとめ」（平成14年7月23日）の方針による。なお、同中間とりまとめでは、外交・防衛など国の主権に関するもの、条約に基づく国の義務の履行を妨げるもの、刑法に関するもの、規制改革による直接的な影響の及ぶ範囲が特区内で完結せず、かつ、所要の代替措置による対応が不可能なもの、などの基準に該当する場合は、特区制度の対象外とすべきであるとしたが、法文にはこうした禁止要件は明記されなかった。

[24] 「構造改革特別区域基本方針について」平成15年1月24日閣議決定。

対して、拒否権を持つ。各省からいかに合意を調達するかが、規制の特例措置が実現するか否かの鍵を握ることとなった。特区室と各省庁との協議による官僚レベルでの決着がつかない場合は、構造改革特区担当大臣と関係大臣との間の政治レベルで交渉し、最終的な政治判断は、全閣僚からなる特区推進本部で決定することで、首相の裁断への決定権限の集中も取り入れられた。

　こうして内閣官房と省庁との間で合意を得た特例措置のプログラムを、1）首相が作成する構造改革特区基本方針に盛り込んで、閣議決定し、2）自治体は、特区計画を作成し、首相に認定の申請を行う（民間事業者等からも、自治体に対して特区計画案の提案を可能とし、自治体は必要がないと判断した場合、その理由を通知しなければならない）、3）首相は基本方針との適合性や特区において適切な経済社会的効果を及ぼすものであり、円滑かつ確実に実施されると見込まれるものであることという基準から計画を認定する、4）関係行政機関の長は、あらかじめ明示した要件に適合する場合は原則としてこれに同意する、5）首相は計画が認定基準を満たさなくなった場合は認定を取り消すことができる、の各プロセスからなる認定手続を定めた。このように基本方針の策定から、特区の認定に至る各段階において、首相の権限を重視したのは、特区に消極的な省庁の抵抗を排除し、首相のリーダーシップの下に政府が一体となって規制改革を進めることを狙ったものであった。政府は、特区法成立後、1年以内に特区において実施される規制の特例措置の効果、影響等を評価するための態勢を定めることを方針として盛り込んだ[25]。

　一方、規制の特例措置については、法律による規制事項については特区法に特例措置の内容を定め、政省令、通達等に関する事項は基本方針に定めた内容を踏まえて法令上の必要な規定の整備を行うこととした。こうした規制の特例措置にかかる法律改正については、所管権限を持つ各省庁が個別に法改正を行う方式をとらず、内閣による「一括法形式」が採用された。規制の特例措置の対象となる項目は、定期的（年二回）に、自治体や民間事業者等から提案を受け付け、毎年、メニューを追加する方法をとることとなった。自治体等の提案に基づく政府内での調整によって、特区においてのみ実施できる規制の特例措置に加えて、全国において規制改革を実施することが可能

---

25)　構造改革特区推進室「構造改革特区推進のためのプログラムの概要」平成14年10月11日。

となったものもあった。

　なお、規制の特例措置が法律改正や政省令で実施されても、省庁が通達や行政指導を通じて裁量の余地が生じたり、新たな規制が生まれたりする可能性が残されている。そこで、省庁が政省令や通達を作成する段階から、特区室との所要の調整を行うことを義務付け、内閣官房がチェックする仕組みを導入した。こうした方針をより明確化するために、特区基本方針では、規制省庁が基本方針で規定する条件以外の規制を、通達などを通じて上乗せすることを禁止し、規制改革の実効性を妨げることを防止することとした[26]。

　こうして、実施に移された特区については、その評価体制として、特区法では、関係行政機関の長が特区における適用状況を定期的に調査し、特区推進本部に報告するとともに、その調査結果や自治体等の関係者の意見を踏まえ必要な措置を講じる旨を規定した。特区制度は、規制改革を全国展開するための突破口として導入されたものであり、その評価如何によって全国展開の可否も影響を受ける。国会での法案審議では、評価体制やその方法が明確でなく、民間事業者等第三者の意見を踏まえて政府全体として行うべきであること、首相のリーダーシップの下で全国規模の規制改革を実現させる体制を構築すべきとの指摘がなされた[27]。これを受けて、2003年1月24日に閣議決定された特区基本方針では、第三者からなる評価委員会を推進本部に設置し、規制の特例措置について、評価委員会が、1）全国において実施、2）引き続き地域特性のある地域に限定して実施、3）特例措置の廃止又は是正のいずれかの評価を行い、推進本部が委員会の評価意見を踏まえて、全国実施と決定した場合には、所管省庁はすみやかに関係法令の改正を行うものとした[28]。さらに、この評価委員会では、所管省庁が全国展開に反対する場合、特区による弊害の発生の立証責任は省庁側が負うとする方針を決定することとなった[29]。

---

26) 「構造改革特別区域基本方針について」平成15年1月24日。
27) 鴻池祥肇構造改革特区担当大臣「構造改革の突破口としての構造改革特区」平成14年12月13日。
28) 「構造改革特別区域基本方針について」平成15年1月24日。
29) 構造改革特別区域推進本部評価委員会「構造改革特区の評価方針について」平成15年12月18日。

こうして特区法案の基本的スキームでは、内閣（及び内閣官房）の下にその手続きと決定を一元化し、規制の特例措置の設定と、特区の認定、全国展開のための評価に至るプロセスを定期的に循環させ、規制改革のメニューを拡大・進化させる方式が整備されることとなった。そこにおいては、規制省庁の影響力をできるだけ抑制し、地方自治体や民間事業者などの実施主体や、第三者からなる評価委員会、内閣官房特区室など、規制改革を推進する側のアクターの影響力を強化するための装置が盛り込まれた。こうした規制省庁の権限を縮小する法案の立案と基本方針の作成を可能としたのは、特区法の所管を内閣官房にすることにより、各省より上位に位置する内閣の主導性を活用することができたことや、与党側も自民党内に「構造改革特区推進に関する特命委員会」を設置し、積極的な対応を取り[30]、野党側も民主党が特区制度を支持するなど政治上の実現可能性を高めたことが考えられる。しかし、特区制度の総論であるスキームの設定では、規制省庁側の抵抗を排除することができたものの、特区法の各論部分である規制の特例措置に関しては、省庁側が実質的な同意権を有していたことから、その調整は難航が予想された。内閣官房と関係省庁との協議では、各省庁から様々な理由づけが提出され、それを乗り越えるための論理を内閣官房が示さなければならなかったからである。

5．構造改革特区をめぐる争点―規制市場への民間参入を中心に

　構造改革特区による規制の特例措置に、規制所管省庁や業界団体は、どのような理由で反対し、それは特区室との協議や推進本部での調整によって最終的にどのような形で決着に至ったのか、以下、小泉首相が構造改革特区で最大の山場とした「規制されていた市場への民間参入問題」[31]を中心に、主

30）　構造改革特区法案の自民党部会審査は、内閣部会・総務部会と構造改革特区推進特命委員会の合同会議によって行われ、規制を所管する省庁の応援団的な役割を持つ関連部会には法案審査の権限は付与されなかった（『デイリー自民』2002年10月31日）。
31）　2003年通常国会の施政方針演説で小泉首相は、「4月には構造改革特区第1号が誕生します。地域や民間から600を超える第2次提案がありました。制度を一層充実し、教育分野への

体規制を主張する規制省庁(業界団体)と、主体規制に代わる代替措置として行為規制等を要求する特区室等との調整過程を素描することとする。

5.1　農業経営への株式会社の参入

これまで、農業分野に株式会社が参入することについては、農地法により株式会社が農地を取得することが認められておらず、農地を借りる方式しかできなかった。しかも、その場合でも、農業生産法人を設立し、役員の半数以上が農業に従事しなければならないことや、その出資額の上限は25％までといった厳しい規制があった。こうした制約に対して、農水省は、総合規制改革会議において、農業経営の株式会社化を推進すると表明する一方で、その全面参入については、株式会社が短期の収益に基づき経営判断をすることを求められ、また、株主の意向等により経営方針の変更が容易に行われやすいことから、農業経営の採算性が悪い場合に、農業経営が中止され、農地の遊休化を招きやすいのではないか等の理由を挙げ、懸念を示していた[32]。

特区での提案募集で、自治体や企業から株式会社の参入を認める提案が出されたことを受け、農水省は、耕作放棄地対策等の観点から、株式会社による農業経営への参入を検討することとなった[33]。しかし、農協や農業委員会などの農業団体からは2001年施行の農地法改正で、農業生産法人の枠内で株式会社の参入を認める決着をつけたばかりであるにもかかわらず、特区での農業経営の株式会社の一層の推進を図るという動きに強い反発が出された。こうした支持団体からの強い要請を受け[34]、自民党農水族の谷津義男元農水大臣より、担い手不足や遊休農地が深刻な地域に設定地域を限定し、農地は市町村等からの貸付けのみとする、市町村との協定締結や経営開始後のチェック体制の整備などを条件に、株式会社の農業参入を認めるとする「谷津私

　　株式会社参入を含め、これまで規制されていた市場への民間参入の実現を図ります。」と言及している。
32)　総合規制改革会議「中間とりまとめ―経済活性化のために重点的に推進すべき規制改革―」(平成14年7月23日)に対する所管省等の意見及びこれに対する見解。
33)　構造改革特区推進室「構造改革特区の提案に対する各省庁からの回答等」平成14年9月25日。
34)　矢口芳生「「特区」でも止まらない農業解体へのカウントダウン」『農業と経済』2003年5月号、27～28ページ。

案」が2002年9月11日に示された。これを受けて、農水省も株式会社による農業参入を受け入れ、構造改革特区法案に農地法にかかわる特例措置を盛り込むこととなった[35]。特区基本方針には、「担い手不足、農地の遊休化が深刻で、農業内部での対応ではこれらの問題が解決できないような地域であって、参入法人と地域との調和や参入法人による農地の適正かつ効率的な利用が確保されること」を条件として、農業生産法人以外の法人の農業への参入が容認されることとなった。特区法では、参入企業の農地の所有は認められず、自治体等からの「貸付」方式に限定した上で、法人の役員の一人以上が法人の行う農業に常時従事すること、参入企業が自治体等と協定を締結し、その中で農業の事業内容や地域の農業者との役割分担等を定めて事業を行うことの要件を満たした場合に、農業委員会又は都道府県知事による許可を得ることができると規定された[36]。これらの条件は水利用や土地利用における地域運営の必要性、参入企業による投機的な農地取得、地域内の農業生産への支障などについての農業団体からの強い懸念を受け、地域との調和を確保する仕組みとして付加された担保措置であり[37]、参入企業に対して、所管官庁の側がチェック権限を確保する余地を残すものであった。

　企業側からは、株式会社による農地の取得を解禁する規制の特例措置が数多く要望されたのに対し、農水省は「企業に農地の所有権を認めることは、対応困難とし、地方自治体による貸付方式の特例に対する取組の状況を見極めていく必要がある」[38]として同意しなかった。農水省は、総合規制改革会議からの要請に対しても、農地転用や耕作放棄のおそれとそれに伴う弊害、株式会社が農地を取得しても採算に乗りにくく、リース方式で十分であるとの主張を繰り返し[39]、自己の立場を正当化した。

---

35)　池田辰雄「「特区」は日本農業を変えるか」『農業と経済』2003年5月号、40～41ページ。
36)　内閣官房構造改革特区推進室「構造改革特別区域法逐条解説」平成15年1月29日、『読売新聞』2002年10月30日。
37)　川村秀三郎農林水産省経営局長の答弁（第155回国会衆議院内閣委員会議録第7号（平成14年11月15日））。
38)　構造改革特区推進室「構造改革特区の第2次提案に対する各省庁からの回答について」平成15年1月28日。
39)　総合規制改革会議「規制改革の推進に関する第3次答申―活力ある日本の創造に向けて―」平成15年12月22日。特区室や総合規制改革会議は、不法な農地転用や耕作放棄の危険性に対し

5.2　学校経営への株式会社・NPO法人の参入

　学校経営への株式会社の参入問題についても、文科省は、「学校は教育基本法6条により、極めて公共性が高いものであることから、営利を目的とした株式会社等が学校を直接に設置することは不適切であり、利益追求と株式配当が中心となり、教育の質低下や学費の高騰が懸念される。業績悪化のため大学等が閉鎖・倒産する可能性があり、学校経営の安定性・継続性の確保が困難である」として反対していた[40]。これに対し、特区室は、「学校法人であっても、現に利潤追求のような行為は行われており、提供主体を制限するのは非合理的であり、行為規制により担保が可能。株式会社だからといって顧客である学生や保護者を無視した教育サービスを提供することは考えられない。資金調達の多様化、多様なニーズに応じた教育サービスの提供が可能」との見解を主張した[41]。特区室は文科省に対して、「自治体が適切な代替措置を講じたとしても不可能か、自治体からの要望にある公設民営方式についてはどうか」との再度の検討を要請した。これに対して、文科省は、第三者機関の設置だけでは公共性を担保できないとして拒否した[42]。この問題は、官僚制レベルでは決着がつかず、2002年12月末に、小泉首相が、特区での学校経営への株式会社参入を特区法改正の最優先事項とする方針を示したことを受け[43]、文科省は、柔軟姿勢に転じ、「株式会社は株主等による適正なガバナンスや多様な資金調達による学校経営に必要な財産の保有も可能であることから、特区において、学校設置主体となることを容認する」こととなった。その上で、特区法では、地域の特性を生かした教育の実施の必要性、地域産業を担う人材の育成の必要性その他の特別の事情に対応するための教育又は研究を行うことが要件とされた。そして、財政状況などの情報公

　　ては、経営主体についての規制ではなく、現行の農地法等の農地保全に関する規制を一律・厳格に適用すべきであるとしている。これに対して、農水省は、農地転用規制の厳格化は憲法上の制約があるとして反論している。
40)　第一次提案に基づく特区法では、社会人対象の専門職大学院、不登校児向けの学校に限って学校法人の設立要件を緩和することが実現したのみであった。
41)　鴻池祥肇構造改革特区担当大臣「構造改革の突破口としての構造改革特区」。
42)　構造改革特区推進室「構造改革特区の提案に対する各省庁からの再々回答」平成14年10月7日。
43)　『読売新聞』2002年12月30日。

開や、第三者による教育内容の評価の実施、経営破たんした場合の学生等の修学機会の確保のためのセーフティネットの構築に留意することを参入の条件とすることとした[44]。

なお、当初、文科省は、NPOによる学校経営に関しては必要な財産の保有など学校経営の適正性を担保できる制度設計がなされていないとの理由で認めないとしていた。しかし、株式会社のみに認める合理性は存在しないとの特区室からの検討要請を受けて、文科省は、地方自治体が不登校児童生徒等に対する教育について特別なニーズがあると認める場合に、不登校児童生徒等の教育を行うNPO法人で一定の実績を有するものに限り学校設置を認めることとなった[45]。改正特区法では、株式会社及び不登校児童を対象とした教育を行うNPO法人が設置する学校が高等学校以下である場合は、特区を設定した自治体の長(従来の都道府県に加えて市町村も可能となった)が設置認可を行うこととした。一方、NPO法人の場合には、設置のために必要な施設設備や資産を定める設置基準が縛りとなって、実際の学校設置は極めて困難であるとの要望が出された。これに対して、文科省からは従来の設置基準の規定に認可権者が地域の実態等により弾力的に設置基準を適用する裁量の余地があることを理由に、NPO法人の物的・資金的な面での参入の制約をある程度緩和できるとの説明がなされた[46]。

しかし、こうした設置基準の柔軟な運用が行われて設置が認可されたとしても、学校法人以外の株式会社やNPO法人が設置した学校は、私学助成を受けることができないことから、実際の参入が制限された状況に変わりはなかった。そこで、第三次提案では、株式会社やNPO法人から私学助成の適

---

44) 構造改革特区推進室「構造改革特区の第2次提案に関する構造改革特区推進室からの再検討要請に対する各省庁からの回答について」平成15年2月7日。『読売新聞』2003年1月29日。
45) 構造改革特区推進室「構造改革特区の第2次提案に関する構造改革特区推進室からの再々検討要請に対する各省庁の回答について」平成15年2月28日。なお、NPO法人については法人としての継続性、安定性に不安があることから、特区において情報公開や第三者評価、セーフティネットの構築などの条件を整えることが付加された。
46) 加茂川幸夫文部科学省高等教育局私学部長の答弁(第156回国会衆議院内閣委員会議録第10号(平成15年5月14日))。なお、特区の第二次対応では、「小学校等の校地及び校舎については自己所有を求めないものとする」として、特区における学校法人の設立の際の基本財産、土地建物の自己保有の要件を撤廃する特例措置が講じられることとなった。

用の拡大を求める特例措置についての提案が出されたが、これに対して、文科省は、憲法第89条の「公の支配に属しない教育事業への公金支出の禁止」を根拠に、公的助成を受けるには、公の支配に属していなければならないとした。そして、学校法人である私立学校は、学校教育法の他に、私立学校振興助成法と私立学校法の規制を受けることによって公の支配に属しているとする一方、株式会社やNPO法人設置の学校は、学校教育法上の規制を受けるのみで公の支配に属するとはいえないとした[47]。これに対して、特区室は、特区法に私立学校振興助成法の規制を付け加える改正を行うことで解決できるとして、憲法問題ではなく、政策判断の問題として、再検討を求めた[48]。しかし、文科省は、第四次提案に対しても、特区制度においては従来型の行財政措置を講じることを想定していないとの特区基本方針を根拠として挙げ、私学助成の拡大を求めることは規制の特例措置を設けるものではないとして、提案を拒否した[49]。第五次提案に対しても、文科省は、国からの助成を受けなければ安心できる運営を確保できないという事情があるならば、学校法人を設立して国からの助成の対象となることが適当であるとの回答を行い、この問題を決着済みとした[50]。

　株式会社・NPO法人設置の学校に対する私学助成の問題は、規制改革・民間開放推進会議でも経営形態の異なる学校間の競争条件の同一化として重点項目に挙げられ、同会議は、教育サービスを受ける国民の法の下の平等の観点から学校法人と同様に私学助成等の対象とすることを求めた。しかし、文科省は、収益の私的配分が行なわれる株式会社立の学校に対し公的助成を行なうことは国民の理解が得られず、教育の事業に公金を支出するためには公の支配に属していなければならないという憲法上の課題を理由に、学校を

---

[47] 内閣官房構造改革特区推進室「構造改革特区の第3次提案に関する構造改革特区推進室からの再検討要請に対する各省庁からの回答について」平成15年8月8日。

[48] 『読売新聞』2003年8月30日、内閣官房構造改革特区推進室「構造改革特区の第3次提案に関する構造改革特区推進室からの再々検討要請について」平成15年9月2日。

[49] 内閣官房構造改革特区推進室「構造改革特区の第4次提案に関する再々検討要請に対する各府省庁からの回答について」平成16年2月20日。

[50] 内閣官房構造改革特区推進室・地域再生推進室「構造改革特区の第5次提案及び地域再生（非予算）の第2次提案に関する再々検討要請等に対する各府省庁からの回答について」平成16年9月10日。

設置する株式会社・NPO法人に対する私学助成の適用は困難であることを繰り返した[51]。

5.3 医療分野への株式会社の参入

農業、福祉、教育などの公的関与の強い分野への株式会社の参入が実現し、残された課題として、医療分野への株式会社の参入が争点となった。自民党の有力な支持団体である日本医師会は、株式会社の本質は利潤追求であり、経費削減などで適正な医療ができなくなるとして、厚労省とともに反対の立場をとった。厚労省は、第一次、第二次提案に対して、医療は人の生命・身体に関わることから、全国一律が望ましく、特区制度の対象とすることは課題が多いとして、「株式会社は利潤を最大化して株主に配当することがその本質であるため、売上の増大による利益確保のインセンティブから、過剰診療や収益性の高い医療分野へ集中し（クリームスキミング問題）、医療費の高騰によるさらなる国民負担の増大をもたらすおそれがある。また、コスト削減のインセンティブから人件費の削減や不採算医療から撤退のおそれがある。また、全国的に医療提供体制は既に充実しており、新たな参入の必要はない」と主張した[52]。

これに対して、特区室は、「株式会社といっても患者の選択を受けるものであるから、適正な医療を行わないということを一概に決めつけられない。資金調達の多様化、効率的な経営ができるというメリットがあり、現在既にある62の株式会社病院では特に問題は生じていないし、多くの患者は親会社の従業員以外である。従来は日本で受けられなかった高度先進医療など、患

---

51) なお、構造改革特区に関する提案募集では、学校設置会社等に対する私学助成等の適用を求める提案が第六次募集までに延べ78件寄せられている。これに対して、文科省は、株式会社等を公の支配に属せしめることは学校法人に課されているような規制を課すこととなるものであり、特区における設置主体の特例は、株式会社等のままで、これらの制約を受けることなく学校を設置できるようにする趣旨から設けられたものであるから、助成を可能とするために、このような規制を課すことは、特区において特例を設けた趣旨に反することになると主張している（規制改革・民間開放推進会議「規制改革・民間開放の推進に関する第1次答申」平成16年12月24日）。
52) 構造改革特区推進室「構造改革特区の第2次提案に関する構造改革特区推進室からの再々検討要請に対する各省庁の回答について」平成15年2月28日。

者のニーズに応じた医療を提供できる」と主張し、妥協案として、「高度先端医療に限定し、毎年度、推進本部の評価委員会で過剰診療、医療費の高騰等の懸念事項が生じているかについて定量的に評価する」との条件で、特区で先行的に実施することを求めた。鴻池特区担当大臣からの「高度医療に限定して参入を認める」との妥協案に対して、医師会や厚労省の強い反対を背景として坂口厚生労働大臣は難色を示し、両者の対立は、閣内の不一致に発展しかねない状況となった。両者の調整は、構造改革特区推進本部に持ち込まれ、小泉首相の判断により、高度医療に限定する妥協案に代わって、保険が適用されない「自由診療の分野という前提で、地方自治体等からの意見を聞き、6月中に成案を得て、15年度中に必要な措置を講じる」という条件つきで株式会社の参入が認められることとなった[53]。しかし、厚労省は、6月になって、自由診療という条件に、高度先端医療に限るという制約を加えた参入基準案を示し、鴻池特区担当大臣の反発を招いた[54]。両者の合意を調達するために、鴻池担当大臣と坂口厚生労働大臣による会談が行われ、「株式会社が自由診療で高度な医療の提供を目的とする病院を開設することを認める」ことが合意され、高度な医療の内容については、厚労省があらかじめ示すガイドラインに沿って地方自治体が判断し、厚生労働大臣がその適合性に照らして同意することとなった[55]。こうして作成されたガイドラインは医療の種類が限定列挙された「ポジティブリスト」であり、総合規制改革会議からは高度な医療を国が限定するのではなく、事業者ニーズに基づき自治体が判断して幅広い医療が認められるよう運用することが主張された。自由診療で高度な医療等という極めて限定的な内容の特例措置が2004年10月1日から施行されたものの、特区計画の第六次認定申請では、自治体からの申請は一件も出なかった[56]。

---

53) 『読売新聞』2003年2月28日。構造改革特区推進室「株式会社の医療への参入について」平成15年2月28日。
54) 厚労省の参入基準案については、日本医師会の坪井栄孝会長と小泉首相との間で合意が成立していたともされる(『読売新聞』2003年6月14日)。
55) 「特区における株式会社の医療への参入に係る取扱いについて(成案)」平成15年6月27日。ガイドラインでは、再生医療、遺伝子治療、PET等の画像診断、高度な技術を用いる美容外科医療、提供精子による体外受精、その他、倫理性・安全性の問題がなく、これらに類するものの6項目が示された。

医療分野に関しては、さらに、保険診療と保険外診療の併用（混合診療）により現場の判断と患者の選択に応じた医療を提供したいとの特区の提案が出された。これに対し、厚労省は、「不当な患者負担の増大の防止や安全性の確保の観点から適当でない」とし、さらに保険給付の内容を特定の地域に限って変更することは全国の保険者の財政に影響を与えることとなるため、全国的なルール（特定療養費制度）に基づくことが必要であるとして、受け入れなかった[57]。混合診療の解禁については、規制改革・民間開放推進会議が2004年8月の中間とりまとめで重点項目に位置づけ、同年9月10日の経済財政諮問会議では小泉首相から「年内に解禁の方向で結論を出すように」との指示がなされた。しかし、混合診療の解禁により国民皆保険制度が崩壊するとして日本医師会を中心とする組織的な反対運動が与党議員を巻き込んで展開された。その結果、同年12月15日、尾辻厚生労働大臣と村上規制改革担当大臣との間で基本的合意に達し、これを受けて、規制改革・民間開放推進会議も「一定水準以上の質の高い医療機関に対する原則・包括的な混合診療の解禁」を今後の実現目標としつつ、厚労省の「安全性確保のため、個別の医療技術ごとに可否を判断する」現行制度での例外的容認を拡充する案を受け入れることとなった[58]。なお、推進会議の答申では、東大などの大学病院長から高度先進医療での規制緩和を求める要望書が提出されていることを受

---

56) 規制改革・民間開放推進会議「規制改革・民間開放の推進に関する第1次答申」。『朝日新聞』2004年10月19日。

57) 構造改革特区推進室「構造改革特区の第2次提案に関する構造改革特区推進室からの再々検討要請に対する各省庁の回答について」平成15年2月28日。提案者からは「医療技術の進歩がめざましい現在において特定療養費制度による迅速な対応は困難」、「患者のニーズにより既に国際標準となっているが、公的保険で認められていない製剤や手術が一部でも用いられた場合には通常行われる診察や検査といった一連の診療がすべて保険外診療として扱われ、全額自己負担となり、患者に著しい負担をもたらしている」との意見が出されており、厚労省の意見は、こうした患者からの要望に応えるものとなっていない。

58) 『朝日新聞』2004年12月22日。混合診療問題に係る基本的合意を反映して決定された規制改革・民間開放推進会議の第1次答申では、国内未承認薬の併用を迅速に可能とする体制の確立、先進医療技術についての審査の手続を緩和し、医療技術ごとに一定水準の要件を設定し、該当する医療機関に届出による併用を可能にする、制限回数を超える医療行為の併用を認める、現行の特定療養費制度を平成18年度に廃止し、「保険導入検討医療」と「患者選択同意医療」として再構成することが盛り込まれた（規制改革・民間開放推進会議「規制改革・民間開放の推進に関する第1次答申」）。

け、構造改革特区での混合診療の解禁について遅くとも平成17年度中に結論を出すよう検討を行なうこととした[59]。

6．特区の全国展開は可能になったか

　構造改革特区の狙いは、規制改革に対する省庁・業界団体の抵抗が強い中で、規制省庁に全国一律か、特区かの選択を迫ることで、特区を全国的な規制改革の突破口にすることにあった。前節で検証した株式会社等の規制市場への参入に見られるように、特区制度の下で、規制省庁は一部容認に転じた。こうした変化の要因には、諮問機関である総合規制改革会議の限界を補うために、首相が議長を務める経済財政諮問会議や構造改革特区推進本部との連携を強めることで、首相のリーダーシップを発揮できる余地を拡大したことが挙げられる。学校経営への株式会社の参入や医療分野への参入の基準の決定などでは、小泉首相の指示や判断が作用したとされる。特区による規制の特例措置を採用するにあたっては、自治体や民間事業者などを主体として、各自の自己責任の原則に基づいて、多数の提案が寄せられた。こうした要望や意見に基づいて特区室が規制省庁との間で折衝・調整を行い、省庁側の反論の合理性や正当性のなさを論理的・実証的に詰めていくという作業が、議事録の公開や公開討論の実施といった透明性を確保したプロセスにおいて展開された（オープンソース方式）[60]。その結果、農業や、教育などの分野では、株式会社の参入による政策的なメリットを省庁側も認識するようになった。しかし、その内実は、農地の直接取得方式に対して制約を課したり、教育の対等条件を保証しない形でしか参入を認めなかったりと、既存業界の保護に傾斜する省庁の姿勢が明らかにされた。医療への参入問題や混合診療の解禁問題では、日本医師会の意向を受けて、厚労省は実質的な骨抜きを図った。

---

[59] 『朝日新聞』2004年12月22日。規制改革・民間開放推進会議「規制改革・民間開放の推進に関する第1次答申」。

[60] 特区における規制の特例措置が拡大された要因には、構造改革特区担当の鴻池大臣の活躍が指摘できる。鴻池担当大臣の影響力の背景には、内閣府設置法12条に基づく特命担当大臣の「勧告権」を積極的に活用したことが考えられる。

こうした限界性を持った特区ではあったが、規制改革推進派の八代尚宏を委員長とする特区評価委員会を設置し、総合規制改革会議と連携して、関係省庁との調整を進めた結果、特区の全国展開を促進することが一部可能となった。特区基本方針では、当初、評価委員会は、関係省庁が実施した調査報告に基づき、全国展開の可否についての評価意見を作成する仕組みをとっていた。これに対し、評価委員会は、弊害の発生については、省庁側に立証責任を課し、省庁が提出した調査結果についての検証には、総務省行政評価局の協力を得ることとした。そして、全国展開することによる効果については、評価委員会に政策領域別の専門部会を設け、専門委員と特区室のサポートで、独自の調査やヒアリングを実施し、評価意見を作成することとした。平成15年4月及び7月に認定された特区に関する初めての評価では、当初、評価委員会の対象とされた38件の内、省庁側から33件について判断留保という意見が出されていたのに対し、評価委員会による議論や調整の結果、最終的には、26件を全国展開とし、残りの12件については、平成16年度下半期と17年度上半期に結論を出すことが評価意見としてまとまった（平成16年9月3日）。評価委員会の意見は、省庁からの調査報告とともに特区推進本部に報告され、最終的な決定は、全閣僚をメンバーとする特区推進本部によって行われた。そこでは、官僚制レベルで調整が終了した結果の追認が行われ、首相以下、閣僚がリーダーシップを行使するという段階には至らなかった。注目を集めた株式会社の農業参入の全国展開については、農水省が主張した貸付農地の遊休化や産業廃棄物不法投棄等の不適切な土地利用などの弊害は生じなかったものの、第一次評価では調査時期を延長することで結論は持ち越された。平成16年度下半期に実施された農水省による調査では、弊害の発生を予防する措置を講じることにより、全国展開した場合でも弊害は発生しないとの結果が提出された[61]。これを踏まえて、農水省は、2005年度の通常国会で、農地関連法を改正し、株式会社が農地を賃借して農業経営に参入することを特区だけでなく全国で認める方針を表明することとなった[62]。

61) 構造改革特別区域推進本部評価委員会農村活性部会第6回会合（平成16年12月7日）。
62) 『朝日新聞』2004年12月3日。農水省の対応の背景には、耕作放棄地の増加や農業就業人口に占める高齢化の進展により、国内農業を活性化する必要性があったことが指摘されている（『朝日新聞』2004年11月15日）。

表3 総合規制改革会議、規制改革・民間開放推進会議との連携による参入規制解禁に関する構造改革の全国展開

分野	規制改革アクションプラン最重要課題(2003.2.17)	総合規制改革会議最終答申（2003.12.22）	構造改革特区実現事項(2004.5現在)	構造改革特区推進本部評価委員会	全国展開の実施時期
医療・福祉	株式会社等による医療機関経営の解禁	医療機関間の競争、患者の選択肢の拡大が促進され、患者本位の医療サービスの提供を実現しやすくすることから参入規制を全国で解禁する。	自由診療で高度な医療の提供を目的とする病院を開設することを認める。高度な医療の内容については、厚生労働省が6項目のガイドラインを作成。	評価時期は未定	特区における株式会社の医療への参入要件の緩和を平成17年度中に検討（規制改革・民間開放推進会議第1次答申）
	混合診療の解禁	高度・先進的な医療サービスなどを患者が選択しやすくするため全面解禁すべき。	認められていない。	なし	特区での混合診療の解禁について平成17年度中に結論（規制改革・民間開放推進会議第1次答申）
	労働者派遣業務の医療分野（医師・看護師等）への対象拡大	通常の派遣方式についても解禁を図るべき。	紹介予定派遣の方式により平成15年度中に実施（全国対応）。	なし	平成15年度中に実施
	株式会社等による特別養護老人ホーム経営の解禁	特区における民設民営方式の解禁。特区の公設民営方式又はPFI方式を全国規模に移行。	公設民営方式又はPFI方式により株式会社を容認。	平成16年度下半期（平成17年度より事業開始予定のため現時点での評価は判断留保）	未定
教育	株式会社、NPO等による学校経営の解禁	株式会社と学校法人の同等の競争条件を確保する（私学助成、優遇税制の適用）。株式会社等による学校経営	株式会社については地域の特性を生かした教育の実施の必要性、地域産業を担う人材の育成の必要性その他の特	平成16年度下半期（株式会社による学校設置の全国展開	株式会社・NPO等により設置された学校における私学助成の適

		は、少なくとも義務教育以外の教育分野については全国規模でも解禁すべき。	別の事情に対応するための教育又は研究を行うことが必要。NPO法人については不登校児童生徒や学習障害、注意欠陥・多動性障害のある児童生徒に対して、当該地域に所在する学校では十分に対応できない特別のニーズがある場合に限定して認める。	による弊害の有無について文科省は判断留保)	用・少なくとも特区において直ちに実施(規制改革・民間開放推進会議中間とりまとめ)
農業	株式会社等による農業経営(農地のリース方式)の解禁		地方公共団体が認めて設定した特区内での農地貸付方式による株式会社等の農業参入を可能とした。	平成16年度下半期(全国展開でも弊害なしとの農水省回答に基づき全国展開の方針)	平成17年の通常国会で関連法を改正し、全国で展開する方針
	株式会社等による農地取得の解禁	少なくとも特区において農地について自治体等から貸付を受けるのみならず、株式会社が直接に取得できるよう直ちに措置を講じるべき。	認められていない。	なし	未定

資料) 1. 総合規制改革会議「規制改革推進のためのアクションプラン」平成15年2月17日。
2. 総合規制改革会議「規制改革の推進に関する第3次答申―活力ある日本の創造に向けて―」平成15年12月22日。
3. 構造改革特別区域推進本部「特区において講じられた規制の特例措置の評価及び今後の政府の対応方針」平成16年9月10日。
4. 規制改革・民間開放推進会議「規制改革・民間開放の推進に関する第1次答申」平成16年12月24日。

なお、この評価委員会による第一次評価には、教育や医療分野等での株式会社の参入問題は含まれておらず、これまで、総合規制改革会議のアクションプラン等で最重要課題に挙げられながら実現されてこなかった事項が残されたままとなった(**表3参照**)。これまで特区室と連携を取ってきた総合規制改革会議は、2003年度で設置期限を終え、2004年度からはその後継機関として規制改革・民間開放推進会議が設置された。同会議は、官製市場[63]の

民間開放にテーマを絞り、市場化テスト（官民競争入札制度）の導入や、医療、教育、介護の3分野における改革の推進に取り組むこととなった[64]。2004年12月24日に決定・公表された同会議での第1次答申では、市場化テスト法の制定の検討や、ハローワーク、社会保険庁などでモデル事業として市場化テストを試行的に導入することが盛り込まれ、官製市場の改革では、混合診療の解禁、医療法人を通じた株式会社の医療機関経営への参入、中央社会保険診療協議会の在り方、医療計画（病床規制）の見直し、医療品の一般小売店における販売、施設介護サービスと在宅介護サービスの一元化、幼稚園・保育所の一元化、経営形態の異なる学校間の競争条件の同一化、学校に関する公設民営方式の解禁などについて改革を推進することが打ち出された[65]。

7．政策の立法プロセス―具体的事例から一般化へ

　一般的に、政策プロセスは、1）政策イシューの議題設定、2）政策案の立案、3）政策案の決定、4）政策の執行、5）政策の評価、6）政策の廃止又は変更、の各段階を経て循環化される。

　特区法の政策プロセスの各段階においては、以下のような特徴があった。まず、政策イシューの議題設定と、政策案の立案のプロセスにおいては、従来の規制緩和政策では、審議機関における政策専門家が、政策発案の主要な起源となってきた。省庁、業界団体などの政府内部もしくは政府へのアクセスが容易な利害関係者からは、既得権を削減するための政策案の議題設定は行われにくかったからである。特区法では、こうした政策発案のソースの限定性を改善するために、自治体や企業、NPOなど規制政策によってコストを負担してきた被規制者が主体になって、外部動員による議題設定と政策発案が行われた。これに対して、既得権層である省庁側からは事前に封じ込め

---

63)　官製市場とは、政府自らがサービス等の提供を行っている、若しくは、民間に開放されているものの、サービス等を提供する主体が制限されているなど、公的関与の強い市場を指す。
64)　規制改革・民間開放推進会議「中間とりまとめの概要―官製市場の民間開放による「民主導の経済社会の実現」」平成16年8月3日。
65)　規制改革・民間開放推進会議「規制改革・民間開放の推進に関する第1次答申」。

ようとする働きかけもなされた。しかし、自治体や企業の側に、国の指導に従うことに否定的な意識が強まったことにより、従来のような非決定権力は作用しなかった。自治体の側には、ノーアクションレター制度によって、法令解釈と裁量権に関する省庁と自治体間の情報格差を埋める機会が保証された。そこでは、省庁の側に説明責任が課され、自治体の側に、なぜその提案が不可なのか、どのように改善すればいいのかの判断する材料が提供された。その結果、自治体が主体的に地域のニーズに応じて、自ら国の規制を変更できるというインセンティブが付与され、政策発案の活発化が現実となった。

次に、政策案の立案と決定のプロセスにおいては、これまで、政党、官僚制、関係団体等による調整が行われ、政策決定の論点は、どのように諸利害を調整するかに置かれてきた。そこでは、政策決定に参加したアクター間の連合の形成や、資源動員の差によって政策の内容が決まることが多かった。しかし、社会的規制分野をめぐる構造改革では、こうした利害関係の調整よりも、その政策の合理性や妥当性が政策決定の論点として重要視された。株式会社の参入規制に関する争点では、株式会社が参入することによる経済的効率性に対して、農業や、医療、学校経営において参入を認めないことの合理性や、妥当性がどのように論証可能なのか、その立証責任は省庁側に課された。そうした交渉過程において、参入規制によって保護する対象が、消費者や患者、生徒・学生らの「弱者」にあるのではなく、実際には、既存の業界や団体の既得権の保護であることが論証されていった。

そして、執行過程においては、法律や政省令のみならず、通達や行政指導に対する内閣官房のチェック機能を明確にし、規制緩和が骨抜きにされないような監視装置を置いた（苦情処理等相談窓口の設置など）。執行の段階で国等の指導と自治体の実施の間にギャップが生じないように、許認可権限が実施主体である自治体に委ねられ、財政的な手当てや執行の結果に関する自己責任を自治体側が負うことも明確にされた。

こうした自治体の主体性が確保される中で、政策実施の事後的な評価についても、省庁による調査に加えて、特区評価委員会の役割を強化し、規制緩和・撤廃が特区から全国へ展開する具体的なロードマップも実現された。こ

れまでの日本の政策プロセスでは、政策の評価とそのフィードバックの手続きは十分に機能してこなかった。特区法は、自治体等の提案に基づく新規の規制特例措置を定期的に追加し、事後的な評価の実施によるフィードバックを加えながら、継続的に政策の更新（法改正）を行うことで、政策プロセスのサイクルを具体的に明確化した点で画期的な要素を持っていた。さらに、特区法によって導入された社会的実験の手法は、評価措置を伴うことによって、国の制度と特区の特例措置との間の政策効果の比較検討を可能にし、政策選択肢を決定する際の有効な指標となりうることが実証された。

　以上の政策プロセスは、構造改革特区法という特殊な事例に基づくものであったといえるかもしれない。しかし、特区法の事例は、政策決定のプロセスにおいて、いくつかの改善すべき点を示唆している。例えば、政策の議題設定や立案における主体性を省庁官僚制が独占しうる状況は確実に変化してきており、立法提案の主体は、議員、自治体、利益集団や企業、NPOなどに多元化の傾向を強めている。これまで政策をめぐる利害調整は鉄の三角同盟による閉ざされた政治プロセスによって決定されてきたが、今後は、多元的なアクターが政策過程に参加することによって、決定についての説明責任がより求められることになろう。そこでは、特定利益集団に偏りがちであったパイの分配を、より透明で公正なものにすることで、縦割りに細分化された個別利益ではなく、総合的な視点からの政策の合理性や正当性に基づいて政策の優先順位を決める必要性がより高くなると考えられる[66]。

　政策案の決定は、立法段階だけでは終了しない。法律制定後の政省令や告示（指針）などの実施段階でのルールの作成を省庁側が独占することによって、立法者の立法意思を事実上変容することも不可能ではない。特区法では、法律や基本方針以上の上乗せ規制を通達等で行うことを禁止することが基本方針に明記されたが、実際には、実施段階での省庁側の裁量が大きく作用することによって、こうした方針も空洞化しかねない。立法措置を受けた実際の通達や裁量がどのような効果を持つものなのか、そうした情報をできるだけオープンにすることによって、国会によるチェック機能を十分に確保

---

[66] 福井秀夫『官の詭弁学―誰が規制を変えたくないのか』日本経済新聞社、2004年、238〜239ページ。

することが必要であろう。そのためにもノーアクションレター制度をその他の政策領域においても法制化し、省庁と自治体、企業等との間に法令解釈や実施の評価をめぐる対立がある場合には、それを調整する裁判外紛争解決制度（ADR）を整備することも望まれる[67]。

　個別の政策問題をどのように改善し、政策間の優先順位を決定していくか、その有効な視座を提供するのは、適切な政策の評価手法の確立とその体制の整備にあるといえよう。そうした点で、特区法で採用された先行実験の手法は、規制改革のみならず、社会保障政策などの政策の転換に際して、本格的な施行に先立って特定の地域・事項において試行することで、政策実施の手法の開発や政策対象者である人々の行動を検証することが可能となり、大規模な制度改革を混乱なくスムーズに導入することに寄与すると考えられる[68]。日本の中央政府が主導する政策形成は、省庁間セクショナリズムや、合意を調達するための政治的コストなどを要因として、インクリメンタリズム的な特徴を持ってきた。特定の地域や事項に限定した特区制度を社会的実験として導入することは、情報の不完全性や予測の困難性に起因する不可逆的な改革に対する抵抗感を弱め、比較検証の可能な評価措置を伴うことで、より合理的で妥当性のある政策の実現に寄与するものとなるはずである。

　これまで、規制政策に関する立法は、中央政府が一元的に担い、地方自治体は、法令に違反しない限りという制約の範囲内で、自治事務に関しての条例制定権限を拡大させてきた。補完性原理の観点からは、国が一律に規制を課するという方式から、地域の住民により身近な政策領域に関しては、中央政府の立法に対する地方自治体の側からの提案権限や監視の機能をさらに拡大させる必要があろう。そうした点で、中央政府と地方政府の間には、公共政策をめぐるルール策定の適正な競争関係があるべきであり、自治体や企業、住民から主体的に提起される地域の特性に応じた具体的な政策提案の実

---

[67]　原口一博委員の質疑（第159回国会衆議院内閣委員会議録第9号（平成16年4月21日））。
[68]　八代・前掲書270〜271ページ。例えば、少子化対策として児童手当の拡充を実施すべきか、あるいは保育所や育児休業の充実のほうが優先されるべきなのかについての優先順位の決定は情報の不完全性と予測の困難性により容易ではない。そうした場合に、年限を限って大幅に児童手当を拡充し、それが出生率の低下の歯止めとして有効か否かについて検証するという「実験」も検討の余地があろう（『朝日新聞』社説2004年11月29日）。

現を通じて、中央政府における政策決定プロセス自体の民主化や透明性の改善につなげていくことも可能となろう。

第6章 総合政策科学と経済学

1．はじめに

　中央政府・地方政府による公共政策はもとより、現代の社会が直面する問題を解決するための施策を科学的に考察するにあたっては、様々な学問分野で積み重ねられてきた知見を総合することが必要である。政策形成は問題の認識から始まり、課題の設定、解決策の模索・決定、政策実施、実施後の評価という一連のプロセスの中で行われるが、その過程で経済学が果たし得る役割は小さくない。この章では、経済学の役割についての解説を行い、さらに経済学的な考え方を活用する際に注意すべきいくつかの点について議論する。

　経済学は、社会において利用可能な資源は有限であるという前提をその基礎に置いている。そこでは個々の経済主体は希少性という制約に直面しながらも、与えられた環境の中で許された選択肢から、効用または利潤の最大化のために最も望ましい資源配分を追求すると考えられる。そして、各経済主体のある意味では利己的なそうした行動が、結果として社会全体としての効率的な資源配分にも繋がるのである。経済学的な視点に依れば、社会に問題が認識された場合には、政策・制度・規制という経済主体を取り巻く環境を変化させ、その行動を一定の方向に誘導することで問題を解決することが可能となる。

　本章の構成は以下の通りである。まず初めに、経済学的な「ものの考え方」を市場における需要と供給の枠組みで説明し、政策課題を解決するための選択肢の検討にその分析手法がどう役立つかを具体的な例を用いて明らか

にする。また、ある政策が実行された場合に、社会を構成する様々なグループにどの様な影響を与えるかを明らかにする手段としての費用便益分析についても紹介する[1]。その後、政策検討において経済学に基づいた分析を行う際に留意すべき点を、利害関係者を幅広く分析の対象とすることの重要性、時間・社会構造の問題、そして価値判断と不確実性の問題の順に解説する。

2．経済学的分析の基本的構造

2.1 抽象化・単純化

経済学の特徴はその抽象化・単純化にある。例えばミクロ経済学は、政策分析に深く関わる経済学の分野であるが、そこでは社会は家計と企業の2種類の経済主体から構成されるものとして認識される。家計は労働・資本という生産要素の所有者であり、その生産要素を企業に提供することで対価を得る。企業は家計から提供された労働・資本を組織化することで財・サービスの生産を行う。更に、家計は企業が生産した財・サービスを購入・消費し、消費がもたらす効用を最大化する存在として捉えられる。一方、企業は財・サービスを生産・販売する過程において利潤を最大化することがその存在の目的であると仮定されている。そこでは人々が仕事から得る満足感や、人生の生きがい・悲しみといった側面は捨象されている。また、財・サービスが社会で取り引きされる価格を考察する市場分析の枠組みでは、社会の構成員は「ある財・サービスを需要するか、供給するか」という基準のみで分類され、それ以外の属性は考慮されることがない。即ち、この財・サービスを生産することも消費することもない主体は分析の対象とはなり得ない。

こうした経済学に特有な現実の単純化と、それがもたらす、見方によっては非人間的な側面はしばしば批判の対象となってきた。我々は決して何かを最大化したり最小化したりしようとして日々の生活を送っている訳ではないのである。しかし、現代の高度に複雑化した社会の様々な現実の事象を、そ

---

[1] 伊多波（1998）は総合政策科学と経済学の関係を論じる過程で「フレームワークとしての経済学」として経済学の考え方を詳細に説明し、その後「意思決定におけるツールとしての経済学」として費用便益分析を紹介している。

のままの形で観察し考察を加えることは極めて困難である。現実を単純化して認識することは一見現実から離れることのようだが、実際にはその逆の効果をもたらすのである。抽象化・単純化を行うことによって、政策が解決すべき問題の本質や政策形成にとって焦点となるべき側面をより鮮明に捉えることを可能にすることが、経済学の政策科学への最大の貢献であると言えるだろう。また、政策課題を取り巻く環境から数量的な変数として表しうる要素を抽出することで、政策の効果・影響を数値的に表現することを可能ならしめ、政策分析に客観的な判断材料を与えることも、経済学を利用することの大きな意義である。

2.2　経済学の基本的枠組みと政策決定（1）需給調節と均衡価格の決定

　ここでは経済学の枠組みが、現実の問題の解決策を検討するうえでどのように利用され得るかを、具体的な例を用いて説明したい。例えば、「借家の家賃が高すぎる」という問題が政策課題として認識されたとする。この問題は、「競争的市場では財・サービスの需要と供給が一致する点で価格が決定する」という価格決定の基本的な枠組みを用いて、以下の通りに分析することができる。図1のグラフは競争的借家市場を表現している。横軸は借家の需要・供給戸数であり、縦軸には借家家賃がとられている。このグラフにおいて、借家に対する需要が家賃水準に応じてどう変化するかは、右下がりの曲線Dで表される。家賃以外の条件に変化がない場合には、家賃が低くなるほど借家として需要される戸数は増加する。同様に、家賃水準に対応する借家供給戸数の組み合わせはS1で表される。家賃水準が高ければより多くの家・アパートが賃貸物件として供給されると考えれば、供給曲線は右上がりとなる[2]。借家の需要と供給が一致し、市場が均衡するように家賃水準が調整されることで、家賃水準はR1に決定し、Xだけの戸数の貸借契約が行われる。ここでは市場は均衡している。つまりR1の家賃で人々が借りたい

2）　需要曲線と供給曲線の交点で価格が決定することを描いたグラフが示している概念の背景には、家計（個人）の効用最大化に基づく消費決定理論と、企業の利潤最大化から導かれた生産の理論とが存在する。詳しくは、矢野（2001）、塩澤（2003）などの経済学の教科書を参照されたい。

126　◇第6章　総合政策科学と経済学

図1　市場での需給調整による借家家賃の決定

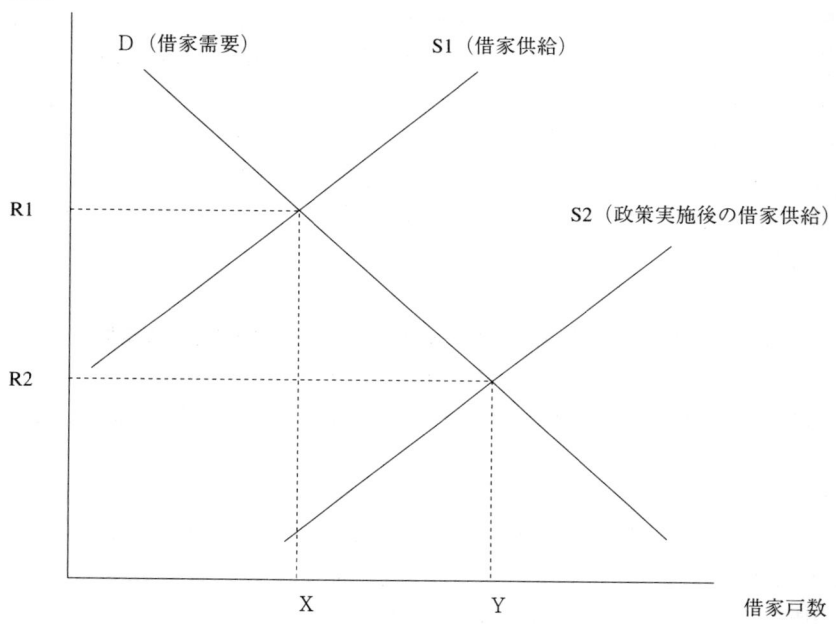

と考える家の戸数はその家賃で借家として供給される戸数に一致し、借り手側で「その家賃で家・アパートを借りたいけれど見つけられない」、貸し手側で「その家賃で家・アパートを貸したいのに借り手がいない」という状況はいずれも発生しない。

　提起された「借家の家賃が高すぎる」という問題は、この枠組みでは「市場での借家の需給調整から決定するR1という家賃水準は高すぎる」と解釈できる。この場合、標準的な解決策として、「供給曲線をシフトさせる」という対策が考えられる。各家賃水準に対応して供給される借家戸数を増加させるための政策手段を講じることで、供給曲線をS1からS2に誘導することができれば、均衡家賃はR2へと低下し、以前よりもより多くの借家Yが契約され利用されることになる[3]。

この「供給曲線をシフトさせる」ための政策手段には様々なことが考えられる[4]。借家として利用可能な家屋の新たな建築を促すためには、土地利用規制の緩和が必要かもしれない。住宅建設・取得に係る減税を行えば建物の建築が促進され、その結果借家として市場に出る物件も増える可能性がある。住宅の相続され得る財産としての側面に着目すれば、相続税制の改定が効果的であるかもしれない。また借家契約における貸主・借主間の権利関係から不確実性を取り除くことも、遊休資産の借家市場への供給を促すことにつながるだろう[5]。この様に、経済学により現実を抽象化・単純化することで、政策課題の本質を明らかにし政策が働きかけるべき経済主体を的確に把握することが可能となる。

この例では市場が競争的であるとの前提が置かれていた。つまり市場には極めて多くの供給者と需要者が存在し、その双方のグループとも、構成する個々の経済主体の取引の規模は市場全体の価格の動向に影響を与えるような大きなものではない。また、彼らは市場で取引される財・サービスの価格・質について十分な情報を持ち、尚且つ市場に参入することもそこから退出することも自由に行うことができる。これらは、市場での需給に応じた価格調

---

3) 均衡家賃を低下させるための方策として、借家供給ではなく借家需要に働きかけることも、理論的可能性としては考えられる。需要曲線Dを左（下）の方向へ動かすことができれば均衡家賃は低下する。しかしこの場合には、結果として利用される借家の戸数は減少してしまう。認識された「借家の家賃が高すぎる」という問題に、「だから適当な物件を見つけることができなくて持ち家の無い人々が困っている」という追加的含意があるとすれば、需要側への働きかけは適当ではない。

4) 財・サービスの供給曲線は、供給主体が供給量を決定する際の外部環境を所与とした上で導き出される。この外部環境は税制等の公共政策や、原材料価格・労務費・利子率といった他の財・サービス市場、生産要素市場において決定する価格によって規定される。したがって、供給主体の意思決定に影響を及ぼす公共政策に変更があれば供給曲線は移動する。

5) 実際に借地借家法の平成11年の改正（平成12年施行）で、「定期建物賃貸借制度」（いわゆる「定期借家」制度）が創設され、期間を定めて賃貸契約を行う家主側の権利を強化することが行われた。借地借家法では、従来からも契約期間を定めて家屋の貸借契約を結ぶことは認められていたが、一旦建物を貸すと契約期限がきた場合でも、借り手が自発的に退出しなければ家主は立ち退きを強制することができなかった。家主が建物に自ら住む希望があるなどの「正当事由」がある場合には立ち退きを求めることが認められるとの規定はあったが、この基準があいまいで、仮に認められた場合でも多額の立ち退き料が必要になるなど、借り手の権利を強く保護する内容となっていた。今回の改正は、契約期間終了時に「正当事由」とは関わり無く家主側が契約を確実に終了することを可能にすることで、家主側の権利を強化し、借家供給を促進する効果を狙っている。

整が効率的な資源配分をもたらすための前提条件である。しかし現実には、これら複数の条件が常に満たされるとは限らない。例えば、財・サービスの情報は供給者に偏在していて需要者が正確な情報を迅速に入手することは困難であるかもしれず、また供給側に存在する規模の大きな事業者の行動は、市場価格に影響を及ぼすかもしれない[6]。しかし、経済学は市場が必ずしも競争的でない様々なケースにも対応した分析の枠組みを発展させてきており、多様な政策課題を解決するための政策形成に関わることが可能である。

2.3 経済学の基本的枠組みと政策決定（2）費用便益分析

政策課題を解決する方策を検討する過程で、しばしば用いられる基本的な経済学的分析のもう一つの例として、費用便益分析が挙げられる。これは、ある政策が行われた時（またはプロジェクトが実行された場合に）、それにより発生する追加的な費用と便益の大きさを推定して、双方の比較からその政策を行うことが社会的に望ましいかどうかを判断するものである。実行に大きな費用が伴うことが予想される政策・プロジェクトであっても、それにより社会にもたらされる便益がより大きなものであれば費用は正当化される。逆に、費用のかからない安上がりの政策・プロジェクトであっても、結果として費用を下回る小さな便益しか期待できないのであれば、それを実行することが適当であるとは判断されない[7]。

例として、川に橋を架ける場合を考える。この川には既に何本かの橋が架けられているが、そこに更にもう一本の橋を建設するという提案が行われたものとする。費用便益分析を行うためには、提案された橋が利用可能となることによって追加的に発生する便益を定義せねばならない。この場合には、

---

[6] 財・サービスの特質や市場に内在する要因によって、市場機構だけでは効率的な資源配分を達成できない場合を経済学では「市場の失敗」と呼んでいる。ある経済主体の行動が、市場を通すことなく他の経済主体の効用や費用に影響を与える「外部経済」と、多くの経済主体が同時に消費することができる一方で、その利用の対価を徴収することが困難な「公共財」の存在が市場の失敗の主な原因である。市場の失敗は公共政策による資源配分への政府の関与を必要とする。しかし、公共政策自身が市場の効率的な資源配分を妨げる場合もある。例えば、産業政策の一環として過当競争を防止する目的で市場への参入規制が行われれば、競争的市場の前提条件である市場への参入の自由が満たされないこととなる。

[7] 費用便益分析の理論的基礎は常木（2000）に詳細に議論されている。

この新しい橋を利用することで人々が節約することのできる移動コストがその候補となる。それには時間的コストも燃料等の物理的コストも含まれる。一方で、橋の費用は主に建設費用であるが、建設期間中に建設現場周辺で交通渋滞が発生する見込みであれば、そのコストも費用に含めるべきである。これらの便益と費用を比較して、便益が費用を上回る場合には、この新しい橋をかける提案には合理性があると結論づけることができる。

　費用便益分析を行うことの主要な目的は、このように政策・プロジェクトの望ましさの判断基準を提供することであるが、この他にも費用・便益を推定する過程で、政策立案に貴重な情報がもたらされる。それは社会を構成する様々なグループの中でどのグループが政策によって便益を享受し（利益を得て）、どのグループが費用を負担する（損を被る）ことになるのかということである。政策を形成し実行するということが社会の現状を変えようとすることである限り、それにより得をするグループと損を被るグループとが必ず発生する。その理由は社会で利用可能な資源は有限・希少であり、その利用方法をめぐってはトレードオフが存在せざるを得ないからである。政策の検討過程で経済学の費用便益分析の手法を取り入れることで、政策の妥当性を検証できるだけでなく、政策を実行した場合に社会のどのグループに対して補償が必要か、また費用の徴収が求められる場合には社会のどのグループから徴収をすることが適当かといった情報を得ることができる。

　この節では2つの例により、経済学の基本的な分析の枠組みが政策決定に際して果たし得る役割を示してきたが、第3節以降では総合的な政策形成の場で経済学的分析を行う場合に注意すべき点を議論する。

3．部分均衡から一般均衡へ

　前節2.2で示した需要・供給のグラフによる分析は、経済の中に存在する多種多様な財・サービスの市場から借家市場のみを抽出したものであり、経済学で「部分均衡」分析と呼ばれているものである。借家市場での需要・供給だけに焦点を絞ることにより議論が単純化され、直感的に判りやすい政策含意が導かれるという利点がある。しかし、現代の複雑な社会において

は、「部分均衡」に基づいて議論された政策の有効性には限界がある。借家市場で起きる需要・供給・均衡価格の変化が、持ち家市場を始めとした他の市場にも影響を及ぼすことは十分に考えられることである。したがって、「一般均衡」という経済全体を見据えた枠組みでの政策を検討し、課題解決を模索することが肝要である[8]。そしてこの「部分均衡」から経済全体へと分析の視野を拡げることは、先に紹介した費用便益分析を政策形成に役立てる意味においても不可欠な要件である。この節では、政策分析の範囲について注意すべきことを、「新規参入」と「影響範囲の把握」という観点に絞って議論する。

3.1 新規参入

先に「借家の家賃が高すぎる」という政策課題に対して、経済学の基本的な需要・供給の枠組みから様々な政策手段の提案ができることを述べた。借家市場を描いた図1では供給曲線のS1からS2へのシフトが家賃水準の低下に繋がることを示したが、この供給曲線のシフトすなわち賃貸に供される家屋・アパートの増加はどの様にもたらされ得るのかを考えることは、政策検討において重要な過程である。先ず挙げられるのは、借家・賃貸アパートを現時点で経営している家主グループである。政策がもたらした環境の変化により、彼らは所有している物件をできるだけ市場に出そうと努力するかもしれない。また、家屋・アパートを建て増して供給を増やし追加的収益を得ようとする可能性もある。

次に、考察の対象を既に市場に参加しているグループから、新たに市場に参入する可能性のあるグループに拡げる必要がある。これは、少しでも望ましい政策手段を求めて、政策の選択肢をできるだけ数多く見つけ出すためには欠かせないことである。言い換えれば、ある政策がその市場への新規参入を促すことになれば、供給を拡大しそれにより均衡価格を低下させる政策と

---

[8] 経済学における厳密な意味での「一般均衡」は、精緻な数式モデルの枠組み内で示されるものであり、実際の政策論議においてはある政策の経済全体への影響を具体的に余すところ無く把握することは極めて困難である。本章での議論では、経済の一部のみならず全体を見渡した分析の重要性を象徴する目的で、「一般均衡」の言葉を用いている。久我・入谷・永谷・浦井（1998）は、一般均衡の数学的モデルを用いて現実の経済社会現象を描写する試みである。

してはより効果の高い政策となるということである。借家市場の例では、アパート経営を新たに始めようとする個人が新規参入者として現れるかもしれない。また、企業が従業員への福利厚生目的で所有している社員寮・研修所を賃貸住宅に転換することを優遇する措置が採用されれば、それは市場への新規参入を誘導することとなり借家市場での供給増加につながる[9]。

新規参入者を考慮することは、費用便益分析においても重要である。ある政策が社会にもたらす費用・便益を考えることは経済学的分析の基本であるが、便益を受ける主体を既に顕在化している利害関係者という「閉じられた集団」として認識することは望ましくない。第2節の橋のケースでは、現状で川を越えて移動して経済活動を行っている個人・企業に発生する便益を考えるだけでなく、新たな橋が建設されることで初めて川を越えた移動を行うグループがおそらく存在するという側面も検討しなければならない。

3.2 影響範囲の把握

ある政策が採用された場合の社会への影響を包括的に考えるためには、経済全体での資源配分の変化を捉える事が必要である。社会で利用可能な資源は有限であり、ある財・サービスにおける需要・供給の変化は、経済全体での資源配分の変化を通じて、他の財・サービス市場に対して間接的な影響を不可避的にもたらすのである。新規政策・政策変更の結果として発生する資源配分の変化から影響を受ける人々を正しく把握したうえでの精緻な分析を怠ると、実行した政策が思いもかけない帰結を生むことにもつながりかねない。

「抵抗勢力」という言葉が近年使われるようになったが、制度変更も含めた政策変更を改革と呼ぶとすれば、改革に反対するグループが存在することは決して驚くことではない。どんな政策にも経済的帰結はあり、改革が大規

---

9) 財・サービスの価格を下げることを目的に、市場への新規参入を促すことを明確に意識した政策の例として、平成11年の電気事業法の改正（平成12年施行）が挙げられる。電気事業法は、従来は電力会社以外に電力供給を認めていなかったが、この改正では鉄鋼・石油会社などの事業者が大口需要家に電力を直接販売することを解禁した。この政策は、わが国の電力料金が諸外国と比較して高位に止まっており、それが産業全体の国際競争力を損なっているとの問題意識に促されたもので、まさに電力市場での供給曲線を右（下）にシフトさせることを目的としている。

模なものであればあるほど、改革が引き起こす資源配分の変化により経済的に損を被るグループと、得をするグループの双方が発生することは避けられない。その「損・得」が予見しやすい形で一部の人々に集中する場合には、その人々が集団を形成し政策決定に影響を及ぼそうとすることはよく観察されることである。

しかし部分均衡からの発想を超えて、一般均衡として政策を議論する場合には、「抵抗勢力」以外のグループへの目配りが必要となる。「抵抗勢力」は自分自身を政策による資源配分の変化で負の影響を受けるグループであると表明しているが、彼ら以外にも政策により経済的な影響を受ける経済主体は存在し得る。政策が特定のグループに大きな経済的帰結をもたらすとしても、そのグループが極めて多くの構成員から成立していて、個々の経済主体にとってはその影響の規模が小さい場合には、そのグループが組織化されず、政策に対する反対または賛成の意思表明が集団としては行われないことが予想される。政策形成にあたっては、その組織化されない経済的利害を考慮にいれることが重要である。

具体例として、地方公共団体が発注する土木建設工事の入札を巡る談合の問題を考える。制度改革により入札の透明性を確保しようとする取り組みに対しては、既存の建設業者が「抵抗勢力」として反対し、談合の違法性は認めてもそれは必要悪であるとして肯定する議論を提起する場合がある。談合とは工事の受注を目指す業者グループが過当競争を避けて共存共栄を図るための仕組みであり、そのグループへの発注を通じて事業の恩恵は地方経済に還元されているとする主張がその論拠となることが多い。しかしこの議論は、既存の業者という「閉じられた」グループの利害のみを取り上げるもので、先に述べた、市場に新規参入が行われる可能性を無視している。談合の慣習のため、より効率的な工事を行う能力を有する業者の参入が困難になっている場合には、談合により地方経済の効率化が妨げられている。さらに、業者グループ以外にも利害関係者が広く存在することも分析に織り込まれていない。

談合が排除されて競争的な入札が行われれば、同じ事業内容でもより低い価格で工事契約が行われることが期待できる。その過程で節約された予算に

より、地方公共団体は別の事業を展開して地域住民により大きな便益をもたらすことが可能である。予算の配分は、談合に加わる業者が不当に得る利益を上乗せされて膨らんだ建設事業費から、建設事業に加えそれ以外の公共サービスをも含む方向に変化するのである。あるいは節約された予算を地方公共団体が減税という形で納税者に還元するならば、地域住民は可処分所得の増加によりその消費決定にあたって選択肢を拡げることが可能となり、より大きな効用を享受することができるであろう。ここで重要な点は、談合の利益は建設業者という小さなグループに集中するために認識が容易であるのに対して、談合排除による社会的利益は納税者全体に亘るため、納税者一人あたりでは規模が小さいことである。政策担当者は政策形成にあたって、こうした側面にも留意せねばならない。

　中央・地方政府が行う政策の中でも、公共投資のように予算配分が伴う政策の場合には政策の資源配分への影響は比較的明らかであるが、建設工事等の事業を伴わない政策についても資源配分の変化を考慮し、政策形成の参考にすることが必要である。必ずしも経済政策として行われない政策にも経済的帰結は伴うものであり、それを政策分析に取り込むことが経済学が果たし得る役割である[10]。例えば、平成12年に創設された公的介護保険は、介護サービスに対する大きな需要を安定的に生み出した。この需要増加に対応して、企業が設備投資を行い介護担当の人員を雇用することにより、経済に存在する資本・労働の生産要素が従来よりも大きな割合で介護サービス市場に配分されたのである。公的介護保険の導入が、経済活動が活発で労働市場が逼迫する状況で行われた場合には、その賃金水準への影響についても検討が加えられるべきであったかもしれない[11]。

---

10) 例えば間接民主主義の根幹を成す選挙制度ですら、資源配分に影響を及ぼしうる。Kawaura (2003, 2004) では選挙制度が政府の予算配分に及ぼす影響を、日本・米国・タイを対象に分析している。
11) 平成12年1月時点での完全失業率（季節調整済み）は4.7％と、当時の失業問題は深刻であったため、介護サービス市場での雇用増は実際には失業問題の軽減に繋がるものと受け止められた。

4．政策の時間軸

4.1　政策効果実現までの時間

　「時間」に対する認識を明確にしておくことも、経済学的な考え方を政策形成に活かす上での重要なポイントである。ある政策措置が採用されて予想通りの効果がもたらされるとしても、それが実現されるまでの時間は政策により様々である。認識された政策課題によって問題解決までの猶予は異なるものであり、その時間の制約を考慮した分析を行わなければならない。

　例えば「住宅供給を拡大する」という課題一つをとってみても、その政策課題の背景に存在する状況によって、時間的制約は大きく異なる。極端な例として、災害によりある地域の多数の住民が家屋を失った場合が挙げられる。このケースでは被災者はおそらく着の身着のまま避難生活を送っていて「今すぐにでも」入居したいとの切実な願いを持っており、ここでは地方政府が直接関与することで速やかに住宅を供給することが適当であろう[12]。しかし都市・産業基盤の整備が進んだことで企業の立地が進行しつつある地域において住宅供給の拡大が必要となる場合には、供給増加を実現するための時間的制約は緩やかなものとなる。さらにこの政策課題の背後にあるものがベビーブームだとすれば、そこで必要なことは、ベビーブーム世代が親から独立する過程で住宅を需要し始める時期に供給を増加させることであるから、政策の効果をさらに長期にわたり待つことが可能である。

　経済学に於いて、「政策が現実の社会に影響をおよぼす過程」とは、外部環境を変化させることで経済主体の行動が一定の方向に誘導されて行く波及過程である。第2節では「借家の家賃が高すぎる」という問題を解決するために採用し得る政策手段として、土地利用規制緩和の例を挙げた。この政策により、従来は農地としての利用しか認められなかった土地を宅地に転用できるならば、農地指定の土地を持っていながら活用の方法が無かった個人の

---

[12]　この場合に供給される住宅は「仮設」の性格を持ったものであり、通常の住宅市場において供給されるものと質において異なったものであるが、この節の議論では住宅の量のみに焦点をあてる。

中には、新たに家・アパートを建設して貸家業を営むものも出てくるだろう。実際に農地として利用されている土地を宅地に転用する者もいるだろう。それにより家賃の様々な水準ごとに以前よりは多くの戸数の家・アパートが提供されるならば、それは借家供給曲線が右（下）方にシフトしたことになる。

しかし、この波及過程には時間がかかる。土地利用規制の緩和策が採用されても、土地の所有者が自分の土地がその対象となっていることを知らなければ波及過程は始まらない。新しい政策に関する情報が社会に浸透するには、ある程度の時間が必要である。また持ち主が自分の土地を住宅地として利用可能であると認識しても、考えられる様々な土地利用の方法を検討した上で貸家用の住宅建設に乗り出すことを決断することは、一朝一夕に行えることではないかもしれない。さらにこの後、資金調達、住宅の設計・発注等の多くの作業を経て初めてこの波及過程は供給曲線をシフトする手前に至る。こうして完成した家・アパートに入居者募集の意思表示を行って、ようやく供給の増加が実現するのである。

政策手段の選択肢ごとに、その波及過程を時間の観点から考察することは、政策課題の解決までに要する時間を明確に認識することに繋がる。直面する政策課題に対処するまでに許されている時間の猶予と、各政策手段が効果を発揮するまでに必要とする時間を照らし合わせることは、政策形成における選択肢の絞り込みに有益な情報を提供することになる。

また、政策の影響を長期的な観点から考えることで、短期的な視点では認識できない影響を予測することができる。例えば「食の安全」に対する意識が強まっていることを背景に、消費者保護の観点から食品の安全基準を強化するための政策が実施されたとする。それは直接的には原産地・品質保持期限などの情報の表示、すべての含有成分の安全確認作業などを供給者に強いることになり、生産・供給の費用増加要因となる。この費用の増加分を生産工程の効率化などで吸収できなければ、生産者はそれを価格に転嫁せざるを得ないため、市場では需要が減退してしまう。よって政策の食品業界に対する短期的な効果は、利益を低下させるものである公算が大きい。しかし、安全基準の厳格化によって人々の食品に対する安心感が高まるならば、長期的

には食品に対する需要が喚起される効果も予想できる[13]。つまり家計が予算制約の中で行う消費決定の中で、食品消費の割合が高まるのである。もしも、安全基準強化の対象となる食品が限定されている場合には、その食品を供給している企業は一時的には損失を被るが、安全基準強化の対象外の食品から対象内への食品へと需要が移ることがあれば、長期的にはより高い利益を得る可能性がある。

政策分析においては政策の直接的効果だけでなく、政策を契機として起きる資源配分の変化による間接的な影響にも注意するべきであると第3節で述べたが、資源配分の変化を視野に入れることは、必然的に政策の影響を長期的な視点で考えることにも繋がる。政策がある特定の市場に働きかけるものであったとしても、そこでの需給・価格の変化は他の市場にも影響を及ぼさざるを得ない。そして多くの市場に影響が及ぶことにより発生する経済全体での資源配分の変化は、時間をかけて表れてくるものである。市場への新規参入を促進する政策の例として電気事業法の改正を挙げたが(本章脚注9)、この政策が期待通りの効果を挙げて電力料金の低下が実現すれば、給湯・厨房用のエネルギー源として電力を利用する住宅がより多く建設されることになるだろう。これは住宅用の熱源としてのガスに対する需要を減少させる。このようにして、電力市場に働きかける政策は長期的にはガス市場の動向にも影響を与えるのである。

4.2 社会の構造変化について

これまでこの節では、個別の政策課題を解決すべく政策が形成される過程において経済学的考察を行う場合に留意すべき点を、「時間」についての観点から議論してきた。以下では視点をさらに拡げて、長期的な社会の構造変化と政策との関係について述べる。個人・家計・企業・政府などの経済主体の間に存在する関係が社会全体としてある方向に転換しつつあるような場合

---

[13] はじめに需要の減退が観測されるのは、生産コストの増加を価格転嫁したことで起こる供給曲線の左(上)方シフトによって、均衡価格が上昇するためである。その時点では需要曲線は移動していないため、均衡価格の上昇とともに需要される量も減少する。しかし、安全基準の強化により「食の安全」について安心が高まった場合には、その環境の変化を反映して需要曲線は右(上)方にシフトする。

に、その中で個別の政策がどの様に位置づけられるのかを理解することは、政策の歴史的意義を考えることになる。

政策は一般的に社会の大きな範囲に影響を及ぼす。中央・地方政府が行う公共政策であれば国民・地域住民という大きなグループがその対象であり、企業が策定する政策であっても、従業員・株主・債権者・顧客などといった多数の人々の生活に関与する。したがって、新しい政策の導入や既存の政策の改訂は、社会を構成する様々なグループの行動を変化させることにより、行動規範・社会的常識・倫理感などの社会の多くの構成員に共有される社会的ルールの体系を徐々にそれまでと異なったものにする可能性がある。ある政策が実施され、政府・企業等の組織を取り巻く環境に変化が起こる事で、その組織の行動、更には政府と企業、企業と個人との関係へと変化の連鎖が拡がり、結果として社会的制度までも従来と異なったものになる可能性がある[14]。

例えば、戦後長く日本では「事前調整型」の行政が行われて来た。特に産業政策の分野ではその傾向が強く、産業ごとに主管官庁と業界団体との間で緊密に意見・情報の交換が行われる過程で政策が形成されて来た。そこでは市場に既に存在する企業の利害が優先され、競争よりは協調を追求することが重視されていた。企業活動への介入をも含む政策は、しばしば法律的裏づけに欠ける「行政指導」として行政機関により実施されたが、指導を受ける業界メンバーがその正当性を問題とすることは稀であった。こうした裁量的な行政が可能であった背景には、政府は業界の利害を常に守ってくれる存在であるとの認識が企業の側にあり、政府の政策を受け入れ政府との良好な関係を維持することが、結果として個別企業の利害に適うのだとの幅広い社会

---

14) 社会を特徴付ける各種制度的要因が、その社会の長期的な経済発展に影響を与える可能性は Olson (1982) と North (1990) に議論されている。どの社会も多くの構成員に共有される社会的ルールの体系と呼び得るものを持っており、North (1990) ではこれを制度 (institutions) と称している。そしてそれぞれの社会に存在する政府・企業といった組織体 (organizations) は、その社会的ルール体系と整合的な組織形態を持って活動しているのである。一方で、社会に存在する組織体の活動自身が、社会の構成員が抱く社会に対する認識を変化させることで、institutions としての社会的制度を変える可能性もある。Olson (1982) はこの制度が長期に亘り固定化する場合の弊害を、特殊利益を代表するグループの発生とそのグループが効率的な資源配分を阻害するという側面から明らかにしている。

的合意があったと考えられる。

　しかし現在では、行政によるこうした企業活動への介入は受け入れられなくなりつつある。その理由としては、日本企業の成長により政府の庇護を受ける必要性が乏しくなり、逆に政府との協調により課せられる制約を避けるようになったこと、外国企業との協力・提携などが加速し、主に国内の利害調整を行う行政との協調が、必ずしも自らの利益に適うものとはいえない状況が発生してきたことなどが挙げられる。そこで、行政の透明性を高めることで、行政介入を原因とする経営環境の不確実性を低減すべきであるとの政策課題が、産業界を中心に認識された。そのため、政府の「事前調整」の役割を縮小させ、行政を明確なルールに基づいたものとするための方策の模索が行われるに至ったのである。その成果として、平成5年に成立した行政手続法（平成6年施行）では、「指導はあくまで相手方の任意協力によってのみ実現される」と明言され、企業が行政機関から口頭だけで行政指導を受けた場合には、その目的や内容、責任者などを書面化して交付するように求めることができると定めることで、裁量的な行政に歯止めをかけようとしている。政府により過去に行われた産業政策の結果として、政府と企業の関係が変質したことにより、その政策自体の見直しが要求されるに至ったという社会構造の転換がここで観察される[15]。

　こうした社会構造の大きな転換が行われている中で、ある個別の政策課題に対処する政策手段を検討する場合には、それが「時代の流れに棹さす」ものなのか、それとも時代に逆行する性格を有するものかを認識することが重要である。それがどちらであるかは、政策が社会に受容される度合いを左右するポイントであり、政策措置が円滑に行われるか否かを判断する材料となり得る。例えば、司法制度改革の一環として平成16年から全国68の大学で法科大学院（ロースクール）が開設された。これは法律家の供給を増やすための政策手段の一つであり、国民にとって法律専門家のサービスをより利用しやすくすべきであるとの政策課題に対応して導入された。この政策の背後に

---

[15]　経済主体の相互関係・制度的側面に注目して経済の現象を説明する試みは、日本でも近年盛んになってきている。青木（2002）は日本の金融危機の原因を、メインバンクという制度がグローバル化やIT革命といった環境変化に適合できなくなったことに求めている。

は、問題が発生した時に、法律という明示的なルールに則って紛争を解決していこうという社会の構成員の意思がある。この改革の方向は、先に挙げた「裁量からルールへ」という企業と政府の関係の変化とも整合的である。よってこれら2つの政策は、社会で発生した構造変化に関する共通の認識に基づいて行われたものであると考えられる。

社会に存在する制度と経済活動の関係の分析は、経済学の中では比較的最近になって発展した分野である。制度的な考察は、社会が直面する問題が発生するに至った要因の理解に有効であり、制度的枠組みを所与とする短期的な政策分析においても有意義である。またその長期的な視点は、政策を歴史的な文脈で把握しようとする場合の分析の枠組みを提供する。

5．経済学的分析の限界について

ここまでは、様々な学問領域から政策を総合的に検討する中で経済学が成し得る貢献について議論してきた。この節では、経済学を含んだ種々の学問分野による総合的考察の重要性を明らかにするために、経済学では取り扱わない問題、経済学だけでは結論を導き出せない問題を解説する。

5.1　価値判断

経済学は希少資源の効率的配分に関しては、極めて有効な理論的枠組みを提供する。この章の図1で示された均衡価格決定の基本的なモデルでも、そこには消費（需要）主体・生産（供給）主体が行動を決定する際に直面する制約条件や選択肢が幅広く反映されている。また、部分均衡から一般均衡へ政策論議を展開することが必要な場合には、資源配分の変化に注目することで、特定の市場で起きた変化が全体へと広がっていく過程を認識することが可能である。

しかし、経済学は経済主体の様々な行動を一つの理論的な枠組みとして捉えるために、第2節で述べたように現実を抽象化・単純化せざるを得なかった。したがって、現実社会に存在する現象のうち、抽象化の過程で織り込まれなかった側面は経済学の分析の対象外になっている。その顕著な例は、経

済主体間で所得の違いが存在することの帰結が、経済学では明示的に取り扱われていないことである。これは見方を変えれば社会構成員をすべて平等に扱うことであり望ましいことに思われるかもしれないが、経済モデルが説明しようとする現実の社会では、所得配分が完全に平等であることはあり得ない。よって、政策がもたらす所得配分への影響は政策決定者にとって重大な関心事となるが、経済学の枠組みではこの問題に答えることはできない。個人・甲と個人・乙それぞれの便益を同じウエイトで取り扱うべきなのか、それとも個々人の所得の多寡によって異なったウエイトを与えるべきなのか、といった政策形成の根本に関わる問題への解答を経済学は提供できないのである。

このウエイトの問題は個人の所得による分類のみならず、年齢・性別といった個人を規定する要素にも当てはまる。中高年層と若年層とにそれぞれ同じだけの便益をもたらす2つの政策手段からどちらかを選択せねばならない場合に、経済学だけでは明確な指針は得られない。また、地域所得格差についても同様であり、政府の所得再配分政策は一般論としては望ましいものと受け入れられていても、所得のどの程度までの平準化を追求すべきであるかを経済学的に導きだすことは困難である。

こうした問題を含む政策選択を行う場合には「価値判断」が必要である[16]。この価値判断を行う過程では、社会学・心理学・文化人類学といった学問分野からの考察が参考になる可能性がある。さらに政策決定の過程で行われる政治的プロセスが重要である場合には、政治学的知見を政策形成に取り入れることが必要となるかもしれない。

また、上記に示した経済主体間のウエイトを明示的に取入れた判断が迫られる場面以外でも、経済学的分析が価値判断によって補足されるべきケースは考えられる。例えば、ある政策課題に対処するために最良と思われる政策手段について費用便益分析を行った結果、費用がそこから得られる便益より

---

16) 価値判断とは『新明解国語辞典（第5版）』で「何かの価値について、それぞれの基準からなされる判断」と説明されている通り、それ自身曖昧な言葉である。経済学も抽象化・単純化の過程において価値判断を伴っている。本章ではこの言葉を「社会構成員を特徴付ける属性の違いを理由にしてその便益・利害に優先順位を付ける事」と狭い意味で定義する。

も大きいことが明らかになったとする。つまりこの政策は割りに合わないのであり、この課題に関しては「何もしない」ことが経済学的には正しいこととなる。その場合でも社会的公正等の理由により政策を実施することは十分に考えられるが、そこでは何らかの価値判断を採用することにより、政策の総合的便益は狭義の経済学的便益を上回るものとされたはずである。この価値判断を明らかにすることは、その社会・組織の本質をより深く理解し、そこで得られた情報をその後の政策形成に反映させるためには非常に重要なことである。

5.2 不確実性

経済学の分析手法だけでは政策決定を行うことができないもう一つの場合として、政策課題を取り巻く諸条件が明確になっていない場合がある。政策形成を行う前提として、何も対策が採用されなかった場合に問題が将来深刻化する度合い、政策手段ごとの費用・効果などの変数について、ある程度の合意が存在することが求められる。しかし、環境問題の様に、問題が存在すること自体に関しては社会的に幅広く合意が得られてはいるものの、その問題の大きさに関する判断が専門家の間でも大きく分かれている場合には、政策形成の過程でも様々な前提（シナリオ）ごとに経済学的分析をすることが求められる。それらの分析が、結果として政策に関してすべて同じ結論を支持するならば、不確実性が政策形成を妨げることはないが、実際には前提をどう置くかによって支持される政策は異なりがちである。

政府による経済政策や社会保障政策、企業の労働政策・顧客政策の様に、政策の波及メカニズムが主に社会構成員の行動の変化で規定される場合には、政策論議の前提をどう設定するかという点で、共通の認識を得ることは可能であると思われる[17]。しかし、政策の効果をもたらす主要な要素が自然環境の変動プロセスに左右される場合には、自然科学的研究がある程度の共

---

17) 勿論、経済的なインセンティブに企業・家計がどの程度の行動の変化を示すかと言った点について、常に一つの合意が形成され議論の余地が全く無いということは考えられない。しかし、経済学において過去に積み重ねられてきた実証分析が、その大きさについてある程度の指針を提供できるであろう。

通認識を提供できない限りは、費用便益分析は恣意的な前提を基盤にして行わざるを得ず、この結論を根拠に政策形成を行うことには危険が伴うものと考えられる[18]。

このことは、環境政策の検討に際して経済学が無力であるという事を意味するものでは無い。資源配分の効率性を考える場合には、経済学は非常に有用な分析の枠組みを提供できる。例えば、温室効果ガス排出権市場の創設は、まさに経済学の考え方が用いられた環境政策である。ここでは人類が経済活動を行う過程で温室効果ガスを排出すること、つまり大気をある程度汚染することが不可避であることを前提として、先進各国が排出する温室効果ガスの総量に枠を定めた。すると検討すべき政策課題はその定められた排出量を如何に効率的に、つまり低いコストで達成するかという問題になる。この問題に対しては、「外部不経済が発生する場合でも、関係主体の権利関係を明確化すれば市場は効率性を達成できる」との「コースの定理」に代表される枠組みが、排出権市場の提案につながったのである[19]。ここでは課題を取り巻く環境汚染の因果等に関しては不確実性が存在するものの、温室効果ガス排出量の妥当な数値目標に関しては先進国の間で合意が得られ、それを達成するための政策形成の段階では不確実性は問題とはならなかったことを示している。社会が直面する問題を考える際に考慮に入れるべき様々な変数の推計に、不確実性が伴うことは免れ得ないことであるが、経済学的分析を意味のあるものとするために必要なことは、前提条件のうち不確実な部分とそれ以外の部分とを峻別することである。

---

18) Miller, Benjamin and North (2002) は、第27章：温室効果に関する経済学 (Greenhouse Economics) の中で温室効果ガスに関する政策論争の現状を以下の様に表現している。"The sky may not be falling, but it is getting warmer—maybe. The consequences will not be catastrophic, but they will be costly—maybe. We can reverse the process but should not spend very much to do so right now—maybe." (171ページ)

19) コースの定理は Coase (1960) を参照されたい。また、塩澤、前掲書、345-348ページにも解説されている。

6．結語：政策評価の重要性

　以上、本稿では経済学を中心に据えて政策形成を議論してきた。様々な学問領域が持つ分析の枠組みと組み合わされた時に、経済学的分析は現実社会が直面する政策課題への解答を見つけるための有効な道具となる。実際に経済政策のみならず、福祉政策、環境政策などの一見経済とは無縁に思われる分野の政策分析にも経済学を利用することが広く行われている。しかし、時には政策形成のための分析道具としてではなく、経済全体での効率的資源配分を考える学問としての経済学の視点に立ち戻ってみることも必要である。

　個別の政策課題を解決する努力は常に必要であり、そのための政策形成は経済学だけでなく、他の学問分野からの知見も織り込んで総合的に行われることが望ましい。総合政策科学の目的の一つはその過程を明らかにすることでもある。しかし、政策課題の解決を意図した政策の各々は望ましいものであるとしても、それが積み重ねられていくうちに政府の経済活動への介入は大きな規模になってしまっているかもしれない。経済学の基本的な考え方によれば、競争的な市場がその価格調整機能を発揮すれば、それにより社会の資源配分は最も効率的なものとなる。市場の失敗が存在する場合には政府が経済活動に介入することは正当化されるが、それ以外の場合には政府による市場への介入はできるだけ最小限に留める事が望ましい。

　留意すべきことは、市場が失敗するのと同様に政府も失敗しうるということである。政策課題が提起されたからといって、それを解決するための適当な政策手段が必ずどこかにある訳ではない。採用された政策手段が課題の解決に効果が無いのみならず、政策を行ったこと自体が別の問題を惹き起こすことも考えられる。したがって、現在の社会が直面する問題に対処するだけではなく、過去に行われた政策についてその実施後の評価を厳正に行うことは、政策過程を科学として分析し知見を積み重ねるためには極めて重要なことである。

参考文献

青木昌彦（著）、滝沢弘和・谷口和弘（訳）『比較制度分析に向けて』NTT出版、2003年。

伊多波良雄、「総合政策科学と経済学」（大谷實・大田進一・真山達志編著『総合政策科学入門』成文堂、1998年）37-54ページ。

久我清・入谷淳・永谷裕昭・浦井憲、『一般均衡理論の新展開』多賀出版、1998年。

塩澤修平、『経済学・入門（第2版）』有斐閣、2003年。

常木淳、『費用便益分析の基礎』東京大学出版会、2000年。

矢野誠、『ミクロ経済学の基礎』岩波書店、2001年。

R. H. Coase, The Problem of Social Cost, *Journal of Law and Economics*, Vol. 3, No. 1, 1960, pp. 1-44.

A. Kawaura, Public Resources Allocation and Electoral Systems in the U. S. and Japan, *Public Choice*, Vol. 115, No. 1-2, 2003, pp. 63-81.

A. Kawaura, *Legislative Representation and Budget Allocation in Thailand*, Chulalongkorn Economics Research Center Discussion Paper #2004-01, Chulalongkorn University, 2004.

R. L. Miller, D. K. Benjamin, and D. C. North, *The Economics of Public Issues (13th Edition)*, Boston, Addison Wesley, 2002.

D. C. North, *Institutions, Institutional Change and Economic Performance*, Cambridge, Cambridge University Press, 1990.

M. Olson, *The Rise and Decline of Nations : Economic Growth, Stagnation, and Social Rigidities*, New Haven, Yale University Press, 1982.

第7章 総合政策科学と福祉政策論

1．はじめに

　社会保障は、国民の生活の安定に今や極めて重要な役割を果たしているだけでなく、財政や国民経済の中でも大きなウェートを占めている。したがって、社会保障の帰趨をめぐる政策論はどの国においても国政上の重要な政策課題となっている。

　このような社会保障に関する政策論をここでは福祉政策論と呼ぶことにするが、現代社会ではその対象領域が拡大するとともに関連領域との接点も増大している。このことを強く感じさせた近年の印象的な事象は、2004年の年金改革議論である。年金保険料の負担や財源問題が大きな国政議論となり、負担の世代間公平議論等をめぐって法律学、経済学、財政学、政治学等の関連諸科学が年金政策論を論じた。さながら百家争鳴の感があったが、このような政策論の幅の広さは福祉政策を発展させる原動力でもあるといえる。

　さて、本章の構成であるが、第1に、福祉政策論の守備範囲を設定したうえで、福祉政策論が学際的な性格を本来的にもっており、まさに総合政策科学であることをあらためて確認している。学際的であるということは、福祉政策論が広く専門諸科学に開かれていることでもあり、そのことが福祉政策論を厚みのあるものにする鍵を握っていると考えられる。

　第2に、第二次世界大戦後の福祉政策の歩みを極めて簡単にまとめ、福祉政策と福祉政策論が互いに交錯しながら進展してきたことを振り返っている。その過程で、福祉見直し論以降の福祉政策論の幅が拡大してきていることにも注目している。

146　◇第7章　総合政策科学と福祉政策論

　第3に、21世紀初頭の福祉政策でとりわけ求められている課題が総合的視点であることを、負担と給付の両面にわたって指摘している。併せて、政策の形成活動に着目し、それを高めていくための視点について若干の所感を述べている。これは、筆者自身の行政経験から、よりニーズに適合した福祉（あるいは公共）政策を実現するためには、これに携わる、特に政策当局と研究者の政策形成活動を高めていくことが重要であると日頃考えているからである。蛇足と思いつつ、あえて付言している。

2．福祉政策の守備範囲

2.1　「福祉」の概念

　福祉政策が対象とする「福祉」という言葉は、そもそも「社会一般の福祉の増進に資する」というように「幸福」や「安寧」を表わす広義に用いられる場合もあれば、「福祉の仕事をしている」というようにかなり具体的に使用される場合もある。しかし、「福祉政策」という場合の「福祉」は、ここでは「社会保障」とほぼ同義に用いることとする。

　それでは「社会保障」の概念は何かということになるが、戦後の我が国の社会保障制度の発展に中心的な役割を果たした社会保障制度審議会[1]によれば、「国民の生活の安定が損なわれた場合に、国民に健やかで安心できる生活を保障することを目的として、公的責任で生活を支える給付を行うもの」（社会保障制度審議会「社会保障将来像委員会第一次報告、社会保障の理念等の見直しについて」1993年2月14日）と定義されている。

2.2　福祉政策が対象とする政策分野（制度）

　この社会保障制度審議会の概念定義は、社会保障の目的・機能に着目したものであるが、具体的にどのような政策分野が対象となるのか分かりにくい。そこで社会保障制度審議会の事務局が具体的な制度に即して行っているのは、次のような分類である。

---

[1]　社会保障制度審議会は、いわゆる中央省庁再編によって1999年をもって廃止され、その機能は内閣府の経済財政諮問会議に継承されている。

これらのうち、狭義の社会保障制度に該当するものが最も典型的な社会保障制度あるが、関連制度まで含めるとその外延は相当広いことが分かる。

> ○ 狭義の社会保障制度
>   公的扶助、社会福祉、社会保険、公衆衛生及び医療・老人保健
> ○ 広義の社会保障
>   上のほか、恩給、戦争犠牲者援護
> ○ 社会保障関連制度
>   住宅、雇用（失業）対策

ちなみに、福祉先進国といわれている英国で「福祉政策」に近い概念はsocial policyであるが、その範囲には、所得保障政策、医療政策、社会福祉政策だけでなく教育政策、住宅政策も含まれ、場合によっては雇用政策も射程に入っている。

もっとも、本稿では、狭義の社会保障制度を中心に据えることにし、併せて政策の横断性という観点から、福祉政策と交錯する重要な関連政策として教育、住宅、雇用政策も視野に入れるというスタンスに立つこととしたい。

2.3 福祉政策論とは

福祉政策論は、政策論として福祉政策を対象とするが、その政策分野は前述のように広範であるため、これを対象とする福祉政策論も当然多岐にわたる。目的・機能に着目すれば、例えば所得政策論、医療政策論、社会福祉政策論等をあげることができよう。また、福祉政策の対象者に着目すれば、児童福祉政策論、老人福祉政策論という類型化も可能である。

これらは各々が体系化、統合化された専門科学の領域をなすというより、むしろ、既存諸科学が福祉政策を対象に各々のディシプリンを目的的に選択して行う政策論を、実態的な制度に即して分類したものといえよう。いいかえれば、個別の福祉政策論は、それぞれが学際的性格を強く持っているということにほかならない。この点からみても福祉政策論は総合政策科学といえる[2]。

---

2) 後に会長を務める等、政府の福祉政策を議論する社会保障制度審議会の活動を長年行った

なお、これらの対象者に対する個別分野毎の援助技術論もあるが、これらは政策論とは別次元の狭義の社会福祉論の領域として整理しておきたい。

ところで、用いられるディシプリンが異なるということは、一口に福祉政策論といっても、専門科学によって、政策論の焦点の当て方に固有の特徴が出てくることを意味する。例えば、福祉政策は法律に基づいて国民に一定の給付を行うことが多いが、その受給権を確定する規範的議論は法律学の対象となることが多い。一方、福祉の給付は、経済学から見れば資源配分という経済活動であるから、その最適配分という議論の対象となる。また福祉活動の多くは公的部門が担っていることから、行政学や財政学の対象ともなる。その福祉活動を、そもそも国、社会や家族がどう担っていくべきなのかという議論は社会学の対象になるし、政策の選択や合意という側面については政治学の出番になる。

福祉政策論がこのように学際的であるということは、専門諸科学の進歩の成果を取り込むことができるという大きなメリットでもあるが、他方で、現実の福祉政策が多様な理念のバランスの中で形成されているということにも留意しておく必要がある。そのうえで、意識して必要なディシプリンを統合していかないと、専門倒れ的な議論になる恐れもあるといえよう。

いずれにしても、今や福祉政策論の展開に様々な専門科学が係わっていることを踏まえたうえで、福祉政策サイドからはどのような政策課題が命題として投げかけられてきたのかを、次に簡単にスケッチしてみたい。福祉政策の歩みと福祉政策論の展開は相互に交錯し合って歩んできているように思われるからである。

労働経済学者の隅谷三喜男氏は、審議会活動に携わり始めた頃を振り返り、当初は「社会保障の理論というのがない」という状況であったため、まず「社会保障の研究会」を作ることから始めたと述懐し、そしてその研究成果をまとめた隅谷三喜男（編）「社会保障の新しい理論を求めて」1991年、東京大学出版の序論で社会保障の理論的究明に言及し、「他部門間の研究、interdisciplinary な体系として樹立されなければならない」ことを強調している。

社会保障制度審議会事務局編「座談会　第1部　社会保障制度審議会活動の回顧」、「社会保障の展開と将来―社会保障制度審議会50年の歴史」、2000年、法研

3. 我が国の福祉政策（論）の歩み

3.1 福祉政策の発展から福祉見直し論へ

　現代国家は、「福祉国家」ともいわれるように、国民生活の福祉を確保するために、幅広く大きな役割を果たしている。我が国も、第二次世界大戦後の復興の中で欧米諸国並みの「福祉国家」を目指して歩むことになった。その発展過程について、厚生白書（平成11年版）は次のように大きく4期に分けている。

> ○　戦後の緊急援護と基盤整備（昭和20年代）
> ○　国民皆保険・皆年金と社会保障制度の発展（昭和30年代からオイルショック）
> ○　制度の見直し期（1970年代後半から1980年代）
> ○　少子高齢化に対応した制度構築（1990年代以降）

　仮りにこれを発展期とそれ以降の再構築期に大きく2期に区分するとすれば、国民皆保険・皆年金が完成し（1961年）、児童手当制度の発足を経て（1972年）、福祉元年といわれ、その直後に第1次オイルショックに見舞われた1973年までを発展期と整理できよう。この発展期に福祉政策を推進した原動力は、「福祉国家」づくりという社会的合意とそれを可能にした右肩上がりの経済成長である。このような発展期における福祉政策及び福祉政策論の主たる関心は、福祉の水準をいかに高め、確固たるものとして国民に保障していくかということにあった。したがって、この時期は個別制度に即した政策論や、諸科学の中でも法律学、行政学等からのアプローチが強かったといえよう。

　さて、福祉政策が国民生活の福祉を確保する現代国家にとって欠かすことのできない機能であるとすれば、これは国民全体で維持していかなければならない。その運営に必要となる費用は高度経済成長時代にはあまり意識されないですんだが、所与としていた経済財政の前提がオイルショックで崩れ、拡大一辺倒の福祉政策は、各国と同様に見直し時期に入る。いわゆる、福祉

見直し論の登場である。

　この福祉見直し論は、特に国家財政に対する危機意識から、財政関係者等によりいわゆる国民負担率抑制論という形でしばしば展開された。例えば、当時の臨時行政調査会は「税負担と社会保障負担を合わせた全体としての国民の負担率（対国民所得比）は、…現在のヨーロッパ諸国の水準（50％前後）よりはかなり低位に止めることが必要」と答申（1982年7月）している[3]。

　このような福祉見直し論の登場により、福祉政策は、国庫負担の抑制あるいは給付範囲の切下げ、利用者負担の引上げ等の財政節減的な見直し対策を迫られることとなった。例えば、医療保険関係では1982年に老人保健法が改正され、それまでの医療費無料化が廃止されるとともに、高齢者の医療費を被用者で負担しあう財政調整が始まった。さらに、1984年には退職者医療制度が導入されるとともに、被用者の自己負担が10割から9割に引き下げられた（その後1997年9月には8割に、2003年4月からは7割に引き下げられた）。もっとも、自己負担の引上げ、さらにそれによる利用抑制効果の期待は財政節減的性格が強いが、同時に増大する医療費を公費（税）と被保険者、利用者がどのように分担し合うべきなのかという医療政策の基本問題でもあったが、これは、現在の高齢者医療費制度議論にも連らなる論点である。

　社会福祉関係でも、財政対策色の濃い国庫補助率のカットが、いわゆる高率補助金一括削減法により1985年度から行われ、生活保護措置費負担金をはじめとする社会福祉関係の負担金・補助金に対する国庫負担が8割から7割に削減された。緊急避難的な措置であったこの削減策はその後恒常化され、国庫負担率はさらに、児童福祉、身体障害者福祉、精神障害者福祉の措置費の5割に削減された。しかし、このような国庫負担率の削減は、社会福祉行政事務のほとんどを占める機関委任事務の整理及び合理化法に進展し（1986年12月）、市町村への社会福祉事務一元化、そしてさらには地方分権化に向けての大きな流れの端緒ともなっていく。

　3）　近年の財政議論の中で、国民負担率を再び政府予算編成の枠組みとして用いて社会保障関係予算を抑制しようとする動きがあるが、国民負担率は経済成長との因果関係はほとんどなく、指標としての説明力は疑問視されている。

3.2 見直し論以降の福祉政策（論）

　我が国の経済財政は、2度にわたるオイル・ショックを乗り越えて立ち直った。しかし、いわゆるバブル崩壊以降、経済は長期低迷期に入って国家財政の逼迫が続く中で、この間も人口高齢化等に伴って社会保障の規模は拡大した。したがって、福祉見直し論の当初は、前述のように緊急避難的な対策が中心であったが、それが一段落してからの福祉政策の課題は、経済財政との調整を図りつつ、いかに本格的な人口高齢化に耐えられる制度を構築していくかということが次第に焦点になってくる。このため、発展期に内在していた制度内の不均衡の調整という問題にとどまらず、異なる制度をまたがる横断的な見直しという作業も始まる。

　例えば、年金関係では、1985年の改正で標準年金額の受給に要する保険料拠出年数が32年から40年に引き上げられたが、同時に女性の年金権確保の観点から、被用者・自営業者を通じて一元的に基礎年金制度が導入された。1994年には被用者の支給開始年齢の引上げが行われたが、これは財政対策の一環であると同時に、人口高齢化に合わせた雇用政策と年金政策の調整という側面も持っている。さらに本格的な制度再構築の時代の到来という意味でエポックメーキングなのは、介護保険制度の導入である。それは、老人福祉政策の中でも対策の急がれていた介護問題に、社会として対応するための新たな社会保険方式を打ち出すとともに、高齢者の社会的入院という医療分野で発生していた問題の解決に一定の道筋を立て、併せて、介護サービスの利用において「措置から契約へ」という利用者本位のパラダイム転換をもたらした点でも画期的である。

　このような社会保障制度の再構築に向けての政策議論は、国民の福祉の確保を、「公」との関係だけで論じるのでなく、市場機能や家庭・地域の役割を含めて見直していくべきではないかという理念的な問題に展開していく。また、「公」の中でも「地方」への分権化を進めていくべきとする政策議論にも連らなっていく。個々の福祉政策の決定と政策理念がどのように交錯してきたかをここで分析することは、筆者の能力をはるかに超えているので措くことにするが、財政対策だけの福祉政策論でなく、「福祉国家」の役割、福祉政策の担い手等について本格的に政策議論の幅が広がっていくのは福祉

表1　福祉見直し論以降の主な福祉政策の動向

時代背景	福祉政策の動向
1973　福祉元年 　　　　第1次オイル・ショック 　79　第2次オイル・ショック 　80　第2臨調（財政再建） 　89　消費税導入 　95　社会保障構造改革	73　老人医療費無料化 　　　健康保険法改正（家族7割給付、高額療養費） 　　　年金制度改正（5万円年金、物価スライド導入） 82　老人保健法 84　健康保険法改正（本人9割給付、退職者医療制度） 85　年金制度改正（基礎年金導入等） 85　効率補助金一括削減法（社会福祉施設措置費国庫負担率削減等） 89　高齢者保健福祉10か年推進戦略（ゴールドプラン）の策定 90　社会福祉8法改正（福祉サービス事務市町村一元化等） 94　年金制度改正（被用者年金支給開始年齢の引上げ等） 96　厚生年金保険法改正（被用者年金制度の再編成） 97　健康保険法改正（本人8割給付） 　　　介護保険法制定（2000年4月施行） 2000　社会福祉事業法等の改正

見直し論以降のことといっても過言ではないであろう。そして、今後一層その傾向は強まり、社会経済の変動に応じた様々な政策議論の中で、これからの福祉政策の選択が行われていくこととなろう。

4．福祉政策（論）の今後の課題

　福祉政策では、福祉見直し論以降の再構築期に入ってから様々な個別制度の見直しが行われてきたが、21世紀に入り、いよいよ制度横断的な観点からの見直しを迫られている。福祉政策の関心が給付から負担に移行してきたという背景もあるが、個別制度の設計、給付の面からも課題は少なくない。そこで、最後に、21世紀初頭に福祉政策がどのような政策課題を抱えているかということと、それに向けての福祉政策論の取組みを取り上げてみたい。

4.1 21世紀初頭の福祉政策（論）

　2004年の年金改革は国政上の大きな争点になったが、制度体系自体の抜本的見直し、とりわけ年金制度の一元化、そしてその財政的裏付けとしての消費税引上げの問題は今後の大きな課題として残った。このほか、医療保険制度ではかねてから懸案の新たな高齢者医療制度を含む制度改革、介護保険でも財政が逼迫する中での制度発足後5年に向けての見直しが控える等、福祉政策はどれをとっても大きな見直しが目白押しである（表2参照）。どの見直しも、福祉政策当局自らが「制度の持続性が問われている」と危機感を抱

表2　年金・医療・介護制度の改革工程

	年金（社会保障全般）	医療	介護
2003	社会保障審議会年金部会意見書「持続可能な安心できる年金制度の構築に向けて」	社会保障審議会医療保険部会で議論 「基本方針」（2003年3月閣議決定）に基づき、概ね2年後を目途に新しい高齢者医療制度の創設を含む制度改革に順次着手 ［論点］	法施行後5年を目途に、その全般に関して検討し、必要な見直し等の措置を講じる（介護保険法附則） ［論点］ ・被保険者の範囲 ・保険給付の内容 ・利用者負担
2004	年金改革法成立 社会保障の在り方に関する懇談会（2004年中に論点整理）	・都道府県単位を軸とした保険運営についての検討 ・新たな高齢者医療費制度に関する検討	社会保障審議会介護保険部会意見書
2005			2005年通常国会に法案提出
2006		遅くとも2006年通常国会に法案提出	介護報酬の改定 保険料の見直し 第3期介護保険事業運営期間開始
2007	2007年3月までを目途に消費税を含む抜本改革に結論		

いているように、関連制度との整合性、トータルな負担水準という問題を避けて通ることはできず、従来の延長線上ではない総合的視点に立った発想が求められている[4]。

このような大きな制度改革の方向性を政策当局がどのように認識しているかを理解するため、ここではまず2003年6月に厚生労働省の社会保障審議会がまとめた意見書「21世紀型の社会保障の実現を目指して」を見てみよう。同意見書は、まさに「21世紀半ばにおいて社会保障制度の持続可能性が確保されるように」という観点から審議を行ったもので、そのための制度全体を通じた重要な視点として、①社会経済との調和、②公平性の確保、③施策・制度の総合化の3点をあげている。

このうち第1の「社会と経済の調和」は、社会保障負担が家計や経済・財政に大きなウェートを占めているという状況が背景にある（表3、表4）。このため、社会保障について「セーフティネットとしての機能が損なわれないように留意しつつ、給付と負担両面から、経済・財政とのバランスが図られるよう、不断の見直しが求められる」としている。

ちなみに、現在及び2025年時点の社会保障負担水準は、「必ずしも負担不可能な水準というわけではない」が、「国民に選択を求めていく必要がある」と指摘している点に注目すべきである。

第2の「公平性の確保」とは、急激な人口高齢化の中で、特定の世代に過重な負担とならないように、あるいはライフコースを通じて社会保障制度が個人の選択に中立的であるように、特定の時期に給付や負担が偏らないように、という視点である。この点については、2004年年金改革で負担の世代間不平等が大きな議論となったことが記憶に新しい。

第3の「施策・制度の総合化」は、例えば当面の政策課題である年金、医療、介護といった主要制度の見直しが個別に行われていった場合、「各制度間の給付や負担の整合性や、給付と負担が全体として」どの程度になり、どのような相互関係になるのかという視点である。つまり、2004年年金改革で

---

4) 年金制度の一元化をはじめ、年金・医療・介護を含めた社会保障全体の財源問題等について本格的な検討をまず政府レベルで行うため、2004年7月、「社会保障の在り方に関する懇談会」が設置された。

表3 社会保障負担（対国民所得比）の国際比較

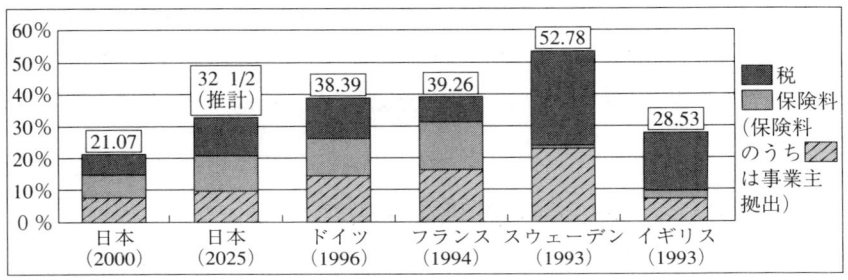

- 日本（2000）：21.07
- 日本（2025）：32 1/2（推計）
- ドイツ（1996）：38.39
- フランス（1994）：39.26
- スウェーデン（1993）：52.78
- イギリス（1993）：28.53

凡例：税、保険料（保険料のうち////は事業主拠出）

資料出所　社会保障将来像研究会編集「21世紀型の社会保障の実現に向けて」、2003年9月、中央法規

表4　家計支出の将来見通し（勤労者世帯）

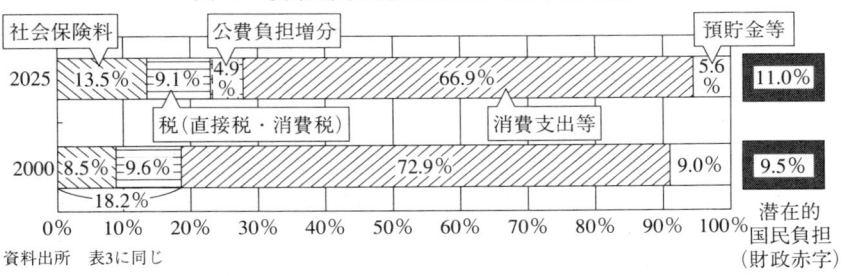

年	社会保険料	税（直接税・消費税）	公費負担増分	消費支出等	預貯金等	潜在的国民負担（財政赤字）
2025	13.5%	9.1%	4.9%	66.9%	5.6%	11.0%
2000	8.5%	9.6% / 18.2%	—	72.9%	9.0%	9.5%

資料出所　表3に同じ

　は将来の年金保険料に上限が設定されたが、医療保険や介護保険の負担と合わせたトータルの負担水準をどう見通すのか、あるいは医療や介護（社会福祉）サービスを受ける際の自己負担と年金給付をどう関連付けるか等といった問題意識である（2007年3月までを目途に消費税を含む抜本的改革で結論を得るというスケジュールになっている税制改正も含め、いずれ「社会保障の在り方に関する懇談会」での議論のポイントとなるであろう）。

　これらの指摘から一見して特徴的なことは、福祉政策の政策当局者が負担問題を強く意識していることである。福祉政策において給付と負担は一体的に捉えていく必要があるが、経済低迷が長引く状況の中で、福祉政策に伴う負担は財政や国民経済、そして家計でも大きなウェートを占めている。負担が重くなることを認識したうえで国家による一定の福祉水準を維持するという路線を選ぶのか、それ以外の道を選ぶのか。その選択は、一定の負担の下

でいかに合理的な制度設計を行うかという政策論をはるかに超え、さらに広範な福祉政策論の展開が求められる。最終的には社会保障審議会が指摘しているように国民の選択であるが、これからの国民の福祉の方向を決定づける重要な判断が適切に行われるよう、福祉政策論に係る政策諸科学の役割は大きい。

4.2 総合的視点に立った福祉政策（論）

　総合的視点が求められるのは、負担問題ばかりではない。福祉政策の給付設計面でも、前記の社会保障審議会の意見書は施策・制度の総合化という課題を少なからず抱えていることを指摘している。一般の公共政策と同様、福祉政策を実現するため社会ニーズに基づいて様々な制度化が行われるが、制度の縦割り主義の限界の中で、しばしば制度間の重複、制度と制度の隙間、制度間の矛盾等といった現象が発生する。いうまでもなく、一旦制度化された政策も、その運営の場面で、あるいは社会情勢の変化への対応として見直されるが、国民生活に極めて密着している制度を大規模に見直すことは容易ではない。制度横断的な見直しということになると大きなエネルギーを要する。このような個別の制度中心になりがちな政策の限界を超えたアプローチを提供するというのも総合政策科学としての福祉政策論の役割といえよう。

　具体的に総合的視点が求められる施策は、既に触れた年金、医療、介護を含む横断的検討以外にも、少なくない。例えば、介護保険制度と障害者に対する支援費支給制度の統合という問題である。介護保険制度は、高齢者の介護問題への対応を社会保険方式で行う仕組みを導入するとともに、要介護者本人が介護サービスを選択するという利用者本位方式を導入した点が画期的であり、いわゆる「社会福祉基礎構造改革」の骨格をなす制度である。一方、支援費支給制度の導入も社会福祉基礎構造改革の一環をなすもので、利用者本位の考え方等の多くの点で共通点があるが、税を財源とすることからくる制度設計の基本的な違いもある。しかし、介護を要する高齢者もまた障害者としての共通性があるととらえれば、障害者福祉政策論として総合的な視点を提起できる可能性がここにはある。

　次に、対象を関連政策に広げてみると、ここでも福祉政策との横断的視点

4．福祉政策（論）の今後の課題 157

表5　福祉政策と関連政策との総合的視点の事例

関連政策	総合的視点の事例
雇用政策	○ 失業給付・生活保護等の給付制度と雇用対策 ○ 高齢者雇用対策とこれに調和した年金制度
教育政策	○ 就学前児童に対する保育対策と幼児教育対策
住宅政策	○ 低所得者に対する住宅対策と生活保護やホームレス対策

を求められる課題が少なくない（表5）。ここでは一例として雇用政策に目を向けてみたい。個人の自立は一次的には勤労所得による経済的自立によって可能となり、それが困難な場合に福祉政策が出動し、自立支援を図っていくのだとすれば、福祉政策と雇用政策とは切っても切れない関係にある。欧米諸国の多くはかって大量に発生した失業者が雇用に復帰せず滞留するという問題を抱えたことから、失業給付の厳格運用という段階を経て、workfareとも呼ばれるいわゆる積極的就労政策を展開している。その手法は国によって多少異なるが、いずれにしても失業給付や生活保護と雇用政策を連動させた政策的取組みが行われている[5]。我が国でも生活保護制度の見直しは大きな政策課題となっているが、失業の長期化が進んでいるにもかかわらず失業給付や生活保護と雇用政策が十分連動しているとはいいがたい。総合的な政策アプローチが求められるところである。

　さらに、総合的視点といえば、制度の一元化という課題も忘れてはならないが、これは、個別政策分野における分立した制度をいかに統合し、再設計するかという、かなり特定分野の福祉政策論かもしれない。

　このうち年金制度については、段階的に一元化が進められ、現時点では自営業者に対する国民年金制度と被用者制度としての厚生年金制度、国家公務員・地方公務員の共済制度、私立学校教職員の共済制度へと収斂してきた。一元化は閣議決定を踏まえた既定路線であるが、引き続き被用者制度の一本化を段階的に進めていくのか、自営業者も含めた包括的な一元化まで視野に

---

[5] アメリカのように、失業給付等を受給する要件として就労を強力に義務付けていく手法と、北欧諸国のように能力開発を重視して失業給付等受給者の就労を促進していく手法があり、政策の理念は国によって異なっている。

入れて進めるのか、2004年年金改革議論の中でも大きな争点となった。自営業者の所得捕捉が重要な鍵を握っているが、この問題は租税政策との調整が不可欠である。

　医療保険制度については、自己負担が各制度とも原則として3割負担に統一されたため、かつてのような制度の違いによる給付・負担の格差問題はなくなった。そのため、一元化を進める条件は整いつつあるという議論もあるが、一方で、各保険者の経営インセンティブを高めることによる事業効率化という別の視点からの問題提起も行われている。都道府県単位を軸とした保険運営という問題提起もその一形態といえよう。今後の医療保険組織のあり方については、保険論だけにとどまらない検証が必要となってこよう。

4.3　厚みのある福祉政策形成活動を目指して

　以上概観したように、社会経済の変動に伴って発生する新しい福祉ニーズ、あるいは福祉ニーズの変化に対し、福祉政策論がより適切な政策を提示し、その発展に貢献していくためにはどうすればよいのであろうか。政策の過程は、しばしばPlan、Do、Seeというプロセスに類型化されるが、この過程の中でも筆者が特に重要と考えるのは、PlanからDoの作業の中の政策課題の設定と企画・立案の部分である。社会にある福祉ニーズを鋭敏に認識、洞察して課題意識を持たなければそもそも政策化のプロセスが始まらないし、また、政策課題として設定されても具体的な施策が設計されなければやはり政策としての前進は困難だと考えるからである。これら一連の作業を仮に政策形成活動と呼ぶとすれば、よりニードに適合した政策を提示していくためには、政策形成活動に参加する当事者の政策形成力によるところが大きい。

　この当事者の中でも鍵を握るのは、政策当局たる行政と公共政策の研究者である。というのも、福祉政策に限らず、我が国の公共政策の政策形成活動は、政治による調整を受けながらも、行政を中心に行われているのが実態だからである。政策の多くは法律に根拠を持つので立法府の統制を受けるが、その実施に伴う裁量も含め行政の力は大きい。一方、公共政策の研究者は、各々のフィールドの中での研究活動を通じて政策課題を提示し、あるいは行

政の審議会、検討会等での活動を通じて、直接・間接的に政策形成に影響を及ぼしている。政治の役割が重要であることはいうまでもないし、福祉政策では、福祉サービスの利用者・受益者や市民、あるいは実施機関等も一定の役割を果たしていることはいうまでもないが、ここでは割愛したい。

　行政当局であれ研究者であれ、政策課題の設定から企画・立案に至る各段階での政策形成活動を高めることによって、よりニーズに適合した政策の実現が可能となるといえるが、その現状はどうだろうか。まずいえることは、政策形成活動の実地のほとんどを行政が独占していることである。行政は、政策の現実適用という場面の中で日常的にいわば行政判断を迫られ、社会経済の変動の中で政策の妥当性についても絶えず検証を求められている。いわば行政は政策のPDSを平素から実践し、政策形成力を磨いているということもでき、政策形成活動レベルは高いといえよう。反面、政策を制度に引き寄せて捉える傾向や縦割り主義の弊があり、あるいは制度変更に伴うコストを理解しているがゆえに漸進主義に陥り、政策課題の設定を狭くさせる可能性もある。

　対照的に、公共政策の研究者の場合は、個別制度への執着は相対的に小さく、政策課題に対して理論的あるいは理念的な面から迫る点で優位性を発揮することから、政策課題の設定に果たす役割は大きいといえる。しかし、残念ながら我が国では実地に政策形成活動を行う機会が少ないため、企画・立案段階での政策形成活動はまだまだ十分とはいえないのではなかろうか。

　いうまでもなく、そもそも行政当局と政策研究者とは、政策形成に果たす役割は異なり、お互いに持ち場を交換することもできない。とすれば、各々の持ち場を理解したうえで、適度な距離感をとってお互いに刺激し合いながら政策形成力を高め、相乗効果の結果として良い政策が実現できればいいとも考えられる。しかし、必ずしもそうでないのが実態である。例えば、行政官としていわゆる社会福祉基礎構造改革で中心的な役割を果たし、第二次世界大戦後50年間続いた日本の社会福祉制度を「措置から契約」へと大転換させる推進役を務めた炭谷茂氏は、「厚生省で仕事をしてからも、常に学問に根拠や手掛かりを求めていた…深い失望を味わうのみであった。…仕事には全く役に立たなかった」と述懐しているが、これは福祉政策形成にとって実

に不幸なことといわなければならない[6]。

　ところで、政策当局が制度の持続可能性に危機感を持っていることは既に述べたとおりであるが、これは、いわば既存の政策が原点に立ち返るべく新たな視点が求められているということを示唆していることにほかならない。このような状況下の政策当局は、いわば将来の政策方向を示す理念を模索しているわけであり、ここで政策研究に携わる者と政策対話の接点ができ、そのシナジー効果が高まれば、政策形成活動も大きく加速することが期待できる。近年は政策見直しのスピードが速く、政策転換の幅も、「措置から契約」の例に見られるように極めてドラスティックである。見直しのスピードが速く、政策理念そのものが問われている今こそ、政策当局と政策研究者との政策対話が重要だと思われる。

　それを進めていくためには政策形成活動の中でどのような取組みを積み重ねていけばいいのか、最後に筆者の問題意識の一端を所感としてまとめておきたい。

　第1は、行政側からの取組みである。政策対話を進めるためには、政策情報を行政がさらに公開していくことが重要であることはいうまでもないが、さらに政策形成過程での政策研究者との協働作業をもっと進めていってはどうだろうか。政策当局と研究者の果たすべき役割は自ずから異なるが、政策課題について問題意識を共有し、企画・立案を協働で行う機会が増えれば、より建設的な政策議論が可能となり、より適切な政策の実現が期待できる。具体的には、行政・研究者協働による政策プロジェクト、人事交流等が考えられる。

　第2は、政策研究者の取組みについてである。福祉政策論にはそれぞれ専門性があり、同一の政策課題に様々な角度からアプローチしている。しかし、仮に福祉政策研究が個別の専門だけに引き寄せて行われれば、行政の縦割りと同じ現象が発生しかねない。益々複合性を強める現実の政策課題に対し福祉政策論もこれから一層の総合性や統合的な視点が必要となることから、関連諸科学間の学際的対話が不可欠であることをあらためて強調してお

6）　炭谷茂「社会福祉学の底力」、「社会福祉の研究・実践の飛翔を目指して（Ⅳ）読者の声」「社会福祉研究」85号、2002年10月、（財）鉄道弘済会

きたい。隅谷三喜男氏が早くから指摘したように、「多部門間の研究」の現実化ということであるが、これは福祉政策論にとどまらず総合政策科学として共通の課題といえよう。

第8章 環境と経済
―環境構造改革論―

1．はじめに―環境と経済―

　先進工業国において20世紀の「豊かさ」を支えた大量生産・大量消費・大量廃棄の「使い捨ての経済構造」は、その心理的・社会的・物理的（自然的）限界から「資源・エネルギーの枯渇」と「廃棄物・廃熱の捨て場の枯渇」との二重の意味で岐路に立たされている。資源・エネルギー制約と環境制約は21世紀の経済構造を「持続的可能な発展」のために、化石燃料に依存しない再生可能な自然エネルギーや水素エネルギーによる脱炭素経済の構築と資源の社会的循環を基調とした循環型経済の構築によって、このような20世紀の限界を越えるあらたなる「豊かさ」の模索を始めたといえる。ここでは20世紀後半の環境を経済の制約として捉える「環境か経済か」といった二者択一的な（トレードオフの）議論から21世紀にあっては環境制約への挑戦こそビジネスチャンスを切り開くものとする「環境も経済も」という「環境と経済の両立」を目指した「環境と経済のディカップリング（脱相関）」を推し進める政策の展開が求められる。

　そもそも、W. ゾンバルトによれば、近代社会とは「経済主義の時代」であり、「経済の優位」な産業（工業）主義の時代だという。この時代にあっては、経済合理性に基づいた生産性の向上による可能な限りの経済的余剰の獲得が効率的に求められる。そして、この経済余剰は、絶えずその生産性と効率性を求めて、さらなる生産拡大のために、経済に投与される。かくして、「持続的な経済の拡大（発展）」ということが自己目的化して、やがて人間生活の全体を支配することになった。そもそも、経済あるいは生産とは、

人間生活にとって物質的な調達手段であったものが、近代社会というこの経済主義の時代にあっては、自己目的化するものとなったのである。ベルトラン・ド・ジュネベルはこの時代を「もっともっとの文明」と表したし、ルイス・マンフォードはさらにこのような「無制限で無条件な顧みられることなき」衝動を「ファウスト的な」「無限の衝動」と呼び、W. ゾンバルトも「無限獲得主義」と呼んだ。近代社会という時代の雰囲気が「グロースマニア（成長病患者）」（E. ミシャン）を増大させた。

　アリストテレスは「エコノミア（経済）」とは人間の生活を維持する技術であり、金儲けをする技術である「クレマティスティク（貨殖）」と明確に区別した。K. メンガーは、K. ポラニーによれば、前者を「社会技術的」な経済（実体経済）と呼び、後者を「経済化＝節約的」な経済（形式経済）と呼んでいる。実体経済がそもそも経済は人間生活の基礎的領域であり、基本的には生命の維持（生存）の必要（ニーズ）から生じる人間生活における物質的調達の手段であり、必要性の内容変化に伴ってより人間らしいニーズの階層性に従った「人間性に基づく経済の人間化」のプロセスとするのに対して、形式経済は経済は人間の欲望に比してそれを充足する手段（資源・エネルギー）が相対的に不足していることから生じる問題であり、経済資源の希少性に対する最小手段もしくは最小犠牲による最大効果の獲得にあるとし、「生産性に基づく経済の合理化」プロセスであるとする。前者の実体経済が「人間 (livelihood) の経済」とされるのに対して後者の形式経済は「経済拡大のための経済」とも言われる。かくして、形式経済（貨殖）を「経済」とした近代の経済は「無限の衝動」に突き動かされて無目的に「もっともっと (more and more)」の「成長病患者」と化し、自ら「自然的・社会的存在」であることを忘れることにより、自らの存在基盤をも危うくする事態に至ったのである。

　企業は飽くなき利潤を追い求め、人々は飽くなき欲望の充足を求め、国は国をあげて経済の拡大を競い合うこととなった。経済活動はその拡大のためにおびただしい浪費をかさねながらも満ち足りることを知らなくなる。ものに振り回され、持たないことからくる貧困感が高まり、さらに、ものへの飽くなき欲望が加わって不満が増大する。このような経済成長がもたらした

1. はじめに

「豊かさ」がかえって人々に欲求不満をもたらすという現象は「豊かさのパラドックス」(I. クリストル)といわれる(成長の心理的限界)。「豊かさ」が個人の絶対的水準での「豊かさ」ではなく、他の人々との相対的水準での「豊かさ」によって評価されることになれば、ここでは「隣に追いつき追い越せ」の「ネズミ競争(隣のジョーンズ効果)」が展開される。財そのものがもつ機能・サービスや効用よりも財のもつ社会的意味、すなわち、財の所有がその所有者の社会的地位(地位財)や「豊かさ」を意味する財はその人の社会的ポジショニング(シンボル財)を示し、顕示効果(T. ウェブレン)をもたらす。人々はこのような財を競って「見栄(顕示的消費)」をはる。しかし、絶対的に社会的に供給が限られている地位財(ポジショナルグッズ)をめぐる獲得競争は手に入れることができた人々と手に入れることができなかった人々との格差を埋めることはできない競争である。W. ハーシュは、これを「成長の社会的限界」と呼んだ。

欲望を充足するための市場という制度はまた一方ではさらなる欲望を創出する制度(E. ミッシャン)でもあり、計画的陳腐化による「無駄の制度化」(都留重人)を組み込むこととなる。経済の論理はその欲望の充足と創出を循環させているに違いない。近代とは過剰に生産される財の有効需要を創出するために「消費は美徳」「ごみは文化のバロメーター」という掛け声が声高に叫ばれた時代であった。「どれだけ消費すれば満足なのか」(A. ダーニング)。豊かであっても満ち足りることを知らない「満足の心理的限界」がここにある。

そもそも経済は自然を抜きにしてありえない。人々にとっても、自然は自然環境であると同時に、食糧の供給源であり、生活を豊かにする上での資源・エネルギーの供給源でもあり、生活環境でもある。さらに、資源やエネルギーはいずれ廃棄物や廃熱となって自然環境へ排出される。いわゆるシンク(流し)的利用である。このような自然を利用して行われる経済活動は当然のことながら自然に対して何らかの影響を与え、ときにはその許容量を超えると自然を害する。もちろん、自然には回復力があるが、その限界を超えた生産の上昇に伴い、資源もエネルギーも枯渇し始め、大気や水の汚染、さらには廃棄物による土壌汚染も急激に進んできた。もはや後戻りすることが

できないほどの環境破壊が進行することになる（自然の不可逆性）。

　人類は無から有を造り出すことはできない。人類にとってせいぜいできることは、といえば、自然にある有を人間にとって有用なものに加工し利用することである。経済の生産とはこのような資源・エネルギーの加工・転換にある。したがって、「経済発展の過程はとどのつまり生産性と人間の労働効率を増すためにより多くの資源とエネルギーを利用する過程」（N. ジョージュスクレーゲン）でもある。いずれにしても、近代社会の経済は自然を大規模に収奪することなしに経済活動を行うことはできない。その深刻な結果のひとつが「資源・エネルギーの枯渇」である。自然から一方的にただ奪うだけの経済は遅かれ早かれこのような自然の「物理的限界」にぶつかる。それだけではない。経済活動に伴って発生する廃棄物・廃熱は自然環境に排出される。この量が自然の浄化作用の範囲内であればもちろん問題はない。しかし、「もっともっと」の経済成長による飽くなき物質的幸福を追求する経済はこの自然の「物理的限界」を超える。さらに、人類は自然においてはそのままでは自然還元できない物質を出現させてきたし、自然環境に累積的に蓄積してきた。そして、やがてこのような事態は「廃棄物や廃熱の捨て場の枯渇」を生じる。このように自然環境への使い捨て構造の経済は「資源・エネルギーの枯渇」と「廃棄物・エネルギーの捨て場の枯渇」という二重の意味で「自然の物理的限界」に突き当たる。

　確かに、技術の進歩や政策的運営によってこれらの限界を克服することも一時的には可能となろう。しかし、このような対応は限界を克服することにあるのではなく、引き延ばすだけのことである。このような対処療法には限界がある。もちろん、環境が成長の妨げとなる制約に対して従来は技術を適用することによって解決することに成功してきたのも事実である。それゆえに、「文化全体が、限界にしたがって生存するということを学ぶよりも、むしろ限界と戦うという原則をもって進歩してきたこともあり、人類およびその活動の相対的な大きさに比べて地球やその資源・エネルギーが一見巨大に見えるので、このような文化の傾向は助長された」（ローマ・クラブ）こともまた事実である。いずれにしても、このような技術的解決は「人間の価値観や道徳律をほとんどあるいは全く変える事なく、自然科学上の技術の変化の

1. はじめに◇ 167

みを必要とする解決である」ことに変わりはない。

　環境政策についてもしかりである。確かに、深刻化する環境問題に対して制度的・法律的な枠組みの改正や政策的手段の運用によって規制を強化することは環境改善に役立った。しかし、このことは、とりもなおさず、大気や水に希釈されていた汚染物質は大気汚染や水質汚濁の浄化・改善がもたらされれば、汚染物質は固形廃棄物として蓄積されることになる。廃棄物問題が「第三の環境（公害）問題」と言われる背景である。この意味で廃棄物問題はあらたなる展開をもたらす。ものを作る「動脈」に対して環境を守るための「静脈」を整備することである。環境容量の範囲内（自然循環ないしエコサイクル）に経済活動を埋め戻さないかぎり、いかなる政策も環境を改善でき、その限界への到達を引き延ばすことはできても、環境を創造することはできない。このことを指して、J. K. ガルブレイスは「資源・エネルギーの枯渇よりも廃棄物・廃熱を収容できるスペースを使い尽くしてしまうことが成長の限界」であるという。「資源・エネルギーの枯渇」と「廃棄物・廃熱の捨て場の枯渇」という二重の意味で進行する現代の危機は、「奪うだけの経済」と「もっともっとの経済」に由来する。資源・エネルギーは無限でもないし、地球は劣化しないわけではない。かくして、地球環境問題とは、「資源・エネルギーの有限性と地球の劣化」を前提とした経済の有り方を問題としているといってよいだろう。この意味で、環境問題は近代社会における「経済のあり方」そのものを問題としているともいえるし、「豊かさのあり方」を問題としているとも言える。

　一般的に大量生産・大量消費・大量廃棄による「使い捨て構造」の経済による経済成長（拡大）は「豊かさの心理的限界」「豊かさの社会的限界」及び「豊かさの物理的限界」からその転換を迫られることになる。このようなことを背景にして1972年初めて環境問題を中心テーマとした国連の開催による人間環境会議がスウェーデンのストックホルムにおいて開かれた。この会議では経済発展（拡大）は人類の福祉を増進するという楽観的な進歩主義に対して、これまでの経済発展（拡大）をこれ以上続けることは地球環境の危機を招くということを明らかにした歴史的会議でもあった。しかし、残念ながら、この会議では、先進工業国によるさらなる経済発展の推進から環境保

全への政策転換の主張は、「貧困こそ環境問題」とする発展途上国によって、環境保全を最優先にする政策への転換は先進工業国による発展途上国への開発抑制論として途上国には捉えられ、反対にあった。会議では「経済発展か環境保全か」の二者択一的な南北間の国際対立によって環境保全に対する国際的な合意はなされ得なかったのである。そして、開発か環境かというトレードオフを超えるあらたなる理念が求められたのである。開発と環境の調和の理念は「持続可能な発展（Sustainable Development）」という概念によって表される理念の登場を待たねばならなかった。

1980年世界環境保全戦略（World Conservation Strategy）は生態系の多様性を保護するために「持続可能な発展」という概念を提唱した。1987年、国連の「環境と開発に関する世界委員会」（ブルントラント委員会）は、「我らの共通の未来」という報告書においてこの概念を引き継いで「持続可能な発展」を「将来世代が自らのニーズを充足する能力を損なうことなく、今日の世代のニーズを満たすこと」と定義した。この理念が国連の環境特別委員会において採択され、1992年ブラジルのリオデジャネイロにおいて開催された国連の環境開発会議（地球サミット）での環境と開発に関する基本理念となった。この理念に基づいてリオ会議は「リオ宣言」「アジェンダ21」を起草し、採択した。いうまでもないことではあるが、「持続可能な発展」とは「発展（成長）を持続させること」を求めるのではなく、「地球を持続させる形での発展」を認めるということである（「将来世代のニーズを損なうことなく、現世代のニーズを充たす資源・エネルギーの公正な配分（責任原理に基づく異世代間資源・エネルギー配分問題）。

1972年のストックホルムの環境会議が「環境か経済か」を前提にした「環境と経済のトレードオフ」のもとでの政策的展開（時には環境優先、時には経済優先）であったのに対して1992年のリオの環境会議以降には「環境も経済も」といった「環境と経済の両立」を求める政策展開が図られるようになる。とりわけ、先進工業国における環境政策にあっては、1980年代後半から1990年代前半にかけて「環境と経済の両立」を求めた政策の模索がなされる。このような環境政策の模索は欧米では「環境近代化」として論じられることが多い。リオの会議から10年後に持続可能な発展の進捗状況を検証し

た、いわゆる、「リオ＋10」会議、2002年南アフリカのヨハネスブルグでの環境開発サミットでは、「持続可能な生産・消費（持続不可能な生産・消費形態の変更）」への10年の取り組みの「枠組み」の合意がなされた。

2．環境と経済の両立

　「環境と経済の両立」の議論は米国ではハーバード大学の M. ポーターによって「グリーン戦略」として論じられ、一般的にはポーター仮説として知られている。環境問題が深刻になっても積極的に環境政策が展開されなかった理由はいうまでもなく、環境規制の強化（環境コストの内部化）は企業にとって何らかの環境対応を求めることになる。環境を守るための環境投資が必要となる。しかし、環境投資といってもこの投資はコストを削減するための合理化投資でもなければ生産投資でもない。環境投資は非生産的投資としてしか認識されず、結局、企業にとっては基本的に環境コストである。環境対応はコストアップ要因であり、企業内努力がなされなければ、環境コストは価格へ転嫁されざるを得ない。これは企業にとって国内的には短期的には売り上げの減少をもたらすし、長期的には企業成長の妨げとなる。国民経済的にも経済成長の障害となる。国際的には企業の国際的な価格競争力を失う。かくして、環境の規制強化は経済にとっては「成長の制約要因」なのである。

　このようなトレードオフに対して企業が取った行動はいくつかの対応として考えることができる。そのひとつは、「公害輸出論」である。国際競争力が低下した原因が一国の環境規制の強化にあるとすれば、環境規制の緩やかな国ないし規制のない国（公害天国・公害逃避地）への生産拠点の移転（煙突産業の海外移転）による環境コストの負担回避（環境コストの内部化に対する外部化対応）である。このような対応は公害輸出として環境団体等による非難が浴びせられることにもなる。しかし、このような対応によって、国民経済的には、国内での産業の空洞化をもたらし、当該産業での失業が増大するものの企業は生き残ることが可能となる。いまひとつは、企業による「政治的ロビー活動論」である。環境規制を求められるのは主に煙突産業である

が、煙突産業は衰退産業化しているとはいえ、なお産業界においても大きな政治的力をもっている。この政治力を背景にロビー活動を展開することによって規制反対や規制することが避けられない場合には緩やかな規制や環境対応への補助金や環境保全の名のもとに外国企業に対して非関税障壁となる環境政策を求めることになる。環境政策は国内企業と外国企業とでは必ずしも同じ環境コストを負担させるとは限らない。環境保護の名のもとに環境政策が非関税障壁として「環境と貿易」の問題を生じることになるが、当該産業や企業にとっては環境政策による保護（産業）政策として作用する。また、補助金はOECD（経済開発協力機構）によるP. P. P.の原則（汚染者負担の原則）に抵触するが、例外的には期限を限って中小企業に対してのみ認められているものの企業規模にかかわらず一般的に取られている政策（環境政策として、産業政策として）である。かくして、企業は生き残ることができても、既存の煙突産業の「カプセル化」によって環境調和型の産業構造への転換が大幅に遅れる（環境近代化の遅れ）。このように、環境の規制政策は「環境と経済の両立」ではなく、政策が意図せざる行動をとった企業の生き残りをかけた環境対応によって、必ずしも環境規制政策が意図した成果をあげることなく、「環境と経済のトレードオフ」をもたらす。これは、企業の環境対応が経済活動にとって環境対応は企業活動の制約要因であり、コスト要因であるということ、したがって、その対応が事後的・後始末的・対処療法的であることに起因する。汚染物質や廃棄物が出てくるのは当然として既存の生産プロセスを前提として煙突や排水管の末端で環境技術を付加するエンドオブパイプ対応（エンドオブパイプ環境技術）では非生産的でコストアップとなるのは当然であり、ここから、環境コストの負担逃れの政治的・経済的対応をすることになる。

　これに対して、汚染物質や廃棄物が出てくることを当然としないでまた既存の生産プロセスを前提とせず、これらの見直し（プロセス・イノベーション）、事前的・始末的・未然防止的・予防的な環境技術（クリーン環境技術とウェイスト・エンリッチメント環境技術）による対応（テクノロジー・イノベーション）やグリーン製品の開発（プロダクト・イノベーション）によってクリーン対応（エコ・イノベーション）をすることが「環境と経済の両立」をも

たらすことになる。環境対応設計（デザイン・フォー・エンバイロメント）や資源・エネルギー節約的生産プロセスへの改善による資源生産性・エネルギー生産性の向上（環境効率・エコ効率）対応や製品の環境対応のイニシャル・コストが増大しても、ランニング・コストの削減が可能であれば、そこにはトータル・コストとして損益分岐点が存在する（エコ・プロダクト）。このような「イノベーション・オフセット」を達成することによって、生産から廃棄にいたる製品のトータル・コスト（ライフサイクル・コスト）での削減が可能となる。かくして、産業の環境近代化＝産業のグリーン化（緑の産業革命）が可能となるというのが「環境近代化論」の主張するところである。産業のグリーン化による再産業化（リ・インダストリアリゼーション）ともいえる。

いまひとつの「環境と経済の両立」は脱物質化（ディ・マテリアリゼーション）による産業の脱産業化（ディ・インダストリアリゼーション）である。あるいは、サービス化・機能経済化（W. スターヘル）といってもよい。「クラーク・ペティの法則」によれば、経済の発展とともに産業構造は農林水産業や鉱業を中心とした第一次産業から製造業等から成る工業を中心とした第二次産業、さらには、サービス業を中心とした第三次産業へと転換していくという。もしもそうであるならば、そして、消費するために財を所有することは財のもつ機能やサービスを得るためであり、効用を得るためにあるならば、さらに、環境（廃棄）コストの負担がますます増大するならば、財を所有するよりもレンタル・リース（エコ・レンタル、エコ・リース）することが有利であり、拡大生産者政策の展開によっても企業も財の販売よりもレンタル・リースする販売形態に変えることが有利となる。財を売ることから機能やサービスを売ること、財を個人的に所有するよりも共有（エコ・シェアリング、エコ・プーリング）化することによって財の利用効率をあげることによって、物質（資源）の利用効率をあげることも環境負荷を減らしながら経済との両立をもたらす方向である。脱産業化やサービス化による対応である。これをM. ブラウンガルト・U. エンゲルフルートは「知的生産システム」の構築という。彼らによれば、知的生産システムにおける財は、①消費者によって自然循環可能な消費財、②効用の提供を目的とし、最終的には生産者によって回収され、社会的循環されるサービス財、③循環させることが

できない非売財（例えば、有害物質を含む財）に分類できるという。サービス財と非売財は拡大生産者責任政策によって生産者によって回収されるが、さらに非売財は適正な管理をするために、生産者は公共的な管理・保管場所で保管・管理を委託しなければならない財とされる。生産者はこのような措置に対して永久に保管・管理料を支払うことが義務化される。これを回避するには、生産者は無害な物質への素材代替や環境負荷の少ない分解・リサイクル対応を求められることになる。一般的には、これらの対応は欧州ではプロダクト・サービス・システム（Product-Service System）と言われ、米国ではサービスサイジング（Servicizing）と言われている。PSSとは「ユーザーのニーズを充たすように製品とサービスを結び付けて環境負荷を軽減するように市場で提供するシステム」（オランダ政府の定義）とされる。このようなPSSメカニズムには、プロダクト指向型PSS（Ps）・利用指向型PSS（PS）・結果（パフォーマンス）指向型PSS（pS）があり、PsにはTake-backと耐久性の延命、PSには共有・個人的利用型レンタル・リースや共有・共同利用型シェアリング・プーリングによる所有形態の変更、pSにはパフォーマンス型契約・性能保証等がある。このように、もの（財）を売るのではなく、機能・サービスを売ることによって持続可能な生産・消費をもたらす「システム（生産・消費の供給・需要のあり方）への変更」による「システム・イノベーション」も「環境と経済の両立」の「グリーン戦略」である。

　環境近代化の戦略はクリーン・イノベーションによる技術のブレークスルーを中心とした「イノベーション・オフセット」と脱物質化による「サービス化」による「緑の産業革命」である。M. ポーターはこのような戦略を「環境規制の強化による産業の競争力強化」として「適切な環境の規制強化が産業の国際競争力を促進する」という仮説を提唱した。M. ポーターによれば、我が国の1970年代の運輸省による窒素酸化物の規制値の強化が自動車産業の燃費率のよいエンジン開発（本田技研のCVCCエンジン）をもたらし、我が国の自動車産業の国際競争力を促進したこと、1973年の石油ショックに対応するための通産省の「省エネ法」による省エネ家電の製品開発が家電産業の国際競争力の促進をもたらしたこと、さらに、「改正省エネ法」による

「トップランナー方式」が家電の省エネ競争や自動車の低燃費化競争による環境の競争優位をもたらす環境政策ないし環境調和型産業政策として作用していることを指摘している。M. ポーターはこのようなイノベーション・オフセットをもたらす環境戦略が我が国の特徴としている。これは OECD による我が国の第一回目の環境政策の評価（「日本の経験」）においても環境技術対応が環境政策の中心となっていることを指摘している。この伝統は我が国の21世紀に向けての循環型経済の形成においても生かされている。「容器包装リサイクル法」ではプラスチックの油化・高炉還元剤（ケミカル・リサイクル）・ガス化の技術開発さらには PET ボトルのモノマー化技術の開発が目指された。「家電リサイクル法」や「自動車リサイクル法」では省エネルギー技術（省エネ・低燃費化）に加えて、「建設資材リサイクル法」とともに素材のリサイクル技術の開発に向けられている。「食品廃棄物リサイクル法」ではコンポスト・飼料化に加えてメタン発酵技術やポリ乳酸を利用した生分解性プラスチックの開発が目標となっている。

　M. ポーターはこのような日本の経験はその後の先進工業国の環境政策に多大な影響を与えているという。例えば、米国は1970年代後半に深刻な土壌汚染が発覚する（ラブ・キャナル事件）。1980年、企業に原状回復を求める厳しい企業責任を課したいわゆる「スーパーファンド法」が成立する。これによって土壌浄化の技術（油汚染除去技術等）が開発された。オランダも自国の産業による土壌汚染やライン河の河口に位置しているためにドイツで河川に排出された産業廃棄物の汚染に悩まされた。このために、土壌改良剤の技術が開発された。ドイツでは水質基準が厳しい。飲料水の三分の二を地下水に頼るドイツでは、地下水が汚染されることはライフラインがやられることになり、死活問題となる。このために、厳しい水質基準が浄化技術を世界一のものとしている。

　しかし、環境の規制強化は厳しければ厳しい程産業の国際競争力を促進するのだろうか。ある研究によれば、グリーン製品・技術の輸出入総額は、一人当たり所得が18000ドルを越えた先進工業国（17ヶ国と1地域）では1995年から1999年までの4年間にわたって一国平均89億3200万ドルであったという。これはすべての製品・技術の輸出入総額の5％にすぎないが、この45％

は米国（350億9100万ドル）、ドイツ（314億8700万ドル）、日本（238億9000万ドル）からの輸出であるという。しかし、米国、ドイツ、日本の環境規制の厳しさはインデックス化された指標ではドイツ（8位）、米国（9位）、日本（12位）であり、北欧諸国等に比べて必ずしも厳しいとはいえないという。このことから、ポーター仮説は「適切な環境規制が産業の国際競争力を促進する」といいかえることが正しいという主張を裏付けることになる。

このようなポーター仮説（当初は「適切な規制（成果を意図した規制）は、企業の技術的再構築を促進し、多くの場合、汚染削減のみならず、費用削減や品質の改善をもたらす」という主張であったが、その後、「適切な規制は、イノベーションを引き起こし、法遵守費用は部分的に相殺されるか、法遵守費用を上回る利潤をもたらすこともある」とされた。）には、パルマー・オーツ・ポートニーによる新古典派的経済理論からの批判もあるが、N.キャンベルやS.アンベック・P.バルラ等の議論によれば、彼らは投資の不確実性や経営内部組織でのある契約関係等を前提にした企業モデルのもとで、環境規制が導入された場合、エコ・イノベーションが創発されたり、企業内効率改善による投資誘因の作動によって、環境負荷の軽減や生産性の改善がもたらされると同時に利潤の増大をもたらす可能性を理論的に示している。

3．環境と経済と社会の統合

このような「環境近代化」は、適切な規制と環境技術のブレークスルー対応によってのみ可能なのであろうか。その後、この戦略は確かに先進工業国における主要な戦略として我が国のみならず、米国やドイツでも主要な環境戦略として位置づけられる。とりわけ、米国ではクリントン政権下でA.ゴア副大統領が環境問題への関心が高かったこともあり、情報ハイウェイ構想（IT化戦略）とともに環境ビジネス戦略として政策化がはかられた。ドイツではベルリン自由大学のM.イエニッケ等によって「エコロジー的構造転換論」として論じられた。彼によれば、「環境と経済の両立」をはかる「環境近代化」には「エコロジー的近代化」と「エコロジー的構造転換」があるという。「エコロジー的近代化」とは、既存の産業部門内の「エコロジー的技

術イノベーション」が不可欠であるのに対して、「エコロジー的構造転換」は経済の高度化に伴う産業構造の転換を政策的（エコロジー的構造政策）に推進することによってエコリストラを行うこととされる。「エコロジー的近代化」にしろ「エコロジー的構造転換」にしろ、「環境近代化」は政策的な枠組みの整備が必要となるが、これらの枠組みは当該の一国内での政策的展開である。確かに、この枠組みの中で、当該国で「環境と経済の両立」が可能となったとしても、それが、「公害の輸出」に伴う「環境費用の内部化対応としての外部化」対応であった場合、当該国の「環境と経済の両立」は他国の犠牲による両立となる。近年、「一国環境近代化」の限界とともに「環境と経済の両立の神話」が論じられ、一国環境近代化を超えた「環境近代化経済圏」の議論がなされるようになってきた。環境近代化論は国際的環境近代化政策が必要とされるという段階になったということができよう。

　経済的手法による「環境近代化」は可能であろうか。これに挑戦したのがデンマークである。デンマークは他国に先駆けてさまざまな環境分野での経済的手法での環境政策を推進してきた。CO_2税・包装容器税・廃棄物税・殺虫剤税・白熱電球税・資源税（バージン資源税）・排水課徴金等が経済的手法が適用された対象である。CO_2税は1970年代の石油ショックによって導入されたエネルギー自給率の低い状況にあって輸入原油依存からの脱却をはかろうとする家計部門に課されたエネルギー税（1977年）の改革に始まる。エネルギー税は家計部門のエネルギー需要の抑制とエネルギー供給源の転換を目的としたものであったが、このエネルギー税をCO_2削減を目的とした環境税へと転換することが1993年にはかられた。税の中立性を考慮しつつ行われたこの税制改革は、1995年企業部門へも対象範囲が拡大され、課税の強化がはかられた。1992年の気候変動枠組み条約での約束（2000年のCO_2排出量を1990年水準に安定させる―デンマークでは2005年のCO_2排出量を1988年水準から20％削減）を1995年段階で15％しか削減ができないことへの追加措置としての対応である。しかし、企業へのCO_2税の拡大はその当時他国へ先駆けての単独の政策であり、環境税の企業への導入が企業の国際的競争力を弱めることは明らかであった。税率の決定はこれらを配慮したものではあったが、それでも他国の企業との価格競争力での影響は免れない。そこで、政府

は企業と自主的協定を結び、確実にCO2を削減する省エネ措置を取った企業にはその対策の導入に対しての投資に対して税の還付(補助金)を行う政策をとった。ハイブリット政策と言われる「税」と「補助金」を組み合わせたこの政策は、間接的には税の中立性からの法人税の減税と直接的には省エネ投資の軽減と電力コストの節約によって生産費用の削減を達成することができた。これによって企業の国際的価格競争力を損なうことなくCO2の削減(環境と経済の両立)が可能となった。政府にとって環境税の徴収目的は政府の収入を増大させることにあったわけでもなかった。かくして、その後、欧州各国で環境税の導入が進められたことはいうまでもない。しかし、この税の還付はそのCO2削減措置に対する補助金であり、確実なCO2削減には省エネ設備等への環境投資が中心となり、その設備は償却期間を含めると一回きりの補助となりがちである。しかし、デンマーク政府は、その後、環境と経済の両立は結果的に雇用への効果があり、雇用が維持ないし増大したという結果をもって、少なくとも失業が増大していない事実からさらに社会保険料の企業負担分の軽減にこの環境税の財源をあてた。これは実質的な減税であり、高福祉高負担の福祉国家としてその財原確保に悩んでいたデンマークにとって「雇用の確保こそ最大の福祉」のもと「消費的福祉国家」から「生産的福祉国家」への転換をもたらした。かくして、「環境と経済の両立」は環境と経済そして雇用確保による福祉の鼎立、「環境と経済と福祉の統合」いわゆる環境税による「環境と福祉の二重配当」をもたらし「環境に優しく人にも優しい」環境政策の展開をもたらすことになった。環境税は経済効果として現世代間の雇用の社会的公正と環境効果として現世代と将来世代との社会的公正をもたらしたとも言える。このことから「環境と経済と社会(社会公正)の統合」を環境政策は目指したものとなった。

4．おわりに―環境構造改革―

「環境と経済のトレードオフ」から「環境と経済の両立」は「環境近代化論」のもとで環境制約を環境問題へ挑戦とすることによって政策的パラダイムシフトがはかられた。それは従来の環境規制を前提にしながらも、エコ・

イノベーションによる「イノベーション・オフセット」をもたらす政策の展開である。これには製品のエコプロダクト化（プロダクト・イノベーション）から生産プロセスのクローズド化（プロセス・イノベーション）・クリーナープロダクション化（テクノロジー・イノベーション）、プロダクト・サービス・システム化（システム・イノベーション）による環境効率（ファクターX）の向上をはかることによるエコリストラ政策が企業に求められる。かくして、竹内は「環境と経済の両立」をリオ対応の戦略、「環境と経済と社会の統合」をヨハネスブルグ対応の戦略と見る。「環境と経済の両立」がリオ・サミットの「持続可能な発展」に対応した戦略として展開されてきたと見ることができるとすれば、一方、これに対して、いわゆる経済的手法、とりわけ、環境税の導入による「エコロジー税制改革」は「環境と経済と社会の統合」すなわち、将来世代と現世代の環境的公正と雇用（社会的排除から社会的包摂を通じての）の確保による現世代間の社会的公正を両立させる環境税による「環境と福祉の二重配当」を実現する戦略と言える。かくして、「環境と経済と社会の統合」はヨハネスブルグ・サミットの「ヨハネスブルグ実施計画」に対応した戦略と見ることができる。「ヨハネスブルグ実施計画」では、「（リオ・サミットの）「持続可能な発展」の3つの構成要素（環境保全・経済開発・社会開発）を相互に依存・補強しあう支柱として統合することを促進する。貧困撲滅・持続可能でない生産・消費形態の変更・経済・社会の開発の基礎たる天然資源の保護と管理は、持続可能な開発の相対的目標であり、不可欠な条件」としている。

　かくして、環境近代化・エコロジー税制改革・「環境・経済・社会の統合」計画は経済・社会のエコロジー的構造改革にとって不可欠な取り組みとなる。これらの改革を通じて経済は「環境に優しく・人に優しい」経済となる。本来、経済が「人間のための経済」であれば、このような環境構造改革を通してのみその「生活の質」を高めることができ、構造改革とは「経済的拡大の経済」から「人間のための経済」への構造転換を図るものであることが理解される。「経済拡大のための経済」の構造改革ではなく、「人間のための経済」への構造改革こそエコロジー的構造改革の説くところである。20世紀の延長線上に21世紀があるのではない。これは、人間は自然なくして生活

できない「自然的存在」であり、社会なくして生活できない「社会的存在」であるという人間存在の実体からくる改革である。かくして、「生活力＝人間らしい生活の存立と持続」（F. ゴットル）をいかに高め、維持するか、「生活力」の向上こそ「持続社会」の構築を目指す21世紀の環境政策であらねばならない。「未来は予測するものではなく、選択するもの」である。

参考文献（主なもの）

ポール・ホーケン「サスティナビリティ革命」田栄作訳　ジャパンタイムス　1995年

エルンスト・U・フォン・ワイツゼッカー、エイモリー・B・ロビンス、L・ハンター・ロビンス「ファクター4」佐々木健訳　省エネルギーセンター　1998年

フリードリヒ・シュミット＝ブレーク「ファクター10」佐々木健訳　シュプリンガー・フェアラーク東京　1997年

ステファン・シュミットハイニー、BCSD「チェンジング・コース」BCSD日本ワーキング・グループ訳　ダイヤモンド社　1992年

エルンスト・U・フォン・ワイツゼッカー「地球環境政策」宮本憲一他訳　有斐閣　1994年

マルティン・イェニッケ、ヘルムート・ヴァイトナー「成功した環境政策」長尾伸一他訳　有斐閣　1998年

ポール・ホーケン、エイモリー・B・ロビンス、L・ハンター・ロビンス「自然資本の経済」佐和隆光監訳　日本経済新聞社　2001年

郡嶌孝「循環型経済の構築とその政策的対応」細田・室田編「循環型社会の制度と政策」岩波書店　2003年

竹内恒夫「環境構造改革」リサイクル文化社　2004年

第 9 章　総合政策科学と地域経営

1．はじめに

　このところ、小泉首相の「民で出来ることは民に、地方で出来ることは地方に」任せるという公約もあって、地方分権論議が盛んである。10年前はほとんど口の端にも乗らなかった「補完性の原則」も流行り言葉のようになってきた。その背景には、2000年の地方分権一括法施行時に、国と府県と市町村の新たな関係が始まるとの期待があったものの、財源の裏付けの無い制度改革では国と地方の行政執行システムには何ら変化は起ないとの疑義があるからだ。そうしたなか、2003年から4年にかけて交付税・補助金の削減と地方への税源移管、いわゆる三位一体改革をいかに実現するかについて、経済財政諮問会議、中央省庁、地方自治体等の間で激しい駆け引きが行われた。
　政治・経済・文化などの諸機能が、戦後、東京圏へ集中し続け、東京圏を除く地方が相対的に疲弊・衰退している。特に関西は、1970年に開催された大阪万国博覧会以降、他の地域に比べると経済の発展度合いが弱く、官民いずれの側に於いても、地域の活性化・再生をいかに実現するかについて議論が続けられてきた。
　関西各地の経済界から、地域の再生を地域自ら責任を持って行うためにも、基礎自治体の強化と道州制など、地域のことは地域で決定しうる行政・財政システムへの改革や体制作りが必要である、と主張されてきたのもそうした理由による。また、様々な形での産官学の連携、府県を超えた広域連携の取り組みが行われてきており、さらには、阪神淡路大震災を契機とするNPOの認知、NPO・市民、企業、行政がともに支え合う21世紀型地域経営

◇第9章　総合政策科学と地域経営

のあり方の提言なども行われてきている。

　そこで、この章では関西という地域を取り上げ、地域活性化という課題に焦点をあてて、総合政策科学的観点から問題点・課題の発見を試みることとする。

2．関西の現状認識

2.1　関西とは

　関西とはどの範囲を指すのか。かっては大化の改新の後に置かれた、伊勢の鈴鹿，美濃の不破、越前の愛知（あらち）の三関の西のすべてを指していたが、現在、普通に思い浮かぶ地域は近畿の2府4県であろう。近畿経済産業局、近畿地方整備局の管轄地域は福井県を含んでおり、近畿ブロック知事会の構成は福井・三重・徳島県を含む2府7県である。第28次地方制度調査会において道州制のあり方についての検討が始まったが、今後、我が国が道州でどのように分けられるべきかもテーマの一つとなってこよう。

　地域のアイデンティティは、人々が一体的に意識し行動する上で無視できないものであるが、それは歴史的に形作られてきた一定の空間に存在するものである。ある地域のなかで暮らす人々が、意識や価値観を共有しているか否かについては、時間軸と空間軸の2つの視点からの分析が求められる。たとえば、古来、主たる交通のルートであった川筋や、山間の盆地には、かって共有した生活・文化・伝統の流れを観ることが出来る。その後、徳川期までの道の発達、明治以降の鉄道網、戦後の道路網と自動車の普及などにつれて、同地域だという認識やそのアイデンティティの内容も変化を遂げて来た。

　官民の組織である関西広域連携協議会の04年度の新戦略＝中期重点方針の中の一つに、道州制の受け皿としての関西州のあり方議論に入る前に、大型文化・スポーツイベントの共有や域内観光の推進等により、関西としての一体感を醸成しようというものがある。2400万人の人口を有する関西が1000年を超える歴史・伝統・文化を背景に、21世紀のいまに相応しい広域的アイデンティティを必要とするとの考え方の現れである。

2.2 地域経済統計の見方

現状を認識するためには、その地域の定量分析と定性分析を行わなければならない。しかしながら、利用しうる地域の統計類は十分とはいえず、自ら加工し作成する必要がある。関西の経済的不振の理由に挙げられるGDP（国内総生産）における関西のシェアーの低下を調べるためには、各府県別の統計を足しあわせる必要がある。しかし府県別の府県内総生産の統計は発表が遅く、出てきた統計も2府7県分を足しあわせれば良いというものではない。国内総生産を算出するときに輸出等・輸入等を足し引きするように、県境を越えた取引（移出・移入）を足し引きする必要があり、推計者の考え方や手法の違いで数字も異なってくるが、こうした推計を行うためには経済学の知見が必要となる。

関西や各府県市の経済分析を行っている主な組織としては、国の出先機関や自治体の他、銀行系シンクタンク、関西社会経済研究所（関西活性化白書を発表）などがある。また、「21世紀の関西を考える会」（200人以上の有識者を組織し1995年から2000年まで社会・経済・文化など様々な分野での調査分析を行った産学の組織、最終報告で関西のグランド・デザインを提示）の成果物が有益であり示唆に富む。

同じ経済統計をベースにしながら、推計値や分析内容・提言等が異なってくるのは、分析担当者の価値観、問題意識、人間性の違いなどが影響するからである。社会科学における分析の結果は数学や物理学とは異なり、人によって様々な結論が導かれてくる。筆者自身、若い頃に先輩から言われた「トンボの目と蟻の足」、「現場100回」、「書かれた事実を信じるな」などの言葉が、何時も耳の中で鳴っている。定性分析の基本は自身の足と目と耳と皮膚を用い、それまでに蓄えた知恵と知識をフルに働かせて対象に迫ることではないだろうか。

総合政策科学というからには、学問の前提である反証可能性を必要とし、したがって、研究者自らが、その座標軸と時間軸、問題意識・視点を明確にしながら対象に迫る強い姿勢と、他者からの批判を素直に受け入れ議論しうる謙虚さが求められる。

2.3 関西の現状認識

この数年、関西経済界のトップや大阪府知事などは「関西は絶対的衰亡の危機にある」と言い続けてきた。前述したように中期的に見たGDP全国シェアーの低下、低い開業率、高い失業率、1970年以降続いている年間2万人を超える人口の社会的流出などがその背景にあり、最近になっても大阪大手企業の本社移転など止まることを知らぬ東京一極集中、中部国際空港の開港も併せた自動車産業を中心とする中部経済圏の活躍、などもそうした見方を強めている。

江戸時代、大阪は「天下の台所」といわれ、多くの物品の集散地であり、大阪から江戸に送られないものは「下らないもの」であった。明治になり東京に政治・経済の中心が移ろうとするとき、五代友厚らが活躍し、繊維、造船など新たな産業を起こした。そうした努力もあって大阪は「東洋のマンチェスター」と呼ばれるようになり、20世紀初頭の京阪神の経済力は東京地区をしのいでいた。

そのような大阪を中心とする関西の現在の不振の原因は関西特有のものなのか、東京以外の地方では一般的に見られることなのか、あるいは我が国全体に係わる問題なのか。そうした視点からの分析を行うとともに、その分析の結果から見えてくる問題点を前提として、意味があり、地域やその関係者にとってインパクトもあり、かつ実現可能性の高い解決策・対応策を描くことは可能であろうか。まず、関西経済不振の主な要因を検討してみよう。

2.3.1 関西固有の要因

第一に挙げられるのは、関西の各地域が分断されている地勢的要因であり、それが日本経済発展の経緯とそぐわなかったことである。たとえば80年代前後に我が国経済をリードしたのは、鉄鋼に変わって「産業のコメ」といわれた半導体であったが、その工場立地のために必要とされる良質な水と空気、適正な用地はなく、いまひとつの巨大産業である自動車産業にしても、裾野産業も含めた一体的な工場の立地には不向きであった。

この問題に関しては、高速交通体系網の整備などによって大都市圏の後背

地の活用も可能であったと思われるが、今日に至っても、関西の東西・南北の移動には多くの時間を要すなど整備は遅れており、他地域との立地競争に遅れをとったことは否めない。工場立地の分析には経済・産業政策的な視点が求められるが、加えて都市政策、都市・交通工学などの分析手法を活用するのも意味があろう。

ただし、物作り・製造業に関しては、経済のグローバル化が進展し、我が国のあり方が大きく変革している。我が国の産業は、「知」と「サービス」の結合の時代に入って来ており、高度情報化社会が到来した現状においては、地勢的制約は、あまり大きな問題では無くなりつつあるとも考えられる。

第二に挙げられるのは、我が国の産業政策が、大阪、京都、神戸という大都市圏を有する関西に逆風として働いたことがある。たとえば、環境保全、公害防除などのために制定された、いわゆる工場三法によって、市街地の工場や大学などの大規模施設が他地域や郊外へ追い払われた。大阪湾ベイエリアが放置され、町中から若者が消え、都市としての活力も失われ、文化・芸術も含めた都市の魅力が衰退し、結果的に地域全体の活力、勢いがそがれることになった。そのため、近年、国としても都市・地域再生のために制度的な取り組みを始めている。地域にとっての都市が果たす意味、そのための都市としての必須の機能・装置、都市が変革しつつ新たな展開を示すエネルギーの源泉とは何であろうか。

加えて、関西の都市部は時代ごとに重層的にまち作りが行われてきており、そこに新たな工場や建築物を建てようとすると、文化財保存・保護の規制に掛かってしまう。バブルの時代に大阪府庁舎新築工事が始まったが、埋蔵物の調査のために時間が掛かっている間にバブルが崩壊し、財政悪化に見舞われて工事が中断されたのはその一例である。埋蔵物の調査は個人の負担で行うことになっているが、文化財の保存とその手法、関連法令・条例のあり方についても議論がある。

このような経済的規制、社会的規制が、どのような政策目的で制定され、その初期の目標が達成されたのか否か、社会的・経済的環境が変化した中で

存在意義があるのか、新たな時代の要請に応じて改変の必要はないのか等、政策についての評価が行われなければならない。現に、21世紀に入って工場等制限法は無くなっており、地域の自治体・産業界は域外・外国からの企業誘致に力を入れ、また大学院等の都心回帰を推進している。

　第三は第一の要因と表裏の関係でもあるが、関西地域の産業構造の転換が遅れたことである。製造業を産業別に見ると、鉄鋼、繊維など素材型産業のウェイトが高い。この両者は発展途上国の追い上げもあり、国際競争力を失ってきた。経済産業省はこれまで様々な対策を打ち、04年には「新産業創造戦略」を発表するなど「ダイナミックな産業構造転換」を図ってきたが、これは各地域が主体的に取り組むべき問題でもある。
　地域の経済的潜在力を産業別、業種別、企業別に分析する際、歴史的変遷や他地域との比較等の視点が必要であり、また、個別の企業経営者の企業家精神の発揮、技術力、資金力なども加えて判断することも要求される。高度成長期には産業構造審議会、業界団体内の摺り合わせなども通じて、通商産業省（現経済産業省）等国の果たす役割も大きかったが、フリー・フェアー・グローバルを原則とする自由競争の時代になると、個別の企業の対応・盛衰によって産業構造の変革が左右されることになる。
　中部・名古屋経済はいまやトヨタ一社が支えていると言われたりもするが，自動車関連産業を除いた中部と関西の経済力比較をすると何が見えてくるか。乗用車の海外現地生産と国内の人口減少が進むなか中部経済の中長期的将来はどのような展開をするのか。それとの対比で、海外への生産移転が進む関西の家電業界は、地域経済にどのような影響を与えているのか。国際競争が激化するなか関西企業の競争力はいかにして維持されるのか。SCM（サプライチェーン・マネージメント）やCSR（企業の社会的責任）、コーポレート・ガヴァナンス等の状況について、産業論、企業経営論、会計論さらにはゲームの理論なども含めて分析することも必要である。

　第四の要因は、円高とバブルの影響がより強く関西に影響したことである。1985年、米国経済支援のためにG5の財政・金融の責任者がニューヨー

クに集まり取り決めたプラザ合意のあと、急激な円高によって輸出競争力を失った家電業界、繊維・アパレル業界などは大挙してアジア諸国へ製造拠点を移した。そして国内では下請け業者の選択と集中を行った結果、域内産業の空洞化が加速した。

　また、東京に一年以上遅れて始まった関西の土地バブルは、そのバブルの形成がより強く現れ、かつ短期間に崩壊したことにより、より大きな影響を地域経済に与えることとなった。さらに93年以降の予想外の円高が日本経済・関西経済に壊滅的打撃を与え「暗黒の10年」といわれる日本経済の不振と関西経済の危機的な状況を生み出す一因ともなった。

　このような為替の変動や金融政策の大きな振れの原因や影響については、金融論、国際金融論の視点が必要であり、それと実体経済との関係を分析する必要がある。ただし金融機関の構造改革・不良資産の整理の進展、企業のリストラクチャリング、あるいはグローバル展開やリスク管理技術の進歩に伴い、この資産バブルと円高対応問題は解消しつつあると言えよう。

　加えて、企業の海外進出の評価も課題である。中国については高度経済成長の持続性、政治的・社会的不安定性などが不安視され議論されるように、進出国・地域については国際経済論、開発経済論的分析とあわせ政治論・社会論的アプローチもしなければならない。さらに最近では「もの作り」の国内回帰が見られており、ロイヤリティ政策やSCMなどと併せて国際企業戦略論的な分析力も求められる。

　第五は関西の大型プロジェクトの進捗と、我が国の不況対策に投入された100兆円を越える公共投資等の影響である。94年には関西国際空港が開港、97年の明石海峡大橋の開通、2001年初のユニバーサル・スタジオ・ジャパン開業、京阪奈学術研究都市建設のピークアウト、さらには95年1月に発生した不幸な阪神淡路大震災の復興需要の終了等によって、逆に公共投資の減少が関西経済にマイナスに働くこととなった。

　ここでは景気との関係でのフローの公共投資のあり方、公共投資そのものの意義・政策評価をいかに行うかという問題が提起されよう。また、行政学・財政学の立場から行財政の執行メカニズムについての評価手法について

の検討も求められる。

　90年代のこの「つけ」は、先進国で例をみないほどの巨額な国と地方自治体の債務残高、並びに年々のフローの大幅な財政赤字である。21世紀に入っても、「はっきりとした景気回復の後に財政赤字対策」に取り組むべしという主張と、いや、「まずは財政赤字の縮小と構造改革」が先だという主張との対立が続いた。後者の立場に立っても、プライマリー・バランスを実現するのは2010年代に入ってからということであり、我が国の財政の持続性・サステナビリティが問われている。地方財政も交付税を当てにしながら公共投資を続けてきたが、いまや交付税そのものも縮減されてきており、危機的財政のもとで、如何にこれまでの「つけ」を整理するかが課題となっている。したがって、もはや地域経済活性化のために財政・行政に役割を期待することは不可能な状況にあるといえよう。

　第六の要因は、関西では中小企業が多く、たとえば出荷額で見ると、そのウェイトは60％を超えており全国と比べると10％ほど高い。第四の要因で述べたように、大企業がコストダウンや取引先数を絞っての合理化を進めるとなると、その下請け中小企業に痛みがしわ寄せされることになり、90年以降の不況は関西により強く影響したと考えられる。また関西の失業率が平均して全国より１％以上高いのも、労働流動性の高い中小企業の多さに起因しているとも予想される。

　ただし、たとえば東大阪と東京の大田区とを比較し、この十年の出荷額の水準の推移をみると、大田区の方が落ち込みが大きい。東大阪にはニッチな分野での技術力・独創性に優れた100を超える世界的な優良企業があり、集積のメリットも存在しているとからだと言えようか。地域産業の将来を見る上では、こうした個々の優れた企業や地域リーダーの存在、インキュベーション機能やサテライト大学など、行政と企業と大学の協力関係が如何に機能しているか、クラスターとしての有機的な企業間の関係、地域金融の実態などを重層的に分析することが必要であろう。

　21世紀に入って、我が国の中小企業政策は、これまでの保護育成政策から退出・倒産を容認する優勝劣敗政策に転換した。とくに、新たな産業分野で

意欲・技術力・経営能力に優れた中小企業・ベンチャーを支援し、時代に遅れた業界のアントレプレナーシップに欠け、経営力・競争力の弱い企業に対する支援はしないというものだ。

そうした政策転換にも拘わらず、政府の施策に基づき巨額な融資保証が行われ、融資期日の到来とともに、金融機関と企業との間で存在・事業の継続をかけた交渉が行われている。中小企業のありようで地域経済の活性化も左右される。地域の中小企業政策のあり方も検証すべき課題である。

2.3.2 我が国の構造的要因

まず、関西も含めた地方の疲弊をもたらした基本的な問題として、1940年体制のもと、あらゆる面で東京一極集中が進んだことがある。江戸期には約300の藩の分散型社会、いわば補完性の原則に近いシステムがあったが、明治以降、集権化が進められてきた。1940年体制とは、そのような流れの中で、戦争遂行のためにあらゆる資源を動員する必要が生じ、産業別団体組織の設置も含め、東京からの指令が全国津々浦々に伝わるシステムを構築したことに始まる。この中央集権的システムはGHQマッカーサー司令部に引き継がれ、戦後の復興期から高度成長期にかけては、傾斜生産方式、産業構造審議会などを通じた設備投資の調整など、効率的に社会・経済を運営する上で有効な役割を果たした。

この間、製造業の輸出入が増加し海外進出の始まった70年代に、多くの企業の国際担当部門が東京に移りはじめ、さらに監督官庁への対応や業界あるいは取引先との交渉を合理的かつ円滑に行えるよう、司令塔である様々な本社機能の移転が相次いだ。結果として、東京地区以外の本店とは、株式を扱う総務部門が中心の本店とは名ばかりのものが多く見られるようになった。

関西の大手企業の管理職に単身赴任が多いのもその現れであろう。管理部門の人材は東京で教育し、一定期間地方に出てまた東京本部に戻っていく。ベンチャーが起業する場合も、マーケットの大きい東京で試したほうが成功する可能性が高いという考えが強い。芸能・文化の分野で成功した人材も活動の拠点を東京に移す。

また、プラザ合意のあとの前川報告以降、規制緩和によって内外価格差を

解消し、参入・退出の自由な経済社会を創ろうという改革が唱えられて来たが、省庁、業界、政治家が互いに支え合う、「鉄のトライアングル」とも称される既得権益を守ろうとする関係者の抵抗もあり、その改革の動きは遅々としたものになっている。構造改革特区は、そこに多少の風穴を開けたと評価する向きもあるが、一地域に限られた部分的なものであり、かつ、特区申請の実現率も低くなってきており、より抜本的な改革をすべしとの批判も強い。

この日本に特異な規制の存続と一極集中状況が、「官から民へ、中央から地方へ」という構造改革・規制緩和・地方分権の流れの中で変わりうるかが問われている。改革に関してはこれまで星の数ほどの要求・提言がなされてきたが、実際の改革に繋げるためには、法改正をどのように行うかという政策立案、法律・政令の改定、さらには改訂された法令の運用者の、意識・行動の改革が必要であり、そのような力学も研究の対象となろう。

この改革が進めば、地域が自らの歴史・伝統・文化を基調に、その地域の人材・資源などソシアル・キャピタルSC（社会的資源）を活用し、独自性・独創性に溢れた新たな社会・経済・文化活動を展開することが可能となる。そして各地が競争し努力することが始まり、各地域並びにその総体としての我が国の新たな発展が可能となる。

しかるが故に、関西としても「補完性の原則」に則った行財政システム、地域のことは地域が主体的に決められる地方分権・地域主権制度、参入・退出の自由な経済システムへの改革実現を希求しているわけである。関西各地の経済団体がこれまで幾度も欧米への調査団を派遣し、EU各国の分権改革、米国・アングロサクソン諸国の構造改革の実態調査を続けて来たのもそのためである。

関西は年間11兆円の国税を納め、一方、補助金等による国から関西への戻しは6兆円である。大阪府だけを見ても、6兆円の国税に対し、戻しは1兆円である。国家経営のために国税は必要であるとしても、関西空港二期工事でに国から注文がつけられ、また厳しい財政悪化に見舞われている地元としては釈然と出来ないところがある。したがって、財政・税制の真の三位一体改革は、自らの地域の将来に係わる問題であると認識している。

第二にデモグラフィーの劇的な変化についても考慮しなければならない。
　少子化の勢いは止まることを知らず、生産年齢人口は９５年にピークを打ち、人口のピークが2006年にくると予想される。今後、2015年までの10年間に生産年齢人口は８百万人減少し、特殊出生率があまり改善しないとすれば、2050年には我が国の人口は９千万人前後、22世紀初頭には５千万人前後に減少すると見られている。そのような社会の到来を控え、介護保険制度、年金制度などの社会保障制度をいかに再構築するかも大きな課題となっている。
　また、５％前後の高い失業率が問題となっているが、失業者数は約３百万人、仕事を探しても自分の求めるのが無く探すことを断念した人が約百万人、併せて就労可能な人口は４百万人程度である。適正失業率が３％とすると、今後の就労可能労働力は２百万人に過ぎない。日本経済が２％から３％程度の巡航速度の成長率に戻ると、年間６～70万人程度の新規労働力が必要となり、直ちに労働力不足の時代に突入する恐れが強い。
　経済成長率は、労働投入量と技術革新等による生産性の向上で決まるが、我が国は、女性と高齢者の労働力化を飛躍的に高めたとしても、近い将来に成長の限界に到達する。したがって、今後一定の成長を持続するためには、付加価値の高い新たな産業に転換することが必要となる。こうした状況下では、地方の魅力を大幅に改善するとともに、その地域における豊かな生活の基盤を用意しない限り、人口の都会への流出が止まらず、地方がさらに疲弊していく可能性が高い。
　一方、すでに「労働のミスマッチ」が高まっており３Ｋ（きつい、汚い、危険）といわれる職場での労働力不足が顕在化しているが、外国人労働力への対応も議論の対象となってきている。世界的な潮流となってきたFTA,EPAへの取り組みに関し、我が国として東アジア諸国と如何に対応すべきかも、重要なテーマとなってきている。
　さらに、90年代に入っての我が国産業界の怒涛のような中国進出や東アジア諸国との有機的な連携の進展を背景とし、中国の通貨「元」の将来とその影響やアジア共通通貨制度、さらには関係強化の進むEUやNAFTAに

対する、東アジア共同体の実現可能性なども研究課題となろう。関西としても地域対外国・地域との地域間外交、諸外国も視野に入れた地域間競争、あるいは外国企業・外国人就業者の受け入れ、異文化コミュニケーションなどにつきハード・ソフト面の体制を整えるべき時代となっている。

　第三に地球環境問題、資源・エネルギー・食糧問題がある。
　我が国は2010年までに二酸化炭素の排出量を90年比6％削減すると公約したが、現在までのところ逆に排出量は増加しており、今後大幅な削減を実現するとすれば、この面からの成長制約が課せられることになる。従って、地域の発展戦略を考える場合にも、この環境面への配慮、対策を包含するものでなくてはならない。それとともに「人間がより人間的に生きる」ことを良しとする価値観への転換、あるいは持続可能なコミュニティ（サステイナブル・コミュニティ、前述のソシアル・キャピタルと並んで二重の意味でのSC）作りも地域にとっての課題となろう。
　2004年年央には、原油だけでなく大豆など飼料用植物なども軒並み高騰し、世界経済に暗い影を投げかけた。原油の埋蔵量は後3～40年とも言われるが、中国・インドなど経済発展途上国の生活水準の向上により、すでに資源の取り合い、奪い合いが始まっている。無限と思われている真水についても世界各地の砂漠化に見られるごとく、地球規模では不足しており、今後の世界経済発展の制約要因の一つになりつつある。
　中国やその他途上国の経済発展、生活水準の向上は、西日本の酸性雨の影響に見られるように、我々日本人の日々の生活にも直接的な関係を持つ。穀物需要をみても、鶏を育てて同カロリーを得ると人間が穀物を直接摂取するのに比して2～3倍、豚で5倍前後、牛となると12倍の飼料を必要とする。ワールド・ウオッチ研究所等の調査では2010年に中国で3億トン前後の穀物が不足するといわれており、現在の世界の穀物輸出量を超える需要となる。欧米主要国の食糧自給率は100％を超えているが、我が国は40％に満たない。世界との関係で、我が国の資源・食糧の安全保障あるいは農業・水産政策を如何に考えるのかも大きな課題である。
　また、この面からも我が国は一国主義を廃し、アジアも視野に入れた新た

な社会・経済の枠組みを考える必要がある。今後、東アジア諸国との共存・共栄を求めるのであれば、その歴史・文化・社会・経済・産業についての理解を深めるとともに、我が国との歴史的な経緯や、抱える課題、将来に対する理念・デザインを共有しなければならず、技術移転・投資・人の交流などの経済外交政策やODAのあり方についても検討を要する。関西としてもそのような枠組みも考慮した地域経営・地域外交を考えなければならないであろう。

3．関西再生のシナリオ

　関西経済の現状に関しては、関西経済再生にとっての主要プレーヤーである、近畿経済産業局・近畿地方整備局・近畿運輸局などの国の出先機関（支分所）、府県政令市、市町村、関西経済連合会・大阪商工会議所などの各地域経済団体の認識は共通していると言えよう。関西社会経済研究所、銀行系シンクタンクなど地域の主要研究機関の分析も同様である。

　また、そうした機関は、近畿経済産業局の「近畿産業クラスター計画」や関西経済連合会の「関西経済再生シナリオ」のような、今後の自らの地域や関西の活性化についてのビジョン、シナリオ、政策提言等を打ち出している。問題は、シナリオ、処方箋、提言を、各主体が協調・協力して一体的に推進できるかという点と、「誰が責任を持って実現のために努力」するかのガバナンスにある。研究機関、経済団体の提言は往々にして言いっぱなしで終わってしまう。提言された実行主体は、主に権限と予算を持った国の機関や自治体であるが、提言・要求を真摯に受け止めることはしない。「ああ、またか」、「そうした見方もあるか」と受け流し、自らの論理に基づき、地域住民・議会などへの説明責任を果たすなかで、政策を立案し予算を貼り付ける。そうした意味ではシンクタンクや経済団体等の提言のあり方も問われている。

　市町村レベルの政策と府県、中央省庁の政策をみると、その方向性や内容が驚くほど似通っている。それは3割自治といわれるように、中央省庁の重点施策が交付税と補助金によって府県・市町村の施策に強い影響を及ぼして

いることによる。あるいは自治体の政策立案過程で、審議会等の運営や長期経済・産業政策のコンサルテーションにその地域の数の限られたシンクタンクが関与することも関係していよう。

以下、そのような施策の中から、新規産業の育成、文化・観光の振興、コミュニティの再生、広域連携など、関西の各主体が共通に重視しているものについて検討してみよう

3.1 新規産業の育成

前述したように、関西の産業構造の変革の遅れは多くの関係者が共有しているものであり、内外からの企業誘致、新産業の育成が地域の共通課題である。そのことは、筆者が米国から帰任した92年当時、米国のベンチャー育成について様々な組織の方から質問を受けたことにも現れていた。

当時は、エンジェル、メンターなどというベンチャー関連の言葉がまだ一般的では無いころであり、各地域・主体が新産業の育成を図ろうとする関西においては、他地域に先駆けた取り組みが始まっていたとも考えられる。国を挙げての体制作りが始まったのは、90年代も半ばを過ぎ、製造業の海外流失が止まることを知らず、「暗黒の十年」といわれる長期不況に苦しむなか、欧米からの技術導入でなく、日本の革新的創造力・新技術に基づいた世界をリードする産業の重要性が認識されてからのことである。

その後、通商産業省のプラットフォーム構想・クラスターの育成など種々の育成策、ベンチャー資金の補助、情報提供あるいは専門家の相談など自治体や経済界も支援体制作りに努力してきた。文部科学省も国立大学の先生の兼業を認め、また大学自身も学内の蓄積を活用するためTLO、大学内ベンチャー育成会社などの体制整備を進めてきた。

しかしながら、関西の開業率は未だに低く、成功したベンチャー企業が輩出しているとは言い難い。米国と比較すると、ベンチャーにチャレンジする分母の数に大きな差があることも一因である。シュムペーターの言う「企業家精神」、意欲・気概の彼我の差が開業数に関係するが、それは教育や精神風土、文化的土壌などに影響されるところもあろう。税制、ストック・オプションなど経済制度の違いや、企業経営者などの成功者が資金、知恵、ネッ

トワーク等を提供し、有望な挑戦者を育てるなどの社会貢献に対する姿勢の差も影響していよう。

なお、我が国は成功事例が少ないとも言われるが、ボストンでのベンチャーフォーラムに於いても、ベンチャー企業がキャピタルの支援を受けられるのは、500に1つ、あるいは1000に3つの世界であり、日本と大差は無いといえる。米国でも、技術力、将来性、ビジネス・モデル、キャッシュフロー予想などに関し、専門家グループの厳しいチェックをクリアーしたものだけにスポンサーが付く。

我が国に於いても様々な支援制度の整備が進んで来たが、起業を志す者がこうした支援を活用できるかも課題である。行政への支援申請は書類作りで疲れてしまう。売り上げが立ってからの支援では遅すぎる。研究助成金を獲得しても、後払いのため資金不足のベンチャーには活用できず、補助金は大企業の子会社に集中する。ベンチャー経営者に、今もっとも欲しい支援は何かと問えば、その多くが行政や大企業が「実績が無くとも製品の質と価格」で購入してくれることだというように、支援制度のあり方も課題である。

関西に於いて、新産業あるいはベンチャーとして成長が期待されるのは、バイオ、IT、ロボット、環境、ナノテク等の関連分野であり、その育成のために地域を越え、官民を超えて様々な体制が組まれてきている。バイオについては、製薬会社、研究所並びに有力な研究者の存在などからしても、関西が世界有数の地域であるとの認識を共有するようになっている。そこで、産官学による「関西バイオ推進会議」を設立し、関西のどこでどのようなバイオ産業を育成するかのグランド・デザインを描き、それに基づき、たとえば大阪では生命科学・創薬の、また神戸にではバイオ臓器も含めた医療産業に関する「クラスター」（ハーバード大学、マイケル・ポーター）作りが進められている。

ロボットについても関西には世界的に見ても有力な大小の関連企業が多く存在している。これも産官学が一体となり、介護、癒しなど我が国独特の民生用も含めた、新たな分野での利用可能なロボット産業に関して、世界の一大中心地となるべく体制整備が行われている。IT関連についても、潜在力は高い。IT企業の集積を見ても東京‥渋谷のビットバレーが450社，秋葉原

近傍が350社程度、それに対して大阪でも、心斎橋や新大阪、南森町界隈におのおの350社程度の企業が集まっている。

　以上のように、カナダ一国を上回る2400万人の人口と様々な企業群を擁する関西が、地域一体となって連携協力し、選択と集中により特徴ある有機的なクラスターを作り、地域のブランド力を高めて行ければ、過去10年で驚くべき改革を成し遂げたフィンランドなど北欧諸国に勝るとも劣らない、新たな新産業群を育てることは可能では無いだろうか。

3.2　文化・観光の振興

　国際集客都市などの看板を掲げ、観光を地域活性化の柱の一つにしようという自治体が増えている。それは、21世紀が「もの」から「心」・「癒し」の時代に入り、人々が人生を楽しむうえで、観たり、聴いたり、味わったり、体験したりすることを求めるようになるとの考え方を背景に、文化や自然の魅力、都市の磁力に溢れたまち作りにより、日常の何倍もの消費をする人々を引きつけようというものだ。

　国立民族学博物館の石森秀三教授によると、これまで50年周期で三回の観光ビッグ・バンが起きたという。第一回が1860年代の欧州で、スエズ運河、大陸横断鉄道も含めた鉄道網など交通通信網の発達によるもの、第二回は1910年代、米国の中産階級を中心に生じたもので、自動車の普及、客船の大型化などに起因するもの、第三回が1960年代ジャンボ機の導入により、先進国発の国際観光の世界化が生じたことである。それから50年後の2010年ころには、所得水準の上昇によりアジアに於いて観光ビッグ・バン・民族の大交流時代がはじまると予想する。

　WTO（国際観光機関）の予想をみても、世界の国際観光人口は2000年の7億人が10年に10億人、20年に15.6億人に増え、これをアジアで観ると2000年の1億人が10年に2億人、20年には4億人に急増するとしている。各地で国際観光推進の様々な取り組みが行われ始めたのも、このアジアの爆発的に増加する観光客が、ジャパン・パッシングをしてしまい、我が国がパイを取りこぼすことにならないようにしよう、というものである。その観点から、アジア諸国に対する我が国のビザ政策が批判を浴びている。

3．関西再生のシナリオ◇ 195

　我が国は「観光貧国」とも揶揄される。2003年の出国日本人1330万人に対し訪日外国人は521万人であり、訪問先国としては多くのアジア諸国の後塵を拝している。小泉内閣は03年を「観光元年」として予算を増やし、自ら海外テレビでの宣伝などを行う「ビジット・ジャパン・キャンペーン」を開始したが、国際観光振興予算は40億円であり韓国の110億円、香港の80億円、カナダの130億円等にはるかに及ばない。

　これまで観光は産業としての位置づけが弱く、統計類も整っていない。WTO等では観光は世界のGDPの10％以上、雇用者の11％以上を占めるとしている。我が国では、内閣がGDPの5.4％としているが、これは波及効果も含めた生産効果でありGDPのウエイトとはいえない。観光を産業として重視し始めた理由は、宿泊、交通、飲食、文化・芸術、娯楽、出版等の情報、物販、コミュニケーション等々非常に裾野の広い業界に効果を及ぼすものであり、さらには、景観・町並み作り、交通インフラの整備など、将来の地域作りにも関係してくるからでもある。

　観光振興のためには、各地が各々の魅力・磁力を強めることが必要であるが、さらに各地がその強み弱みを認識し、観光客のニーズを把握し、戦略を共有しながら協力・補完することも必要である。関西として府県を超えて国内観光を振興しようとすると各府県の抵抗があるが、自分の地域に宿泊客をとりこみ、より多くのお金を落として貰おうとすることが全面に出た競争となるためである。04年には、魅力あるイベントを網羅した関西としての観光カレンダー作りなど、広域的国内・域内観光の取り組みが始まったが、北海道や東北が一体となって取り組んでいることも見据え、更なる連携強化が求められていよう。

　国際観光については、関西広域連携協議会が府県と一体となり、情報発信・PRの強化、関西ホスピタリティの向上、産業観光など新しい商品開発、東アジア誘客の推進など四つの戦略テーマに沿って施策を実施している。東アジアのマーケット調査ではテーマ・パーク、四季の変化、温泉、グルメ、ショッピングが必須とのことであるが、それらは他地域にひけをとらず、国宝・世界遺産などの文化・歴史も含めれば、関西は「エッセンス・オブ・ジャパン」ともいえる地域である。現状でも、JNTO（国際観光振興機

構）の調査によれば、訪日外交人の5割は関西を訪れており、国際会議の開催を観ても3割に達している。関西における観光産業発展の潜在力は高いといえよう。

経済界も観光が地域活性化の重点施策だとして、施策・ビジョンを作り、実際に関西一体となって海外に出かけてのプロモーションも行っている。また、観光関連企業・団体で組成した関西観光産業振興フォーラムでも、近畿運輸局と協調しながら「関西ホスピタリティ」や「ユネスコ世界遺産の活用」のあり方の検討などが行われ、官民一体となった体制作りも進んでいる。

観光が産業として発展し、世界水準なみの需要が出てくることになれば、関西活性化の起爆剤ともなりうる。地域の対応の是非、諸外国、他地域との比較なども含めて「観光学」の立場からも検討・研究すべきテーマではないか。

さらに関西としては、観光ビッグ・バンに対応するうえでも、関西国際空港の二期工事・二本目の滑走路の円滑な工事、関西から見た北陸新幹線、未完成の高速道路網の将来のあり方などの対応すべき課題も残っている。

文化力は人々を引きつける大きな力であるとともに、地域の誇りやアイデンティティを高めるうえでも欠くことの出来ないものである。河合文化庁長官によれば、文化力は経済力と両輪であるべきものであり、地域の力が弱まるのは文化の東京一極集中が進んでいるからだとし、03年に一極構造をただすとして「関西元気文化圏」構想を打ち出した。

地域の文化振興には自治体の支援が欠かせないが、財政の悪化でまず削減されるのはこの分野であり、ホールの不十分な活用、美術館の閉鎖も散見される。一方、企業によるメセナ予算の削減や大阪での引き続く民間小劇場の閉鎖などに見るごとく、地域文化の基盤が弱ってきている。地域の魅力を維持向上させるうえでも、文化を提供する側、それを楽しむ側、さらにそれを支える側の有機的関係を如何に構築するかが課題であり、文化政策・文化経済学、さらには文化マネージメントの面からの研究も課題となろう。

3.3 コミュニティの再生

　地方分権の推進、補完性の原則に基づく行政システムの再構築が時代の流れになってきている。EUでは国を超えた機関であるEU委員会が、欧州全体の見地からの政策を立案遂行しているが、一方でEU憲章の基本をなすのが、補完性の原則である。現実にバイキング時代を共有するコペンハーゲンとスエーデンのマルメ、あるいはピレネー山脈を跨いだバルセロナなどフランス、スペインの6都市のように、各地で、文化・伝統や経済的利害を一にする地域が国の枠組みを超えた連携を進めている。

　そうした新たな時代に、地域経営は如何にあるべきか。権限・税源が地方へ移管された場合、地域の経営力の差が住民の生活や企業活動にも大きな影響を与えることになろう。補完性の原則に立つ米国諸都市のなかで、最もホットな町といわれるラスベガスや、運河を活用して「老夫妻が再び恋に落ちる」町として再生したテキサスの古都サンアントニオなどは、地域の企業・住民が立ち上がり協力した結果である。「地域の経営力」とは行政だけに責任を転嫁しうるものでなく、その地域を経営する主体である住民や商店会・自治会・コミュニティビジネスも含めたNPO組織、企業や経済団体などが行政と協調・協力しながら、共に責任を引き受けるものであるべきだろう。

　補完性の原則に基づけば、個人で出来ることは個人が自ら行い、個人の手に余ることは家庭や近隣のコミュニティで助け合う。それでは不可能なことを税も支払いサービスを付託している市町村に引き受けて貰う。民政は小学校区か中学校区の様な人の顔の見える地域か、大きくとも基礎自治体である市町村が担当すべきであるが、家の前で猫が死んでいるから始末を行政に頼む、というのは如何なものであろう。そして、幹線交通網・大病院など広域で対応した方が合理的なものは広域自治体に、したがって、国は外交・防衛・通貨の価値の維持など国でなければ出来ないことを限定的に行うことになる。

　2002年、EUはエルベ会議に於いて経済政策は「人間生活をより人間的にする」ものとしたが、我が国の現状は「人間喪失」に陥りつつあるかと危惧される状況にあり、社会的政策も併せて対応する必要がある。崩壊したと言われるコミュニティを再生し、地域の教育力も回復し、経済的、文化的、精

神的に豊かで安心・安全な生活が可能なシステムを如何に構築するかが問われている。

　財政危機を乗り越えて、差し迫った地域の課題に対応できるのか、地方行政のあり方も糺されている。NPM（ニュー・パブリック・マネージメント）やPPP（パブリック・プライベート・パートナーシップ）手法により、公共サービスの提供主体に企業やNPOなどの民間が参画することを通して、財政コストの削減、サービス水準の向上、民間の新たな事業機会の創出が出来うるかも課題である。さらに、地域のリーダーとしての企画能力・調整能力に優れた行政担当者が生まれて来るか否かが地域経営力の格差につながろう。

　そのような行政に対する期待に応える体制と人材を確保するには、基礎自治体に一定の人口と資源が必要となる。その点からいえば、市町村合併は住民自ら地域の将来を左右する問題として引き受けることが出来るような情報公開、地域ビジョンの提示、議論が行われてきたか疑問である。戦後の50年代と比べると生活の広域化は明らかであり、アイデンティティも変化してきた。高度情報化社会も到来している。現在の利益でなく、孫の時代も見据えた長期的視点での地域のあり方が課題であり、明治・昭和の大合併の分析・反省も踏まえた我が国の「100年の計」での「くにのかたち」が問われている。

3.4　広域的連携組織の意義

　関西では90年代後半に入ると、新規産業の育成や文化・観光の振興などには各自治体だけの対応では十分ではないとの認識が高まり、府県・政令市の枠を超え、官民が互いに協力・協調しうる体制作りが始まった。

　そもそも、関西では大型プロジェクトやイベントを進めるためには、地元の官民が一体となり寄付金や出資金を提供して行うということが一般的であった。さらに、地域の活性化等のため官民、ときには学会も参加して様々な広域的協議組織を運営してきた。そのような背景もあり、関西には府県市を超えた官民の広域的連携を行う素地があったといえる。

　一方、長期にわたる不況の継続により、自治体では法人事業税が半減するなど、財政状況が年とともに悪化してきた。したがて、ホール・美術館・教

育施設・福祉施設等々フルセットで住民サービスを提供し続けることが困難となってきた。また、経済団体・企業も厳しく行ってきたリストラ努力にも拘わらず収益状況がなかなか改善せず、様々なプロジェクトや広域的団体・組織に今まで通り寄付金等を出し続けることに批判的になった。企業の中には、そのような寄付金等を一律止めようというところも出てきており、地域とフィランソロピー、企業の社会的責任（CSR）も課題となってきた。

そのような問題意識を背景に、2年間の検討の後、99年6月、2府7県3政令市とその地の経済団体が、広域的な連携を図り、様々な課題に対応することを目的として「関西広域連携協議会（KC）」が設立された。「行政がその責任に於いてやるべきことは行政自ら、あるいは行政間の連携により実施する、経済界あるいは企業自ら行うべきことは経済界が主体的におこなう、行政と経済界が広域的に協力・連携した方が総合力が発揮され効率化の進むものを関西広域連携協議会がおこなう」というのが基本前提である。

関西が活性化し総合力を高めていくためには、関西の各地がその地の歴史・伝統・文化・自然・人材・その他の資源を生かし、その優れた個性と魅力をさらに高め、同時に関西全体の発展戦略を共有して適切な役割分担と連携をしようというものであり、常設の事務局を持つ官民の広域的組織は、我が国初めてのものであった。

3.4.1 KCの具体的活動

設立当初、KCは①文化・観光　②環境　③関西の情報発信・PR　④産業・科学技術の振興　⑤防災　⑥南北近畿の活性化の部会とインフラや行政システムなどについて長期的視点で地域整備を検討する1研究会でスタートし、広域連携課題に関する調査研究・企画立案・検討調整を行い、行政の効率的施策の実施、経済の活性化を目指した。

具体例を挙げると、たとえば地域整備の研究では、地域主権の実現を目指し地方自治体の行政・財政運営能力向上のためのチェックの手法、事務事業評価のあり方、関西の水準を全国と比較する関西ベンチマークなどを作成し、基幹的インフラ整備については評価手法の検討を続けている。

観光に関しては、関西としての戦略を策定、それに基づき、東アジア戦略

をマーケット調査も踏まえて作成、ソウル、台北、香港、上海に関西プロモーション・オフィスを設置し（05年には北京にも設置予定）、旅行エージェントやマスコミとのパイプを構築、旅行商品化のための招待旅行＝ファムトリップやマスコミの取材旅行を積極的に推進している。こうした推進事業は主として自治体の予算で行ってきたが、03年末には民間が協力し、関西国際観光推進センターを設立、事務局はKCと一体化している。

　また、組織の効率化・総合化の観点から、関西国際空港開港時に設置された関西国際広報センターとも一体化した。そのインターネット・サイト「関西ウィンドウ」を充実し、歴史、文化、経済、行政、観光、イベント情報など5ヵ国語、7000頁を有する関西情報のポータルサイトに育って来ているが、04年には年間7百万件のアクセスがあった。

　防災については、阪神淡路大震災の経験も踏まえ、復興・復旧にとって広域的に民間と協力しながら行うべきこととして、観光客、通勤者が被災時に直ちにスムースに帰宅しうる「昼間人口対策」をとりあげた。たとえば大阪市には日中、他地域から200万人を超える人が流入しており、その人たちが自らの安否と家族の状況を確認しながら帰宅出来ることが、大阪市自体の災害対応を効果的にするために意味がある。そのため被災者が災害発生時にどのルートを利用して目的地に帰れるかを定め、コンビニやガソリンスタンド等ルート沿いの民間企業との協力体制作りを進めている。今後は南海・東南海地震への広域的対応が課題となっている。

　環境については適性冷房・適性暖房を徹底し地球温暖化対策の一助となるよう、「関西・夏のエコスタイル」や事業所の「エコオフィス宣言」運動などを続けている。蒸し暑い夏を背広・ネクタイ着用せずとも失礼ではないという風土作りをしようというものである。ノーネクタイ・半袖では電車内などは寒すぎる、東京では通用しないなどの声もある。この運動は中部地区でも関西と連携して始まっており、全国知事会などでも紹介しているが、環境問題に対する個々人の意識改革に繋げて行くためにも更なる運動拡大の努力がいる。

　以上のような20に余る事業は構成団体の意向を踏まえながら実施してきたものであるが、設立後6年目を迎えるにあたり「選択」と「集中」により改

めて、3本の柱からなる新戦略を策定し実施している。

3.4.2 他機関・他地域との連携

　KCの設立時、関西地域の広域連携の動きにあわせ、国としても「地方分権」を推進すべきという「時代の風」に押されたこともあり、国の支分所が横の連携をとり関西の問題を一体的に対応しようと「近畿広域連戦略会議」が設置された。参加したのは、大蔵省（現財務省）関連を除く11機関であった。そこでは、大阪のメイン・ストリート御堂筋の活性化、水都・大阪の復活、国際観光の推進、中山間地の再生により京都鴨川に鮎を取り戻すなどのプログラムが取り上げられた。これらは、地域自治体や、KC等が取り組んでいることと平仄があうものである。

　また、NPOなど地域住民が主体的に活動し地域の活性化を目指すプロジェクトをコンペし、全国的に意味のある先行事例的を近畿広域戦略会議として支援しようという「地域発まち作り」の取り組みも行われ、この選別にはKCも参画している。これまで菜種油を活用し環境に配慮したまち作りを行う愛東町、豊中市の駅前再開発、神戸市の太陽光発電を利用した低床式巡回バス、豊かな山林を活用した福井・池田町のレクレーションまち作り、自動車などを排除した情緒溢れる温泉街の復活を目指す城崎温泉等が選ばれている。

　現在、国土交通省は、次期「全国総合計画」のブロック計画については地域が主体的に策定することを検討している。04年には、国の責任に於いて策定する近畿の「社会資本重点計画」が策定されたが、それにあわせ、今後15年から20年先後の「近畿ブロックの将来の姿」作りを、近畿広域戦略会議とKCとの共同作業で行ったのは、その先魁と見ることも出来よう。

　近畿ブロック知事会とも、関西の大学や研究機関等が持つ500件を超える「技術シーズ情報などの産学官連携にかかわるウェッブ情報」、東アジアを中心とした国際観光推進事業、行政における情報化の取り組みの早期具体化・更なる改革推進のための企画など、新産業育成、国際観光、地域のIT化等での協力・委託関係が進んでいる。三重・和歌山・奈良の三県とは「紀伊山地の霊場と参詣道」がユネスコの世界遺産に登録されることに対応し、海外

へのPR，ポスター・パンフレット類の作成を受け持った。

　KCのメンバーに学会からの参加者も加え、03年から「関西分権改革研究会」が開かれている。ここでは府県連合とか道州制などの受け皿論ではなく、国と地方の役割分担、税財源のあり方などの研究を進めてきている。04年には経済団体6団体から、特区としての北海道の「道」の動きを見て、関西州（産業再生）特区の申請もなされている。

　KC構成団体である行政のトップにも、府県連合や関西州の議論を正面からすべきというものもいるが、まだその議論を行うのは早い、地域主権を体現しうるシステムをいかに実現するかの議論は続けながら、その前に関西としての一体感を高める広域的事業を強化すべし、というのがKCの新戦略の考えである。また、5年間の活動を通じて自治体の多くが広域的課題については出来るだけKCを活用すべきだという声が高まっており、関西の他の広域的組織も出来るだけ統合し総合力の強化と効率性を高め、関西州の議論が進めばKCがその母体となるような役割を担うべきと言うものもある。

　地方分権・道州制などは言われ初めてすでに40年が経過した。憲法に言う「地方分権の本旨」とは如何なる状態を指すのか。与野党とも地方分権を実現すると唱えながらも「三位一体」の財源移譲もブロック知事会や省庁への丸投げに近い。このような流れの中で、各地域でもKCのような広域的連携に向けた独自の動きが高まって来ている。

　たとえば、東北7県の「北東7星構想」、四国の「四国フォーラム」、九州・山口経済団体連合会活動などだ。そうした中から、北東北3県の連携強化、東北7県の国際観光推進の協議会、「九州地域戦略会議」の設立がみられた。これらは、KCの設立とその活動に刺激を受けた面もある。こうした活動に共通に観られるのが、住民に近い行政サービスは基礎自治体に任せるべし、生活空間や企業活動の広域化の現状を見れば、広域的課題は広域的に解決すべきということである。そして各地域が切磋琢磨し競争することで、活力が高まり、個性や魅力に溢れた住みたくなる、働きに行きたくなる地域、またその総体としての再生した日本が生まれてこよう。　　　（田中英俊）

第10章　総合政策科学とグローバル化の進展
―事業環境の観点から―

1. はじめに

　グローバル化が進む中で、企業はこれまで以上に国を選ぶ時代になった。言い換えれば、企業にとって魅力ある環境、これを事業（または企業）環境と呼んでおくが、国が事業環境を絶えず適正に整備しておかないと企業は活動の場をより魅力的な国外に移してしまう、また外国の企業も入ってこなくなる、そういう時代である。各国が事業環境の魅力を競い合って整備するという意味から、制度間競争の時代であるともいわれる。制度間競争といえば、途上国のみならず先進各国政府や州政府・自治体も長年にわたって経済の活性化、雇用の創出、地域開発などの目的から外国企業に対して競い合って魅力あるインセンテイブを整備して誘致活動を展開してきたことと似ているところがある。日本の企業はこうした外国の誘致活動の重要な対象であったが、わが国自身は国も自治体も最近まで、まったくといって良いほど外国企業を意識した環境の整備、誘致活動をしてこなかった。

　わが国は、高度成長の成功体験が染み付いていて、外国企業の誘致はむろんのこと、経済・社会システムの見直しが遅れ、長期低迷から未だに脱却するシナリオは描ききれていない。産業界のリーダーは構造改革の緊急性を強調し、「日本は改革を避けてきた結果、国際社会の中で周回遅れのランナーになってしまったのではないか」と述べている[1]。日本の経済社会がグローバリゼーションの進展はじめ、国内外の環境変化に柔軟に対応していくためには構造改革が避けて通れない。改革の一つに、企業が創意・工夫を最大限

1）　日本経済団体連合会奥田　碩会長の「東富士フォーラム」（2003.7.24）における発言）

発揮できる環境―事業（企業）環境―を十分魅力的なものに整備すること、そして日本が内外の企業から選ばれるようにすることが重要である。以下では、事業環境の改善につながる制度改革の主な動き、課題を取り上げる。

2．事業（企業）環境のイメージ

　ここで事業環境について一応のイメージを摑んでおきたい。事業環境とは、企業が与件として受け入れるもの、むしろ影響を受ける制度的な環境であって、個々の企業の経営努力などの埒外にあるものである。また景気や経済成長といった経済環境も事業環境の対象に入れない。因みに、政府は、「今後の経済財政運営及び経済社会の構造改革に関する基本方針」の中で、資本や労働などの経営資源が市場を通じて成長分野へスムーズに動いていく、流れていくようにすること、その担い手である企業の事業環境を整えること、これを妨げている制度・仕組みを変えることとしている。

　事業環境の具体的な内容としては、①新製品を開発しても、あるいは技術進歩など広い意味でのイノベーションの機会があっても過剰な規制などにより十分な活用ができないでいるか、事業参入に制約がないか、新規事業の立ち上げが容易か、官業が民業を圧迫していないか、②法律・制度や税制が企業の行なう迅速かつ適正な集中と選択にとって障害となっていないか、つまり企業が企業価値の増大を目指して経営革新を積極的に進めていくための条件が整備されているか、③日本の企業が海外で安定した事業活動が行なえる状況になっているか、全体として、日本が外国の企業にも選ばれるほど魅力的な環境といえるか、などである。

3．規制改革、構造改革特区、官製市場の民間への開放

3.1　規制改革[2]

　規制は、様々な目的から経済活動、日常生活の隅々にまで深く入り込んで

---

[2] 環境対策のように総じて規制が強化されるものもある。しかし環境規制といえども簡素合理化など絶えず見直しが必要である。たとえば、リサイクルを促進するという新しい事態に即

表1　90年代以降の規制改革の経済効果（2002年度分）

	規制改革による 経済効果(億円)	主要措置事項
移動体通信	17,205	参入規制・料金規制緩和携帯電話 売切り制導入
トラック	38,763	参入規制・料金規制緩和
電力	24,811	大口市場への参入自由化等
米	11,709	新食糧法の施行
11分野計	143,338	(対名目所得比3.9%)
国民一人当たり	11万2千円	

（内閣府「90年代以降の規制改革の経済効果」より）

いる。そして、規制はそれぞれ時代背景に対応して導入されてきたものである。従って、時代の変化にあわせて絶えず見直しをしていかねばならないものである。例えば、グローバリゼーションの牽引力の一つである情報通信技術の進展は社会に大きな変革をもたらしつつある。現に、長年ライフラインの核であった電報、固定電話の役割はすっかり変質した[3]。

電電公社は民営化・分割され、わが国は遅ればせながらも電気通信事業の自由化・規制改革を進め、企業参入は活発に行われるようになった。利用者の利便性は格段に向上し、利用料も著しく低下した（表1参照）。今もなお情報化社会（ユビキタス社会—いつでも、どこでも、誰でも情報技術サービスの恩恵を受けられる社会）に向かって様々な変化がおきており、ニーズに対応もしくはニーズを先取りする様々なビジネスが生まれている。これに合わせて規制の見直しも行われている。また、そうでないと、せっかくの新技術も新しいサービスも活用されない。

わが国における規制改革の必要性は早くから内外において認識されてきた。特に広く国民の関心を集めた土光臨調（第二次臨時行政調査会）を皮切

　　して廃棄物処理法の一部改正が行なわれている。また、地球温暖化対策として最有力視されている燃料電池の開発・普及には、燃料の水素ひとつとってもその貯蔵・輸送はじめ規制の見直しが避けて通れず、検討が続けられている。

3)　郵政公社の民営化議論の中で、郵便事業をユニバーサル・サービスの観点から民営化に反対する議論があるが、たとえ過疎地であっても郵便の今日的役割は変質し、著しく低下している。郵便局が世界最大の貯金・保険事業を平行しておこなっていることが問題を複雑にしているが、郵便局のみが郵便事業を維持し続けなければならない理由はあまりないように思われる。

表2　日本経団連規制改革要望事例

・派遣労働者への雇用契約申込み義務の廃止
・女性の坑内労働の禁止規定の見直し
・確定給付企業年金における加入者範囲の見直し
・住居系用途地域における共同住宅の附属駐車場の面積制限及び階数制限の緩和
・工事現場における現場代理人「常駐」の定義の明確化
・輸入完成LPガス自動車に関する相互承認制度の導入
・公的個人認証サービス制度の利便性向上
・地方公共団体の保有する財産に係る信託の容認
・サービサー法における商号規制の緩和
・大量車輌登録変更のための特例措置の実現
・休止中の火力発電所における主任技術者不選任の容認
・外国企業との契約に基づく専門的・技術的分野の外国人の受入に係る在留資格の整備
・指定管理者の指定を受けた営利法人への地方公務員の派遣解禁

(「2004年度日本経団連規制改革要望」(2004・11より抜粋)

りに中曽根内閣以降歴代の内閣は、濃淡の差はあれ、例外なく規制緩和・規制改革に取り組んできた。

　その背景として、戦後の産業政策が政府の介入を前提とした個別対策が中心で企業の自主的な活動が阻害されてきたことの認識、企業が力をつけ政府の指図を必要としなくなったこと、また繰り返された欧米諸国などとの通商摩擦や円高による内外価格差の拡大、そして何よりも国内市場を自由で公正な市場にしていかないと激化するグローバルコンペテイションについていけないとの認識が広まったこと、などがあげられる。その結果、経済的規制のみならず、社会的規制を含む事前規制の事後規制への移行、簡素化・合理化が進み、事業分野では製造業を中心に規制改革は進んだ。そして、全体として企業のビジネスチャンスは広がり、製品・サービスの多様化、コストの引き下げ・価格の低下が進み、需要家、消費者の厚生は高まった。

　とはいえ、いまもなお規制改革の必要性が強調されない日はない。規制は技術進歩、需要の変化をはじめ、経済社会の動きに合わせて絶えず見直すべきものであるから当然といえば当然ではある。しかし、他方で改革には大きなエネルギーを必要とするためになかなか進まない面がある。一般に、規制によって守られている直接の受益者、関係する役所、それに政治家等が加わって既得権を守ろうとし、そして国民の健康や安全、さらには社会秩序やセ

ーフティネットの維持に規制の維持が不可欠といった議論のなかで改革はスムーズに進まない。折りに触れ弊害が指摘される縦割り行政が事態に拍車をかけている（保安四法のメモ参照）。その結果、規制そのものにとどまらず運用の改善を求める規制改革要望が産業界などの関係者から政府に提出されることが常態になっている。日本経団連は政府の規制改革要望受付に合わせて産業界を代表して会員企業アンケート調査をもとに毎回毎回多くの要望を政府に提出し、その実現を働きかけている。

> メモ　石油コンビナートに関わる保安四法の規制改革
>
> 　石油コンビナートは災害が発生した場合の被害が大きくなる可能性があることから、消防法、高圧ガス保安法、労働衛生安全法、石油コンビナート等災害防止法のいわゆる「コンビナート保安四法」に基づく保安規制が課せられている。その結果、ひとつの設備に対し複数の法令による規制が課せられ、許可申請、完成検査、検査記録の作成・保存が重複するなど企業の負担は大きい。こうした事態に対し、石油・石油化学業界など関係業界は関係省庁（現在は経済産業省、厚生労働省、総務省）に長年にわたって、四法を整理統合し一本化して欲しいと要望してきた。しかしながら、一本化は関係官庁の整理を意味すること、しかもこれら官庁を調整する機能が欠如している現状では実現可能性は極めて低いとの判断が働き、絶えず底流に不満を持ち続けながら、いまや一本化要望の提出を諦めている。かわりに、現行の法体系を前提として、法律ごとに、言い換えれば、それぞれの省庁に要望を提出し一定の成果を挙げることで満足してきた。
>
> 　一例として、検査周期の延長問題を取り上げてみよう。関係業界は一定の寿命管理技術を有する事業所については、検査周期を法令で一律に規定せずに自主的に決定できるようにすべきという要望をしてきた。その結果、高圧ガス保安法では平成9年、労働安全衛生法では平成14年（連続運転最長4年）に寿命予測に基づく検査周期の延長（自主的決定）が認められた。また、検査機関の民間への開放要望に対し、高圧ガス保安法に基づく完成検査・保安検査につき平成9年以降、労働安全衛生法については平成16年3月以降株式会社を含む民間検査機関に開放されている。
>
> 　石油コンビナートの安全確保は何にもまして重視すべきことは当然である

> が、安全管理技術が格段に進歩した今日、検査ひとつとっても検査方法の改善、検査周期の延長、検査主体の民間への開放、それも法律ごとに行うのでなく共通するものは一本化し、重複検査を排除するとともに簡素合理化を図る必要がある。しかし、前述の通り縦割り行政が堅固な現状では関係官庁の整理・合理化を伴う保安四法の一本化は大変なエネルギーを必要とすると見られている。関係業界は、今後も止むを得ず個別の法律にそって保安規制の簡素・合理化を求め、あわせて手続きの整合化（重複、類似の各種申請・届出書類様式の統一化等）、検査機関等の要件の共通化・相互乗り入れ・審査結果の共通部分の審査免除、完成検査や技術・設計基準の整合化など実務的な規制改革を目指していくことになろう。

3.2 構造改革特区制度

　医療・福祉、教育、農業など規制改革の進まないまたは不十分な分野への突破口の一つとして考えられたのが構造改革特区制度である。全国一律の規制改革の実現が難しくても地域の特性を生かした自治体、民間事業者の発案に対し、規制の特例を認める区域を特区として認定し、地域の活性化につなげようというものである。また、特例措置が成功を収めれば全国的規制改革につなげることもできるという狙いもある。

　これまでに特例措置が認められた特区の中には、市町村による社会人等の教員採用、英語の授業の実施（教育課程の弾力化）など直接ビジネスの拡大につながらないものもあるが、国際物流関連（臨時開庁手数料の軽減、税関の執務時間外における通関体制の整備）、農業（貸付方式による株式会社等の農業経営への参入）、産業活性化関連（電力の特定供給事業の許可対象拡大、石油コンビナート施設のレイアウト規制の緩和）、医療・福祉（株式会社による病院経営ならびに特別養護老人ホームの解禁）、新エネルギー・リサイクル、産学連携（外国人研究者の受け入れ促進）、教育（株式会社による学校経営の解禁、校地・校舎を所有しない大学の設置）など企業活動の幅を広げる規制緩和の特例は多い。更に、これら特例の中にも農業など全国的規制緩和への移行が期待されている分野もある。

もっとも、特区制度は従来のように財政支援などを梃子に国がモデルを示すなどして推進するのでなく、地域自ら自分の責任において知恵を出し工夫をし、かつ地域の間で競う性格のものである。ただし、特例措置の中には規制緩和が不十分で利用が進まない―たとえば、ワインの原料となるブドウの直接栽培を行う農地の借地面積規制のため中小事業者の参入が困難である、病院の混合診療が認められない、などの指摘もあり、規制緩和の推進とともに特例措置自体の見直しも必要になってこよう。

3.3 官製市場の見直し―民間への開放

これまでの規制改革により、産業活動に関係の深い分野では市場はより競争的になり企業が創意工夫を発揮しやすい環境は整いつつある。しかし、国や自治体がサービスを提供している分野およびサービスの提供主体が一定の法人等に限定されている公共関与の強い分野、医療・福祉・教育・労働・農業等国民生活に密着したいわゆる社会的分野における民間への開放はきわめて限定的である。政府の規制改革・民間開放推進会議（規制改革・民間開放推進会議の中間報告 04・8・2）はこれらの市場を官製市場と呼び、当面別表3の6類型について、抜本的に官業開放を推進したいとしている。

その考え方は、官製市場分野においても、行政は民間（企業）にはできない一部のサービスを除いて民間が出来る（効率が良い）ものは民間に任せる、いわゆる「官から民へ」を実現しようというものである。政府は、平成16年度から国・地方公共団体の事務・事業の民間への移管、公共施設などの民間による管理・運営、利活用、運営主体に制限があるなど公的関与の強い市場および公共サービス分野への民間参入という、官製市場の「民間開放」に関する要望についても受け付けることになった。

これまでも民間開放がなかったわけではない。政策判断の余地がまったくない検査・検定など、役所の外郭団体等に独占的に扱わせてきた分野でも民間に部分的に開放をしたケースはある（保安四法メモ参照）。しかし今回のように明示的かつ包括的に取り上げられることはなかった。また、社会資本の整備について、財政難を背景に、競争入札で民間の資金、経営能力、技術力を公共施設の管理・運営に活用するPFI (Private Finance Initiative) 制度も

表3　官業6類型と開放についての考え方

	開放についての考え方	検討事項例
①給付、徴収業務	・基本的には給付基準・税率等に基づき機械的に決定される処置であり、民間開放可能	国税・地方税等の徴収、年金業務等
②公的施設等の整備・管理・運営	・公的宿泊施設等については早期に廃止または民営化 ・その他公的施設についてもPFI、指定管理者制度のより一層の活用	宿泊施設、庁舎、宿舎、情報通信システム、行刑施設等
③登録等に係る業務	・基本的には政策判断が入り込む余地はなく、民間開放可能	車庫証明、登記・公証事務、工業所有権登記、自動車登録等
④統計調査、製造等	・公務員により行われなければならない必然性はない為、一定の要求水準を示した上で、当該水準を最も満たすものが行うべきもの	統計業務、貨幣・紙幣製造、白書等の製造、酒類研究等
⑤検査、検定等	・許認可等に係る審査・検査・検定等については、当該審査項目に政策判断の余地がないものについては民間開放の対象 ・その他の検査・検定等についても可能な限り競争原理を導入する観点から民間開放	医薬品等の製造等に係る承認審査業務、宅建免許審査、基準器検査、動植物検疫、電波監視等
⑥その他の事務・事業	・民間開放された事務・事業と類似なものは重点的に民間開放を推進 ・独立行政法人の行う業務・事業については遅くとも最初の中間目標期間終了時までに必要な検討を実施	物損事故処理、職業紹介業務、航空管制業務等

（規制改革・民間開放推進会議の中間報告2004. 8. 2より）

導入されている。さらに、指定管理者制度の導入により公の施設につき利用料金を含め管理・運営の委託先として一般民間事業者にも開放された。もっとも、民間開放といっても制度上の制約があり、限定的なものではある。法律で管理主体が国や自治体と規定されている公共施設の場合、建物の整備・運営など一部を民間が担当するにとどまっている。

　民間開放について検討する際、そもそもサービスの提供も含めて管理主体が国や自治体でなければならないか、殊に、公権力の発動など官で行わなければならないものでも公務員でなければならないか、吟味が必要である。先

行例としては、民間人が駐車違反を取り締まることが出来るようになった道路交通法の改正がある。公権力を発動する民間人に守秘義務を負わせ、違反すれば罰則を科す、更に、公務執行妨害類似の規定を設けるなど、みなし公務員規定を適用する方向で解決できるのではないかという考えである。要するに、「民でできるものは民に」の考え方から、役所と企業が対等の立場で競争入札（市場化テスト）に参加し、国民に価格や質の面で良い提案を行ったものに任せようということである。米英などの経験が参考になる。成功への鍵は、コストのみならず質の点でいずれが優れているかを判定する仕組みの構築である。官による独占の弊害除去がそもそもの狙いであり、民間への開放によってただ単に特定企業が市場を独占するようなことがあってはならないし、サービスの質の低下が生じることのないような工夫も必要である。官庁が公権力の行使にあたるとして独占してきた公共サービス部門であり、これまでと比較にならない強い反発が予想されている。さしあたり、法制度の整備に加えモデル事業を選定・推進し、実施の過程で問題点を洗い出し、対応策を講じつつ本格導入を目指す方向で進められる見通しである。

4．会社法制改正・整備

　企業は様々な法制度によって律せられているが、その中心となるものとしては、商法と税制、そのほか証券取引法、会計制度、独占禁止法などがあげられよう。ここでは、事業環境の改善という観点から主として商法改正に焦点を当てる。

4．1　商法・会社法制改正

　バブル崩壊後の打ち続く不況、とりわけ深刻な金融不安に直面し、産業にいかに活力を取り戻すかが政策の最重要課題となり、対症療法的かつ裁量的色彩を有する法整備がいくつかなされた。産業活力再生特別措置法、これに関連した株式会社産業再生機構法、新事業創出促進法の制定である。また、不採算部門の整理に関連して和議法に代わる民事再生法の制定、会社更生法の改正も行われた。

しかし、なんと言っても企業経営のインフラである商法の改正・整備が急がれた。そもそも、株式会社の本来の役割は利益追求を通じて社会を豊かにすることにあるが、わが国ではそうした認識が稀薄であると同時に度重なる企業不祥事から経営改革の促進につながる改正にたいする抵抗感が強かったからか（議員立法による改正（メモ）参照）会社法の整備はアメリカ、ヨーロッパ諸国に遅れをとるところとなった。近年になり国際競争の激化する中で企業再編・再生という差し迫ったニーズに後追いという形で近年法改正・整備が急速に進んだのである。

　右肩上がりの経済にマッチしたビジネスモデルに訣別し、得意分野に経営資源を集中し、足らざるを補い不得意分野は切り離す新しいビジネスモデルの構築、いわゆる集中と選択のための事業再編の必要性への対応である。企業グループの再編成では独占禁止法が改正（平成9年）され、純粋持ち株会社が解禁になった[4]。商法の改正では、まず、合併手続きの簡素・合理化（平成9年）が行われ、報告総会および創立総会の廃止、簡易合併制度の創設などが実現し、持ち株会社の設立をうけての企業組織の変更が容易かつ円滑に行われるよう株式交換および株式移転の制度が導入（平成11年）され、会社分割制度（平成12年）も創設された。株式交換・株式移転の制度の創設によって親会社が子会社の発行した株式のすべてを保有する完全親子会社関係の構築が容易になった。会社分割制度の導入によって、会社がその営業の全部または一部を他の会社に承継させる事も円滑に出来るようになった。このほか、平成元年以降、累次の商法改正において、会社の設立に関する手続きの簡易化、資金調達面ではCPの発行・ペーパーレス化、社債制度の改正（発行限度規制の撤廃）や優先株式の発行手続きの合理化、また自己株式（金

---

[4]　持ち株会社の禁止は、戦前、絶大な経済力と政治力を持った財閥解体の主要手段の一つとして、また類似の私的独占を予防するための規制として位置づけられてきた。しかし、持ち株会社の解禁は経済界の長年の悲願であった。持ち株会社が欧米で経営の効率化を担う重要な手段の一つとして活用されてきたのに対し、わが国企業はグループ経営の長所を十分に活かすことが出来ない、国際競争上不利な立場に立たされているとの見方を強めていたからである。低迷する経済を背景に、事業支配力が過度に集中しない範囲で持ち株会社は解禁された。これが金融持ち株会社の解禁、さらに一般の事業会社によるグループ経営に持ち株会社の利用を容易にする株式交換・株式移転、会社分割制度の新設などの商法改正につながっていったのである。

庫株）の取得制限の緩和、従業員等へのインセンティブ付与のためのストック・オプション制度の導入・改善、IT活用のための改正も行われた。

　これらの改正の中には税制面からも手当てがなされないと活用されないものもある。企業再編税制の導入により、合併、分割、株式の交換・株式の移転などに関わる税制上のデメリットは概ね除去された。ただし、連結納税制度については、税収減をカバーする狙いから付加税が2003年3月期まで課せられたため本格的な活用は遅れた。

　上述の一連の制度改正により、わが国の会社法制は経営革新を進める上での大きな障害は取り除かれ、現に、合併や事業分割、持ち株会社化などが活発化している。残る課題については、会社法制改革の総仕上げとして、平成17年の通常国会に提出が予定されている会社法案に概ね織り込まれると見られている。その主なポイントは第一に、組織再編にかかわるもので、株主総会の特別決議が不要な簡易組織再編の範囲の拡大、略式組織再編制度の導入である。第二は、日本型LLC（Limited Liability Company―出資者の有限責任、法人格、内部規律の柔軟性の実現―）の導入である。第三は、会社設立の容易化にかかわるもので、最低資本金制度の撤廃、会社機関の設計の柔軟化である。これら改正のなかには条件つきながら新事業創出促進法[5]、産業活力再生特別措置法に既に制度として存在するものが多い。

　経営の自由度を高める定款自治・当事者自治の拡大の流れの中で経営者に対する監督の強化策も整備（規律ある経営を目指す企業統治への改革）された。株式会社などの大規模会社法制の改革の世界的傾向は、資金調達方法、株主への剰余金分配手続き、組織再編手続き等の事項について当事者の選択の余地を拡大するものであった。と同時に、監督機関（取締役会、監査役会、会計

---

[5]　日本のベンチャーブームはこれまでに何度か起きており、振興策なども講じられてきた。バブル崩壊後は経済活性化の手段としての期待から、ストックオ・プションやエンゼル税制の導入、最低資本金制度の事実上の撤廃、大学発ベンチャーの育成（国立大学の独立行政法人化等による産学連携の推進）、技術開発費の拡充、国のみならず地方自治体やコミューニテイレベルでの活発な動き、民間の支援組織などなど、支援策や周辺の環境は格段に充実してきた。一定の成果が上がりつつあるように思われるが、一般ベンチャー等の起業はこれからの感がぬぐえない。制度改正や政策面からの支援拡大も重要であるが、肝心の新規事業の核となって、実際にビジネスを立ち上げようというチャレンジ精神の旺盛な人材が限られていることが当面の最大の課題のように思われる。

監査人等）による経営者の監督を強化してきた。わが国でも平成13年・14年の改正がそれであり、当事者の選択の自由の拡大に対するチェック機能の整備であった。ただ、一連の制度改正の中で委員会等設置会社と監査役設置会社との間における利益処分権限の所在および取締役の責任要件の差異が顕在化した。そこで、現在検討されている会社法の中で制度間の不均衡は是正される見通しである。利益処分権限については、取締役の任期を1年とする等一定の要件を満たす場合には、監査役設置会社についても、委員会等設置会社同様、取締役会決議で利益処分が可能となる見込みである。また、取締役の責任についても、違法な剰余金分配、利益相反取引、株主の権利行使に関する利益供与にかかる責任について、委員会等設置会社同様、過失責任とされる。

なお、経済界が経営者に対する行き過ぎた責任追求は経営者の気持ちを委縮させるとして強く見直しを求めてきた、取締役の責任を最大2年まで制限できるようにすること（現在は、代表取締役について、6年まで、社外取締役以外の取締役について4年までしか制限できない）については、改正されない方向である。また、株主代表訴訟制度に関して、株主全体の利益とならない株主代表訴訟については、裁判所が却下できるようになる見通しである。

メモ　議員立法による改正

　経済の活性化の一助として毎年のように会社法が改正されてきたが、ここで日本の社会の変化の一端をあらわしていると思われる点に触れておこう。商法などの基本法の改正などについては元来法制審議会の学者の専管事項とされ、議員立法（審議会の決定を受けて政府提案として国会に提出され成立する法律に対して、議員提案として国会に提出され成立する法律）はなかった。しかしながら、1997年には、学者による議員立法反対も世論に逆らえず、ストック・オプションと利益による株式消却特例法が議員立法で成立、これを境に議員立法による商法の改正が活発化した。その後、法制審議会の改革が進むこととなった。商法を審議する法制審議会の法制部会は年2回開かれるだけで、その間の審議はその下の小委員会に委ねられていた。その結果、部会のメンバーでも小委員会に参加していなければ審議の模様がわからない仕組みになっていた。法制審議会および実際に審議会を牛耳る法務省は、内外の批判に応えて立法のスピード

化をはかり、部会をフラット化し、委員構成も経済実態の声が反映するよう経済界をはじめとする一般国民が参加するなどの改革を進め、過去に例をみないスピードでその後の商法改正を実現していく。この間、経済実態をバックに経済界が動き、立法府も政府も産業競争力会議、産業再生会議を通じて動いたことが改正の推進力になったのは言うまでもない。

　このように、審議会・法務省が動かないために議員立法が実現し、それが刺激になって経済実態に合わせて改革が進んだことは評価されて良い。ただしその後、人員の手当ても含めて法務省における立法体制が強化されている点は若干気になる点である。強化自体に問題はないが、今日では議員立法も法務省の意向で進んでおり（言い換えれば、衆参両院の法制局も含めて議員の立法体制が不十分ということであり、経済界ほか民間が支援体制を強化すべき問題であるが）、終わってみればまた官（行政府）優位・官主導の世界に後戻りをしているのではないか、というものである。

4.2　商法改正と会計制度

　商法等の改正により経営の改革が容易になったことにあわせて、情報開示の強化、会計ルールの整備など、会計基準も整備されつつある。企業活動がますますグローバル化する中で、会計制度を国際的に通用するものにしなければならないという要請もあった。日本の旧会計基準は国際的に相当おくれをとっているとされ、この会計基準に沿って作成された財務諸表は信用できないとまで云われることもあった。新会計基準の導入によって、関係会社を利用した粉飾決算が行ない難くなった（企業グループの実態が連結情報の開示により明らかになる）。株式や土地はじめ企業が内部に抱えていた「含み損」は、時価会計・減損会計・退職金会計を通じて表面化する、連結グループの形態による納税コストの差が解消する、税効果会計・研究開発費に関わる会計処理による財務状況の適正化などなど、企業経営に大変革を促している。いままた「エンロン事件」を契機にあらためて会計基準の国際標準化作業が行われている。更なる基準の変更が予想される。厳しい経済情勢が続く中で「日本的経営」からの脱却は多くの困難を伴うものである。しかし、新しい会計制度に適応することで、経営者、投資家双方にとってより適正な、しか

も国際比較が可能な経営評価材料が確保される。新しい基準は情報開示など規制強化の側面があるが、国際社会における信頼性向上のメリットは大きい。会計・監査は企業の財務情報の信頼性を保証する制度である。わが国の実情にあわせて公認会計士法の改正で監査法人を監視する公認会計士・監査審査会が発足している。

5．法人税制の改革

5．1　法人税の引き下げ

　企業活動のグローバル化の進展のもと、1980年代の欧米では経済の再活性化が重要な論点となった。政府が大きくなりすぎで税負担が重くなり、貯蓄や企業の設備投資に対する抑制効果が働いているとの認識が強まり、英国のサッチャー政権や、米国のレーガン政権に代表される法人税制改革が一つの流れとなった。すなわち、企業が国を選ぶ時代に、企業を「富の源泉」として重視し、投資や企業活動に配慮して法人税負担の軽減をすすめたのである。

　これに対し、わが国では、バブル崩壊後1990年代後半になって国際競争力の低下、産業の空洞化を背景にようやく税制見直しの気運が起こった。諸外国に比べて重い企業の実質的な税負担が企業の税引き後の収益率を低下させている、それが日本における企業行動にマイナスの影響を与え日本経済全体の生産性の低迷の大きな原因である、これは是正しなければならない、ということになった。事実1998年度税制改正を皮切りに実効税率の軽減が図られ、今日では　実効税率については主要欧米各国の水準に近づいてきた。（図1参照）

　産業界は更なる引き下げを求めるとともに、引き下げが真に効果を挙げるためには、減価償却制度の見直し（償却限度額の引き上げなど）、受取配当金の益金不算入制度の見直し、欠損金の繰戻還付制度の復活など、そして土地に係わる固定資産税の負担水準の引き下げなどが必要と指摘している。また、グローバル経営の実態にわが国の国際租税制度が見合っていないとして、外国税額控除制度、タックスヘイブン対策税制、過小資本税制について

5. 法人税制の改革 ◇ 217

図1 法人所得課税の実効税率の国際比較

```
           9年度以前  10年度   11年度以降  16年度以降
法人税率： 37.5%  ⇨ 34.5%  ⇨ 30.0%  ⇨ 30.0%
事業税率： 12.0%  ⇨ 11.0%  ⇨  9.6%  ⇨  7.2%
住民税率：法人税額×17.3%
```

(連邦法人税率：35%)　(法人税率：25%)
(州法人税率：8.84%)　 営業税率：19.25%
　　　　　　　　　　　 付加税率：法人税率×5.5%

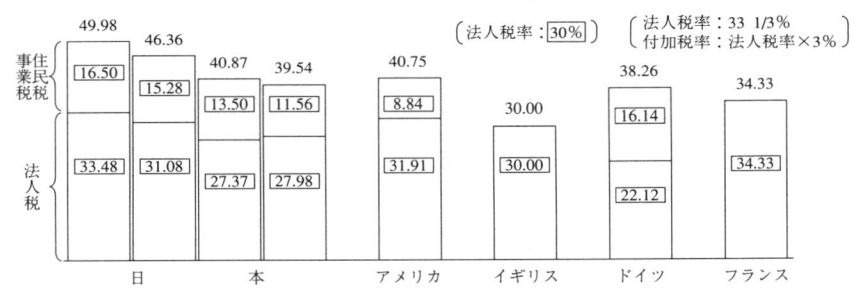

(法人税率：30%)　(法人税率：33 1/3%)
　　　　　　　　　 付加税率：法人税率×3%

	日本				アメリカ	イギリス	ドイツ	フランス
	49.98	46.36	40.87	39.54	40.75		38.26	34.33
事業住民税	16.50	15.28	13.50	11.56	8.84		16.14	
法人税	33.48	31.08	27.37	27.98	31.91	30.00	22.12	34.33

注、諸外国については、2004年1月現在
出所：財務省

の適正化を求めている。なお、日米租税条約が30年ぶりに改正され、一定の親子間配当の源泉非課税措置の導入など日米間の投資交流促進に寄与するものと期待されている。中国、韓国をはじめとするアジア諸国との条約改正に対する産業界の期待は大きい。

5.2 重い社会保障負担

今後の企業経営にとり税負担以上に重い足枷は、増加する年金・医療の民間事業主（社会保障費）負担である。実際、法人税率をはじめとする法人課税は軽減されたが、社会保障費については年金・医療等に対する抜本的な改革が行われてこなかったために、民間事業主負担は法人所得課税（法人税、法人住民税、法人事業税の合計）を上回っている。因みに、2000年度では、前者が23.2兆円、後者が18・7兆円である。今後とも、社会保障費の伸びは国民所得の伸びを大幅に上回る事態が予想されている。

社会保障の問題は給付と負担のバランスの問題であるが、国の財政が危機

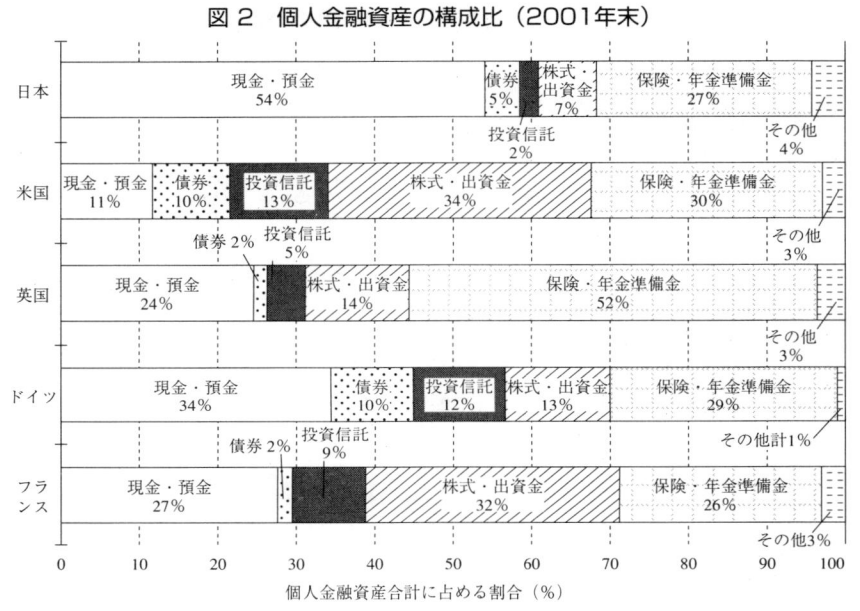

図2 個人金融資産の構成比（2001年末）

国	現金・預金	債券	投資信託	株式・出資金	保険・年金準備金	その他
日本	54%	5%	2%	7%	27%	4%
米国	11%	10%	13%	34%	30%	3%
英国	24%	2%	5%	14%	52%	3%
ドイツ	34%	10%	12%	13%	29%	その他計1%
フランス	27%	2%	9%	32%	26%	3%

個人金融資産合計に占める割合（％）

出所：日本銀行

的状況にあることから、財政、税制も含めて、全体として長期的に持続可能な制度を確立する中で解決していかねばならない。しかしながら、企業の立場からすると、年金や雇用保険料の負担増に対する対抗策として、人件費の削減はもとより、雇用（正社員）の圧縮を通じて負担の軽減をはかる、場合によっては国際競争力を維持するために海外に活動拠点を移すという選択をするケースも生じてこよう。

メモ　資金調達手段の多様化、リスクマネーと税制

わが国は預貯金を優遇してきたこともあり（郵便貯金はその際たるもの）、家計が保有する株式や債権の割合は欧米主要国と比べて著しく低い。（図2参照）企業にとって、適切なリスクマネーが利用できることは資金調達の選択幅の拡大を通じて機動的・積極的な経営が可能になる。個人投資家にとっても、ニーズに応じた資金運用の幅が拡大する。そこで、最近の税制改正では「貯蓄から

投資へ」の考えに沿ってリスクマネーの供給促進にも配慮している。資本から得られる金融所得を一括して捉え、リスク商品への投資等で生じた損益を、様々な金融商品との間で相殺（通算）することを可能とする金融所得課税一元化の方向性を打ち出した。まずは、株式譲渡益、株式投信、配当について、確定申告を要しない簡素な課税の仕組みを導入、さらに政策的判断から5年間に限って預貯金より有利な10％への統一や投資による利益と損失を相殺して課税する損益通算の一部拡大などの改正を行なった。政府は、引き続き、金融・資本市場における規制改革や投資家保護の適正化、納税者背番号制の導入とともに金融所得課税一元化の推進に向けた検討をおこなっている。

6．空洞化と対内直接投資

　中国経済の目覚しい発展などから日本経済の空洞化を心配する声があがっている。一般に、輸入の拡大や工場の移転（生産拠点のシフト）など海外への直接投資による国内産業の空洞化（雇用の喪失）はある程度さけられない。輸入や国外への工場移転等を取り上げるまでもなく、国内でも産業構造の変化・高度化の過程その他の原因で産業や地域に空洞化現象がしばしば見られる。問題は海外への投資が行われた理由は何か、また、空洞化が実際に生じたとして、その空洞化を輸出の拡大（例えば中国への部品や資本財、機械の輸出拡大）、海外からの直接投資、あるいは新産業の登場（新たな需要創出）等によって埋められる見通しがあるかどうか、である。

6.1　高コスト構造、国内物価高と空洞化

　90年代に入ってわが国の海外直接投資は拡大したが、自動車やハイテク産業などの競争力のある企業、加えてこれら企業の取引先（部品・材料メーカー等）の投資、さらにわが国への輸出（逆輸入）を狙った投資が目立つ。これら投資の原因の一つに、わが国の高コスト構造と国内物価高がある。特に、1ドルが100円を割って、90円・80円と円高が進んだ90年代半ばには、「1ドル百円で輸出できるわれわれ製造業がいくら踏ん張っても、1ドル百

六十円の国内産業その他規制に守られた産業や高い公共サービス（料金）に足を引っ張られて、利益も出なければ従業員の生活も国内物価高（内外価格差の拡大）で楽にならない。これでは海外に出て行くしかない」といった趣旨の発言が経営者からしばしば聞かれた。戦後の復興とそれに続く高度成長期においては有効であったあるいは問題として顕在化しなかった規制、政府の行過ぎた介入、公的関与の強いセクターの非効率等々が、グローバル化の進む中で、輸出主導型産業や世界市場で熾烈な競争をしている経営者の注目を集めるようになったのである。その後、高コスト構造対策、規制緩和が進んだ[6]。

企業が国を選ぶ時代であるから、その経営資源の有効活用を目指して海外に事業を展開するのは合理的である。わが国の企業が外国を選ぶように外国の企業にわが国も選ばれるのである。その点、わが国は対外直接投資が対内直接投資を大幅に上回っている。海外の企業にとってわが国は投資対象国として魅力に欠けていると言える。

6.2　対日直接投資の推進

少ない対日直接投資はストックでみてもフローで見ても一目瞭然である。（図4、5参照）対外直接投資と対内直接投資がバランスしなければならない理由はない。しかし、日本のアンバランスは異様とさえいえる。一般に、途上国は外国の資本、経営ノウハウ、技術、人材を積極的に導入して発展を図っており、対内直接投資が対外直接投資を大幅に上回っている。日本は後発先進国であることからするとストックベースの対日投資が対外投資を上回っていても不思議ではない。先進国では対外直接投資が対外直接投資を上回る傾向にあるが、アンバランスは日本と比較にならない程小さい。日本は、投資の利点を海外に与えるばかりで（対外投資の利点もあるが）、自らは享受し

---

[6]　国内向け製造業、国内サービス業が非効率で、国内雇用の10％を占めるに過ぎない輸出主導型製造業が実は日本経済を牽引してきたということを説明する資料として McKinsey Global Institute の次頁の図3が良く使われる。

　　事業環境を悪化させている高コスト構造については、その代表格としてよく挙げられるのが、電力料金や港湾・空港使用料などのインフラ関連サービスで、その後の自由化で利便性向上措置が講ぜられつつある。

ていないとも言える。先進国でも、ウインブルドン現象の国と揶揄される英国は、サッチャー政権以後事業環境の改善に力を入れ、海外からの投資を積極的に受け入れて成果を上げている。より最近では、アイルランドが法人税の引き下げなどのインセンテイブとEUの地域開発プログラムを駆使して外国企業誘致に成功し経済は活況を呈している。

対日投資の低さについての認識の高まりと、対日投資の拡大が日本経済活性化の重要な鍵となり得ることへの期待から対日投資促進は政府の政策課題の一つとなってきた。2003年1月の内閣総理大臣施政方針演説で日本の魅力再生の一環として向こう5年間で対内直接投資の残高の倍増を目指すと表明した。

具体的な対日促進策として、①行政手続の見直し、②事業環境の整備、③雇用・生活環境の整備、④地方と国の体制整備、⑤内外への情報発信などからなる投資促進プログラムをまとめ、取り組みを進めている。本稿が取り上げてきた事業環境の改善策など投資環境が良くなってきたこともあり対日直

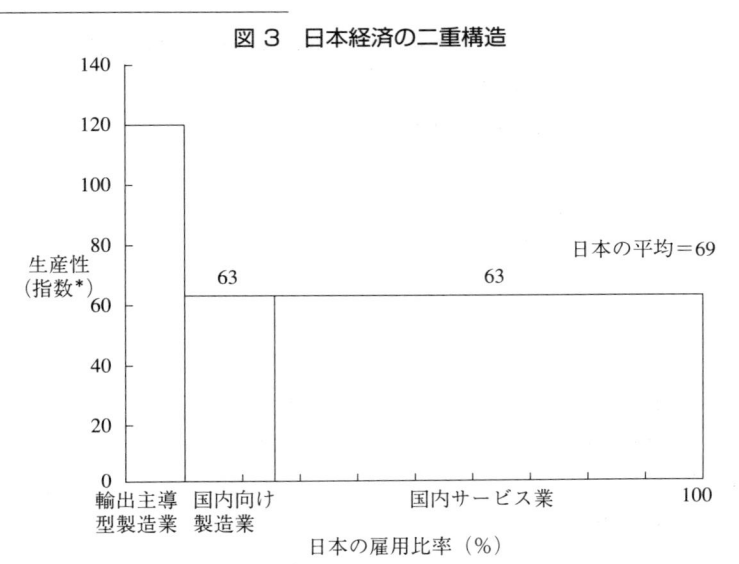

図3 日本経済の二重構造

輸出主導型製造業: 120
国内向け製造業: 63
国内サービス業: 63
日本の平均＝69

縦軸：生産性（指数*）
横軸：日本の雇用比率（％）

＊1999年の米国を100としたもの
出典：McKinsey Global Institute「日本経済の成長阻害要因―ミクロの視点からの解析―」

222 ◇第10章　総合政策科学とグローバル化の進展

図4　国内総生産に対する直接投資（ストック・ベース）の比率（1999年）

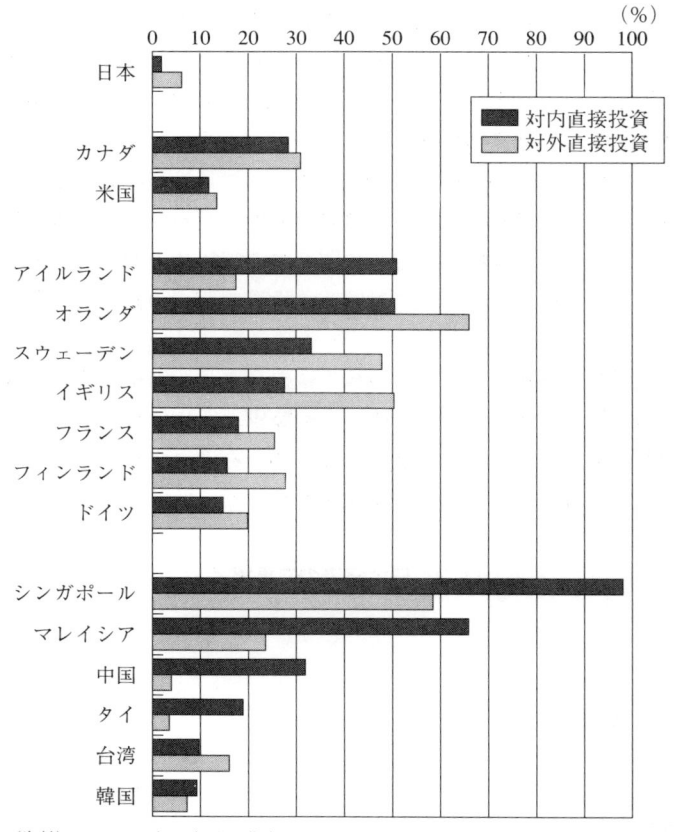

（資料）UNCTAD（2001）から作成。
出所：通商白書、2002年

接投資は非製造業を中心に近年増加傾向にはある。外資系企業の対日投資意識調査（JETO第7回対日投資に対する外資系企業の意識調査）などをみても、制度面からみたビジネス環境の改善点として、事業再編を容易にする会社法の整備、法人課税の実効税率の引き下げ（欠損金繰越期間の延長なども）、国際的会計基準の導入（企業経営の透明性向上）、規制改革の進展（電気通信・金融保険業など規制改革、通信・電気料金や物流コストの低下）、法令運用・手

図5 世界の対内直接投資に占める対日直接投資の割合（2001年）

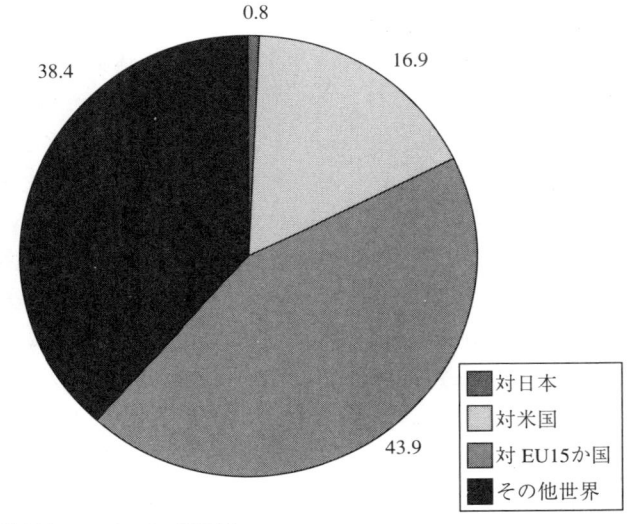

- 対日本: 0.8
- 対米国: 16.9
- 対EU15か国: 43.9
- その他世界: 38.4

(備考) 数値はフローベース、単位は％。
(資料) UNCTAD World Investment Report 2002 から作成。
出所：通商白書、2003年

続に関わる透明性向上、労働市場の流動性向上（人材派遣業法の改正その他）を挙げている。在日欧米系企業は今後の対日投資促進策として、外国企業との株式交換の実現（日本子会社を通じた外国株式の提供などM&Aの円滑化は会社法に盛り込まれる見通し）、医療・教育・公益事業における参入障壁の撤廃、金融サービス、運輸・通信、医療などの分野における一層の規制改革などが重要であるとしている。

7．グローバルな事業環境の改善

これまで日本国内の事業環境をとりあげてきた。ここでは、主として日本の企業が海外でビジネスをする際の環境について論ずることとし、①WTO（世界貿易機関）ベースの自由化、②特定国（地域）との経済連携協定（EPA）等の締結を通ずる海外の事業環境の改善をとりあげる[7]。

7.1　WTOベースの自由化

　保護貿易・ブロック経済の教訓を生かし、ガット体制のもとで貿易の自由化が進み、ウルグアイラウンドでサービス貿易はじめ投資関連貿易措置など新しい分野をカバーすることとなった。GATTはより強化された組織としてWTOに改組され、いままたWTOのもとで一層の自由化と幅広いルール作りを目指した新ラウンド（新多角的通商交渉）が続いている。WTO交渉で決められた事柄については原則として無差別・最恵国待遇原則が加盟国に適用されるので、交渉の進展により企業のグローバルな事業環境は改善する。交渉の過程でわが国も他国の要求を受け入れて自由化を約束するので、当然のことながら、わが国における事業環境も改善する。かくて、WTOベースの多角的通商体制の強化に対する内外企業の期待は大きい。しかしながら、現在行われているラウンドは、交渉開始に失敗した1999年から既に5年を数えている。先進国の関心の高い投資、競争、政府調達の透明性の3分野が今回の交渉から事実上外されたにもかかわらず、妥結に至るまでは長期かつ紆余曲折があるものと見られている。

　交渉が難航するそもそもの理由は、競争力のない企業、産業、組合その他による政治力の発揮にあるが（メモ「反グローバル化の動き参照」）、新ラウンドでは、先進国の農業保護の削減、途上国の工業製品に対する高関税の引き下げという難問が焦点となっている。そのうえ途上国の発言力が強まっており、先進国は国内事情もあり主導権をとりにくくなっている。特に自由化のメリットを享受できない（たとえば他国に輸出できるものを事実上生産してい

7）　近年わが国は科学技術開発に力を入れ、今また研究開発が生み出した特許などの知的財産権の保護・活用強化に乗り出している。海外における事業環境の改善との観点から触れておきたい。国内においても、保護制度の強化（データベースの保護、損害賠償制度の強化など）、紛争処理機能の強化（証拠収集手続きの充実など）、国内の取締り（商品の形態模倣対策、ノウハウ等の海外流失防止）、知的財産高等裁判所の創設などにより環境の整備は進んでいる。日本企業の海外における財産権の保護・活用策についても進展が見られる。特に被害の多い模倣品・海賊版に対する水際対策として、関税定率法の改正により税関で輸入差し止めの仮処分申請ができるようになった。国内における相談窓口の一元化など関係省庁が協力する体制もスタートした。今後は、より対応が難しい海外での模倣品対策はじめ特許出願や訴訟で不当な扱いをされたときへの対策の整備である。EPA協議を含む二国間協議、日米欧の協力、WTOの貿易関連の知的所有権に関する協定の活用など課題は多い。

ないなどの）途上国は貿易に関心がなく、WTOでは取り上げられない援助の獲得だけに専ら関心があるため、交渉を一層難航させているとの指摘もある[8]。日本は、コメの保護政策堅持の立場に縛られて、交渉をリードすることはもとより実質的な交渉への参加もおもうに任せない状況にあり、産業界の強い関心事である工業製品に対する関税引き下げはじめアンチ・ダンピング制度の濫用防止のための規律の強化、投資の自由化などの実現の見通しは立っていない。

> メモ　外国の不公正措置に対する対応
> 　WTO協定に加え、各地で進む経済連携協定において紛争処理制度は整備されてきている。殊にWTOにおける紛争処理メカニズムは一段と整備され、WTOの紛争処理手続きに付託された案件数は、ガット時代（1948年から1994年の47年間）の314件から急増し、1995年から2003年までの9年間で304件に達している。実際に、WTO協定違反措置・慣行によって企業が損害を被った場合には、WTOの紛争処理メカニズムを使って自国の政府に相手国が是正措置をとるよう調査開始を申し立てる。この点、米国は1974年通商法、EUは貿易障害規則という形で、諸外国の不公正な通商関連措置への対応を法制度として整備し、米国はUSTR, EUはDGTRADEがそれぞれ窓口となって交渉を支えている。これにたいし、わが国は、是正に向けた調査開始を求める手続き（調査開始申立制度）もなければ専門の独立した組織または専門の部局もない。企業関係者が外国の不公正な措置等についての情報を政府に提供しその是正を働きかけることは可能であるが、調査開始申立制度はない。そのため、企業は行政の不透明な裁量を認めることになり、また政府の外国政府に対する交渉力は弱く、海外事業活動の安定性を確保しにくいと指摘されてきた。その上、関係する省庁は多く、企業からの働きかけに前向きに対応する役所も増えてきつつあるといわれているが、その不統一性も問題視されてきた（因みに、鉱工業製品の問題は経済産業省、食品・農林水産物は農林水産省、電気通信サービスは経済産業省と総務省、運輸・物流、建設サービスは国土交通省と経済産業省、関税評価は財務省、入管・就労は厚生労働省や法務省が所管々々。）
> 　産業界は、所定の手続きにより調査開始申し立てをした場合、一定期間内に

8）　小寺　彰「WTO交渉の長期化必至」、日本経済新聞、2004年8月18日

正式に調査を開始し、何らかの措置を決定するまでの期限を設け、調査を開始しないと決定する場合は理由を明らかにするなどの内容を盛り込んだ法制度を整備するよう求めている（加えて、アンチ・ダンピング措置等の発動を求める場合の手続法・制度の改善と新法との整合性を確保するよう要望している）。WTO交渉、EPA交渉を問わず、わが国は国内の利害調整に追われて経済実態に見合った影響力を行使し得ないできた。国際通商のルール化が進む中で、海外事業展開を活発に行ってきた日本の企業も諸外国政府によるルールの遵守に一層強い関心を持つのは当然である。法整備と政治の強いリーダーシップによる一体的・集中的に推進するための体制整備が求められている。

7.2　経済連携協定（EPA）等の締結

　EPAの締結は高度な自由化の実現や幅広いルールの策定を通じて協定国間のビジネスをやり易くし、経済交流をより活発にしようとするものである。WTOと違う点は、協定外の第三国の企業にとって事業環境の改善にはならない（差別を受ける）、という点である。グローバルな自由化を目指すWTOが望ましい理由はここにある。しかし、新ラウンド交渉が難航していることからわかるように、WTO交渉がなかなか成果を挙げにくい現実がある。そこで米、EUを中心に関係国との間にEPAやFTA（自由貿易協定）などの協定締結が近年急速に進んでいる。その結果、日本の企業はメキシコにおいて、関税等の面でFTA締結国である欧米企業に対し、競争上不利な立場にたたされ、被害を蒙る事態に至った。（日墨共同研究会報告書は対メキシコ輸出の不調など年間4000億円と推計）政府調達においても、入札対象から外されるなど差別を受ける羽目に陥った。メキシコその他からの働きかけもあり、わが国もWTOとの整合性に配慮したEPAの推進に踏み切った。しかし、困難な農産物の自由化がネックとなり、特に問題のないシンガポールとのEPA交渉が先行し、EPA第一号が2002年11月発効した。メキシコとのEPAは豚肉、オレンジジュースの市場開放（対日輸出）をめぐって一時は決裂したが、再交渉を経て2004年3月大筋合意にこぎつけた（協定発効は2005年予定）。メキシコで欧米の企業と対等の競争を切望していた企業関係

者はじめ内外のEPA推進派は危機感を募らせていたが、この合意が今後のEPA締結に新たな展望を開くものとして歓迎している。

現在、韓国、ASEAN 3カ国（タイ、フィリピン、マレーシア）との間でEPA締結に向けた交渉が進められており、フィリピンとの間には大筋合意に達し、さらに、インドネシア、ASEAN、インドなどとの予備的検討や話し合いが行われている。交渉では、日本は主としてこれらの国に高関税品目の自由化や投資ルールの整備（投資許可段階での内国民待遇・最恵国待遇原則の適用など）を要求し、これらの国は日本に看護・介護分野の人材受け入れをはじめとする人の移動、農産物の自由化などのセンシティブな分野にたいする要求をする構図となっている。交渉が容易でないことは理解できるが、日本の企業がEPAの締結によるアジアでの自由な事業環境の確保に大きな期待を寄せていることは無視できない。少なくとも、日本と密接な経済関係のあるアジアの国がアメリカなどとEPAを結ぶことによってメキシコのケースのように日本が再び実質的に不利な状況に追いやられることはあってはならない。

7.3 EPAのもう一つのメリット

WTOもEPAも自由化を進めるという点では同じである。ただEPAは、定型はないものの経済連携協定の名前のごとく部分的な市場統合の実現を目指しているともいえる。メキシコとのEPAに見られるように、協定は網羅的・包括的である。農業分野のようにWTOベースの自由化でも国内における構造改革を迫られる。ましてや、EPAは経済交流を一層緊密にするため、国内の制度・仕組みに直接関わりのある一歩踏み込んだ協定にもなる。たとえば最近注目を集めつつある人の移動を含むサービス貿易の自由化、先進諸国との間で協定を結ぶ場合には特にそうであるが、各種基準や認証制度に関わる相互認証制度の導入、通関手続きの透明性確保と簡素化・迅速化・低コスト化による貿易の円滑化、いずれも本格的に進めようとすれば国内の法令等の見直しを伴う場合が多い。多くの国とのEPAを推進することは、わが国が活力を回復するために欠かせない規制改革や官製市場の見直しなど事業環境の改善につながる改革を進めることにもなる。EUは経済統合体で

228　◇第10章　総合政策科学とグローバル化の進展

表5　日メキシコ経済連携協定の概要

・農産物5品目のメキシコからの輸入（豚肉―従価税率半減の特恵輸入枠の設定・拡大、オレンジジュース―関税率半減の特恵輸入枠の設定・拡大、牛肉・鶏肉・オレンジ生果―無税枠の設定など）
・工業製品の対日関税引き下げ―わが国企業が米・EU企業に対して対等に競争することが可能に（鉄鋼輸出の約8割は無税、自動車―新規無税枠の設定など）
・貿易円滑化のための税関手続きに関わる協力
・サービス貿易の自由化―原則として相手国のサービス提供者に対する内国民待遇・最恵国待遇の付与、規制が残る分野は付属書に掲載。
・投資ルール―相手国の投資家に対し、内国民待遇・最恵国待遇の付与、例外は明記。日本企業は、メキシコがFTAを結んでいる米、加、その他の国の企業と同等の待遇を確保。
・メキシコの政府調達の取り扱い―日本企業は、政府機関、政府系企業の調達市場にメキシコがFTAを結んでいる米、加、その他の国の企業と同等以上の条件で参加が可能に。
・競争政策―執行活動上の協力・調整等を通じ、反競争的行為の分野において協力。
・ビジネス環境整備―両国企業間の貿易・投資促進のための協議機関を設置（民間も参加）。
・二国間協力の推進（貿易投資促進、裾野産業、中小企業、科学技術、人材養成、知的財産、農業、観光、環境の9分野）
・紛争処理―協定の解釈・適用に起因する両国間の紛争解決のため、仲裁裁判を含む規則や手続きを制定。

（「日メキシコ経済連携協定に関する大筋合意について―平成16年3月12日」より作成）

あり、新たにEUに加盟した東欧など10カ国は、EU経済と一体化すべく必要な国内制度改革を行ないまたはその実施計画を携えて加盟した。EPAの締結も程度の差こそあれ必要な改革を前提とするものである。グローバル化の進行はそれを迫っている。

7.4　反グローバル化の動きについて

モノやカネ、サービス・ヒト、企業が国境を超えて活発に移動する今日、反グローバル化の動きもインターネットの活用や発達した輸送手段を利用してグローバルな動きを強めている。最近注目を集めたものでは、OECDの多国間投資協定（MAI）交渉に対する反対（1997年、パリ）、WTOの貿易自由化交渉に対する反対（1999年、シアトル）、世界の各界指導者の集まり（2001年、ワールド・エコノミック・フォーラム、ダボス）における反グローバ

ル・デモなどである。その主張は多岐にわたる。グローバル化の進展によって貧富の差が拡大している（南北格差、貧困の問題）、多国籍企業は途上国を搾取している（政治を動かし、低賃金などの暴利を得ている）、貿易投資の自由化に反対である（保護を求める産業・組合）、グローバル化は環境破壊・地域社会の破壊を促進する、などなど。一部には、市場メカニズムを否定する反資本主義的活動家、反社会的活動家も含まれるが、非貿易的な市民社会的価値を擁護する観点から環境問題や貧困問題の解決に向けて政策提言を行なっていこうというグループも多い。

　本稿がとりあげた事業（企業）環境の整備は、グローバル化を良しとする観点からの議論であり、グローバル化に歯止めをかけようとするものではない。むしろ、市民社会的な価値とのバランスをとりつつグローバル化を積極的に活用していく必要性について論じた。グローバル化の波に乗って貧困から脱却し、環境問題等にも配慮しようとしている中国はじめ多くの途上国はグローバル化の恩恵を受けている。わが国も、途上国と同レベルの問題ではないがグローバル化の恩恵を受けるためには事業環境を絶えず見直し整備していくことが重要である。

終わりに

　本稿は企業が決定する経営方針や経営戦略、あるいは経営計画の基盤とも言うべき事業（企業）環境をとりあげてきた。特に、グローバリゼーションが進展する中で、日本が世界経済から取り残された形でなかなか活力を取り戻せないできた事実、そしてその原因の一つとして事業環境が魅力的でないことに焦点をあてて議論をしてきた。日本は明治以降、官主導で産業（企業）の保護・育成に重点を置き、一定の成果を挙げてきた。この政策を産業政策と呼ぶならば、今や産業政策は行き詰まりを見せており、これからは広い意味で産業振興を図る視点から企業・産業が（内外の）市場でダイナミックかつ公正な競争を展開できるようにするための環境整備が重要である。

　総合政策科学との関連で言えば、企業政策論では、与えられた（事業）環境のなかで、社会のニーズに応えつつその発展に積極的に参加していく立場

にある企業が、不断に創意工夫を凝らし価値の最大化を目指して採用する政策を取り上げるのに対し、ここでは、企業政策論の与件である事業環境を規定する政策を取り上げた。今後国や地方自治体等の行政にかかわる院生にとって、また企業の現場や企業の研究に身を置こうとしている院生にとって、何らかの参考になれば幸いである。

参考文献
八代尚宏「規制改革『法と経済学』からの提言」、有斐閣、2003年
岩原紳作『会社法改正の回顧と展望』『商事法務』No. 1569, 2000年、4-16ページ
横尾賢一郎・玉木亜弥・正木義久「改正商法改正活用ノート」、税務経理協会、2002年、8-13ページ
江頭憲治郎『「現代化」の基本方針』『ジュリスト』(有斐閣) NO. 1267、2004年、6-10ページ
星野英一「法制審議会—この知られざる存在」『NBL』(商事法務研究会) NO. 600、1996年、4-12ページ
日本経済団体連合会「税制改正に関する提言」、2003年9月16日、2004年9月17日
日本経済団体連合会「外国政府の不公正通商措置等に対する調査開始申立て整備を求める」、2004年、2月13日
伊藤元重「グローバル経済の本質」、ダイヤモンド社、2003年
小寺彰編著「転換期のWTO」、東洋経済新報社、2003年

第11章 総合政策科学と経営政策

1．企業政策論と経営政策論、その課題

　企業政策論は、そのアプローチ（接近）方法により、種々の展開と内容が可能である。経営戦略論や人的資源管理論、企業組織論として、それぞれの接近が可能である。ここでは、企業政策論の１科目としての「経営政策論」の接近を、以下に試みる。

　経営政策論の課題は、1990年代における日本企業の国際競争力の減退と要因の追求である。21世紀に入り、2004年の現在なお、この課題は克服されていない。これまで国際競争力を保持していた日本産業や日本企業が、なぜ1990年代以降において国際競争力を維持できなくなったかの仮説の設定を、

図表 11-1　日本企業の国際競争力の減退を巡るサンドイッチ現象

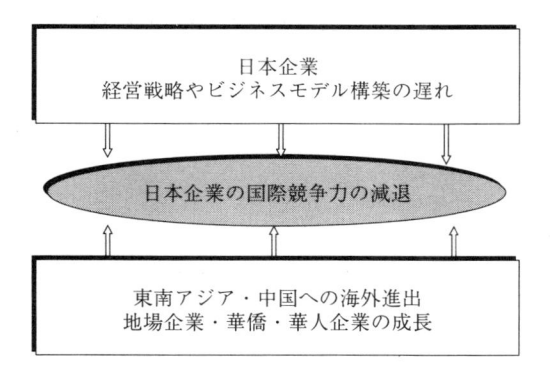

```
┌─────────────────────────────────┐
│         日本企業                │
│  経営戦略やビジネスモデル構築の遅れ  │
└─────────────────────────────────┘
              ⇓⇓⇓
     ╭───────────────────╮
     │ 日本企業の国際競争力の減退 │
     ╰───────────────────╯
              ⇑⇑⇑
┌─────────────────────────────────┐
│    東南アジア・中国への海外進出    │
│   地場企業・華僑・華人企業の成長   │
└─────────────────────────────────┘
```

二つの要因に求めようとしている。

一つは、IT化への取り組みの遅れとネットワーク経済やデジタル経済への移行が大企業や中小企業によってスムーズに行われていないことに起因している。また、大企業や中小企業が、国際競争力の維持ができない理由を、経営戦略の欠如とビジネスモデルの構築にこれまで必ずしも成功していないことに求めようとしている。

今一つの原因は、中国を始めとする主として東南アジアへの日系企業による海外進出のブーメラン効果と、現地での地場資本や華人資本による大企業・中小企業の成長と「世界の工場」としての役割の拡大を通した、日本企業の中高級品市場への侵食と価格の下方硬直化の影響として捉えようとしている。また、同時にその対策（政策）をも探ろうとしている。

つまり、1990年代以降における、大企業や中小企業を含めた日本企業での国際競争力の減退の要因を、一方での日本企業による経営戦略やビジネスモデル構築の遅れと、他方での東南アジア等での現地企業の成長の影響という、図表11-1にあるようなサンドイッチ現象に原因を求めようとしている。

2．日本企業に関する国際競争力の減退要因と対策（政策）

これまでの日本経済の年代別の推移と経済特徴を、商品開発のタイプ、主導産業とも絡ませながら考察すると図表11-2のとおりになる。

図表11-2　経済の年代別推移と特徴

	経済の特徴と主流	商品開発タイプ	主導産業
1960年代～70年代前半（高成長経済）	「規模の経済」内部経済	重厚長大型	鉄鋼、家庭電気、自動車
1970年代後半～80年代（低成長経済）	「範囲の経済」外部経済	軽薄短小型	自動車、精密機器、エレクトロニクス
1990年代～2000年代（不安定成長経済）	「結合の経済」ネットワーク経済	マルチメディア型	電気通信、IT

出所：太田進一・後掲・参考文献〔9〕249ページ。

2．日本企業に関する国際競争力の減退要因と対策（政策）◇ 233

　日本経済の発展過程をたどると、1960年代から70年代前半までのいわゆる高度経済成長時代は、量産技術を中心とした「規模の経済」を特徴とし、重厚長大型である鉄鋼、家庭電気、自動車産業などの発展をみてきた。

　さらに、1970年代の後半から80年代において、低成長経済に移行すると、企業の多角化、国際化、系列化がいっそう進展し、「範囲の経済」を特徴としている。とくに外部経済のメリットを追求し、企業系列、下請け企業を利用して、事業を外延的に拡大していく時代であった。自動車やエレクトロニクス、精密機器などの産業において、日本の国際競争力が向上し、産業の発展をみている。最も日本の国際競争力が強かった時代である[1]。

　しかし、1990年代に入ると、経済環境は激変する時代へと突入している。旧ソビエト連邦の崩壊と社会主義経済圏の市場経済への移行、日本におけるバブル経済の崩壊、大型企業倒産の続出、金融機関の再編成、IT革命の進展、アジア通貨危機など枚挙に暇がないほどであった。

　しかし他方では、アメリカ経済が「双子の赤字」を克服し、企業でも再び国際競争力を復活させた。これは、アメリカ企業が80年代において、ドイツや日本の企業の経営手法を研究・導入し、リストラクチャリングを米国のITやネットワークと結合させ、さらにリエンジニアリングやBPR（Business Process Reengineering）として再編成したからである。

　ネットワークやインターネットの発展を利用し、企業と企業、あるいは企業グループと企業グループ、または企業と企業グループといった形で、ネットワークを媒介として結合し、連携（partnership）により、相互の得意分野を補完しあいながら、双方の事業を活かしている。いわば「結合の経済」ともいえる、「ニューエコノミー」や「デジタルエコノミー」「ネットワーク経済」の時代に入ったことを実感させている。

　「結合の経済」は、従来の点と点を結ぶ線上のものから、放射線状やウェブ状のものへと、ネットワークを基盤としたものへと変化している。従来の垂直統合（vertical integration）や横断結合（horizontal combination）よりも相乗的なより大きな効果がもたらされている。しかも、結合の内容や対象

---

[1]　太田進一〔9〕249ページ。太田進一・阿辻茂夫編著〔3〕2～3ページ。

は、製品の結合や産業の結合から始まって、顧客の結合やビジネス・モデルの結合へとノウハウや経営戦略の結合へ拡大されてきており、新たな価値創造が展開されている。

　ところが日本の現実をみると、このような「結合の経済」への移行がスムーズに行われていない。それは、パソコンやオフコンなどコンピュータの導入台数が徐々に増え、普及しているとはいえ、同じアジア地域内で比較してもシンガポールやマレーシアほど伸び率は高くない。また、インターネットの利用においてインフラとしての役割が重要視されるADSL（Asymmetric Digital Subscriber Line 非対称デジタル加入者線）の高速電気通信の普及もお隣の韓国の方が早かった。さらに、インターネットやそれをツールとした電子商取引（EC）の普及・発展も、シンガポールなどの方が顕著である。

　個別企業における国際競争力のこれまでの秘密とされてきた日本的経営は、依然として「暗黙知」やOJTを重要視しており、形式知化や形態知化、文書化、マニュアル化のテンポもゆるやかである。ようやく、シンガポールやマレーシア、タイ、インドネシアなど東南アジアにおいて、現地工場でのISO9000番台を主とする認証取得に伴い、現地従業員が簡単な文書化されたカードを保有するという形式で、暗黙知が形式知化されてきている。これは、自動車産業や電気産業の大企業、中小企業で現地工場において進められてきている[2]。

　これらの現象は、次の時代である「結合の経済」への布石となっている。徐々に、日本においても、大企業や中小企業において、結合経済やデジタル経済への移行を進め、ビジネスモデルの構築に成功している企業が誕生し始めており、そのような企業は現今のデフレ経済下での大方の企業が利益率において赤字経営を余儀なくされているにもかかわらず、高利益率と高成長を達成している。それは何らかの形においてITをツールとして利用しており、また他企業が模倣できない競争優位を確保している。それが、同義反復ではあるが、結合経済、デジタル経済への移行の達成と、ビジネスモデルの構築なのである。

2） 太田進一によるシンガポール、マレーシア、タイの日系企業の現地企業・工場の訪問とヒアリングによる。2000年8月20日から10日間訪問。

2．日本企業に関する国際競争力の減退要因と対策（政策）◇ 235

　1980年代における国際競争力は基本的にはリバース・エンジニアリングによる生産ラインでの生産性・品質向上のための工夫や、中小企業における加工開発、完成品メーカーと中小メーカーとの部品の共同開発などによるものであった。

　それに対して、1990年代以降における日本企業の国際競争力の減退は、主として二つの要因によるものである。一つは、IT化やデジタル経済への遅れ、ビジネスモデルの構築が上手くいっていないか、あるとしても数少ないことである。これは、日本企業による「結合の経済」や「ニューエコノミー」、「ネットワーク経済」への移行が必ずしもスムーズに行われていないのである。これは、大企業でも中小企業でもそうである。もう一つは、中国、東南アジアを中心とする日本企業による海外進出と逆輸入、製品のブーメラン効果による影響である。従来は、日本企業の国内市場では低級品を中心に影響を受けており、その意味では中小企業への影響が大きかったが、最近は中高級品市場へと影響のクラスが上級移行してきた。そのために大企業でも影響が大きく現れている。また、全体にデフレ経済下にあって、さらに市場価格の下方硬直化の影響がみられる。

　欧米の企業は豊富な原図や設計図の開発によるデジタル経済への移行がスムーズに行われ、内容的にもそのための3次元CADの発展や導入が盛んであった。それに比較すると、日本企業ではイメージを膨らませながらモノ作りを行うプロセスそのものが3次元CADの導入を遅らせることになった。しかし、中小企業でも3次元CADを利用し優れた技術を保有し始めている新たなタイプの中小企業が誕生してきている。

　情報化や情報機器は、そのままでは競争優位の構築には寄与しない。むしろ、情報化ケイパビリティ（能力）そのものが競争優位を生み出す。中小企業でも情報ツールをビジネスモデルの構築に利用することによって初めて競争優位を構築できる。

　現在国際競争力を保有する液晶ビジョンやデジタルカメラの生産においても、キットによる現地生産や、日本国内での中高級機の研究開発と生産を維持するなど、商品回転が速くスピードを必要とする生産は日本国内に留めている。時間競争と技術力の向上と絶えざる進化こそが国際競争力を維持する

秘訣であり、対策（政策）である。国際競争力を保持している中小企業でも、地道な製品や工程の改良をし続けるという姿勢こそ肝要であることが示されている。

3．ネットワーク経済の展開とネットワークの発展・変遷

　ここでは、ネットワークの段階的発展をマトリックスで図表11-3のとおり描いている。縦軸に空間の広がりを拠点的なものから広域的なものへ、横軸には時系列として現在から将来へと発展的に捉えている。
　①外注化は、現在、拠点的、コア的にアウトソーシング・ネットワークとして展開されている。まず、端緒的な形態として発展している。②世界化は、現在、広域的にグローバル・ネットワークによって展開されている。今日、国際的、地球規模的な広がりを見せている。③協調化は、拠点的に将来にわたってコーポラティブ・ネットワークとして進展しようとしている。近年は国内から海外へと国際的な提携・連携へと発展しつつある。④仮想化は、①のアウトソーシング・ネットワークと、②のグローバル・ネットワーク、③のコーポラティブ・ネットワークの発展形態であり、統合されたネットワークである。一国内にとどまらずに、国際的・地球規模的に拡大されつつあり、その規模は企業数においてかなりの数を巻き込みつつあり、企業の

図表11-3　ネットワークの段階的発展

広域的	②世界化 グローバル ネットワーク (global network)	④仮想化 バーチャル ネットワーク (virtual network)
拠点的	①外注化 アウトソーシング ネットワーク (outsourcing network)	③協調化 コーポラティブ ネットワーク (corporative network)
	現　　在	将　　来

資料：〔10〕

図表11-4　アウトソーシングの発展

業務の設計・計画	あり	コンサルティング	アウトソーシング
	なし	人材派遣	外注（代行）
		なし	あり
		業務の運営	

資料：〔38〕

国籍も多国籍化してきている。

　これらのネットワーク形態は、かならずしも①から順次に段階的に発展するとは限らず、また、ネットワーク形態が同時・併存的・多発的に存在しており、複合的なネットワーク形態も存在している。

3.1　アウトソーシング・ネットワーク

　アウトソーシングとは、あるまとまりを持つ主要な契約の遂行に、部分的に貢献する契約と定義できる。製造業の場合は、元請が下請に3種の契約内容、①部品開発・製造・加工、②完成品委託開発・製造・加工、③特定の製造・加工・設計工程ないし諸々のサービスを遂行するための補助的技術・労働・能力の提供、から業務委託を行うものを指している[3]。

　日本におけるアウトソーシングの展開と形態をみると、図表11-4のとおりである。

　アウトソーシングに近い概念のビジネスとして、コンサルティング、人材派遣、業務代行が存在する。業務の設計・計画をするか、しないか、業務の運営をするか、しないかで、マトリックスにより区分すると、自分で設計し、運営までを行うのがアウトソーシング、両方しないで人を出すだけが人材派遣、設計や企画はするが運営しないのがコンサルティング、決められた設計のもとで運営だけするのが業務代行である。

　アウトソーシングしているのは中小企業よりも大企業の方が多いが、最近は中小企業でも増えてきている。またアウトソーシングしている企業では、

---

[3]　ダイヤモンド・ハーバード・ビジネス編集部編〔20〕157ページ。

今後ともアウトソーシングを続け、拡大したい意向が強い。

またアウトソーシングするメリットは、外部の専門性の活用、自社の得意分野への経営資源を集中できる、人員・人件費を削減できる、業務が迅速化できるなどである。自社に不足するか、不得意分野の経営資源を外部から調達しようとしたり、コスト削減や企業の事務の生産性向上などが主たる理由である。ここからも、固定的な関係としてのアウトソーシング・ネットワークが形成されてきていることが理解できる。

逆に、アウトソーシングに伴うトラブルや、結果的にコストアップや効率性の低下につながる例もみられる。中長期的な経営戦略に基づき、自社の得意分野が何かを見極め、提供されるサービスが必要とする経営資源に合致するのかを判断しながらアウトソーシングしていく必要がある。

管理的な視点からは、外部調達者（主要な契約者）が下請企業に徐々に依存したり、海外立地を利用したりする際に、アウトソーシングはもっと複雑でリスクのあるものとなる。

また情報システムの契約者は、下請企業へ徐々に依存しつつある。アメリカでは、インドやイスラエル、フィリピンなどへ低いプログラミング・コストで外注されている。プログラマーは短期で供給されており、派遣業者によって専属的なプログラミング工房となっているのが現実である。アメリカ本社と海外でアウトソーシング・ネットワークが形成されている。

3.2 グローバル・ネットワーク

自動車や電気産業における主要な企業は海外へ直接投資を実施し、日本本社と海外工場間でグローバル・ネットワークを展開している。欧米の多国籍企業も、日本よりもかなり早くから海外工場を展開し、同様にグローバル・ネットワークを展開してきた。工場間や本社との連携は、欧米企業ではVANやEDIが、日本企業ではLANや国際VAN、最近は日米欧の企業では、インターネット、イントラネット、エクストラネットが利用され始めている。

グローバル・ネットワークを利用して、資材・部品調達や補修部品の在庫補給、研究開発の拠点間を連携した共同開発が実施されている。

自動車産業にみられるように、アジアにおける部品の地域間の相互補給体制から、徐々に系列を超えたネットワークへと発展してきている。また、膨大な研究開発費の節約から、自動車や電気産業では、国境を越えたグローバル・ネットワークを利用したニューモデルの開発が実施されてきている。新たな企業連携と時差を利用した継続的な連携開発による、経費節約と早期開発の同時達成をねらっている。

CIMなどでは、国内システムからさらに海外拠点間、海外と国内の業務の統合化、グローバル・オペレーションの統合に取り組まれている。業務間、部門間、事業部間、企業間、各国間のグローバルな統合へと重層的に拡張されている。そのためには、部品体系の標準化、コード体系や受発注方式、伝票の統一が必要となる。

グローバルな段階に対応した情報の活用として、第1段階では、国内の受発注処理や生産管理、CADシステムなどのアプリケーションが現地へと移植される。海外の販売拠点からの販売・受注・出荷依頼情報はネットワークを通じて日本に送られる。第2段階では、現地経営者に大幅な権限委譲がなされる。各国の経営管理システムがグローバルな情報システムと結合し、グローバル企業体として経営情報システムを形成する。連結決算、資金運用、投資執行管理が全世界レベルで行われ、各国ごとに販売・生産・技術の統合が進められる。第3段階は、グローバル企業全体としての情報システムの統合である。全世界レベルでの販売・生産・技術の統合が図られる[4]。

3.3　コーポラティブ・ネットワーク

高度な専門性を持ったアウトソーシングの企業を利用しながら、さらにそのサービスを組織的に取り込み、新たな付加価値を生み出していこうとする手法であるコ・ソーシングへと発展する。アウトソーシングには、なお元請、下請的な要素が残っているとするなら、コ・ソーシングは、企業同士がイコール・パートナーとして問題解決に当たり、アライアンス（戦略的提携）の要素が強まってくる。アウトソーシングそのものが、協調的な関係へと移

---

[4]　目代洋一・渡辺弘・松島桂樹編〔25〕149ページ。

行し、コーポラティブ・ネットワークへの端緒的な萌芽としてみられ始める。

インターネット対応に遅れたマイクロソフト社は、1996年前半にはアウトソーシングによる技術戦略提携で30件の事業提携を結んだ。インテル、コンパック、DEC、タンデム、アメリカ・オンライン、コンピュサーブ、ドイツ・テレコム、NTT、VISA、NBC、カシオ、オラクル、サン、モトローラなどである。オープンな互換機路線がいっそうのコーポラティブ・ネットワークへと発展していった。

自動車業界における日産とルノーの提携は、ほぼ対等の関係を前提にしたコーポラティブ・ネットワークの形成である。共同購買の政策や共通プラットホームの開発が行われてきた。日産、ルノーの両社で2010年までにプラットホームを10に統合する計画が進められている。また、提携戦略を検討する実働部隊として、商品企画・戦略、車両開発、製造などの部門別やヨーロッパ、南米、アジア・オセアニアなど地域別に12のクロス・カンパニー・チーム（CCT）が設置されている。さらに、両社の業務の基盤整備、情報システムの技術標準、品質基準、会計、法務などの統一化を図るために、ファンクショナル・タスク・チーム（FTT）を設けて、提携に関する各組織の調整や情報管理を行う事務局として、東京とパリにアライアンス・コーディネーション・ビュローがおかれた。ルノーが生き残るためには、日産が必要なのである[5]。

3.4　バーチャル・ネットワーク

コーポラティブ・ネットワークの萌芽であるコ・ソーシングが相互補完的に増殖すると、よりいっそう高い付加価値を生み出すネットワークとして「バーチャル・コーポレーション」などと呼ばれるバーチャル・ネットワークの形態へと発展していく。これは、アウトソーシング・ネットワーク、グローバル・ネットワーク、コーポラティブ・ネットワークが統合化されたものとみてよい。

---

5)　日経ビジネス編〔13〕235-239ページ。

3．ネットワーク経済の展開とネットワークの発展・変遷◇　241

　ネットワーク利用による共同設計を通したバーチャル・ネットワークの先駆的事例にボーイング777がある。模型や青写真なしでデザインされた最初の飛行機とされている。ワークグループ・デザインチームには顧客と部品供給業者も加わっていた。機体は同時並行的に開発され、製造期間は劇的に短縮された。あらゆるパフォーマンスと天候状況を考慮したネットワーク上の飛行テストが繰り返し行われた。双方向性が確保されたマルチメディアによって実現された[6]。

　乗用車の部品点数は何万点の規模であるが、旅客機の部品点数は何十万点にも及んでいる。1部品について図面と書類数は最低でも100点を超えるとみられ、全体の図面や書類数は何千万点ではすまずに、億の桁に及ぶ。それをネットワークによる情報共有によって解決した。ボーイング社内だけでも、超大型コンピュータ7台、ワークステーション2800台が活用された。設計開始から1号機の納入までの期間5年を守り、開発費を20％節約し、当初の目標である50億ドルの予算の範囲内にとどめた。日本からは三菱重工業、川崎重工業、富士重工業が参加した。機首の操縦室を除く胴体と主翼の取付部は、日本の3社が分担した[7]。

　ボーイング777は、デジタル航空機としてデザインされた。機体の部品は何百という供給業者によって製造されており、ネットワークに組み込まれていた。ビット単位の情報としてデザイン、仕様、その他が構成されているがゆえに、供給業者はそれぞれ違う仕事を通して協力し合うことができた。ネットワークを使うことで、ボーイング社は拡張された企業を作り上げ、多くのビジネス・パートナーが顧客の要求を満たすデザインと機体を製造可能であるかどうかを確認することができたのである[8]。

　同様にマクドネル・ダグラス社（現ボーイング社）は、イントラネットによる仮想現実工場によって航空機を製造した。ダグラス社は既存のネットワークでは1993年には50社とのみ接続していたが、1994年秋には400社の内外工場と、1996年には優秀な下請工場の数千社と接続した。それまでは入札す

---

6) Don Tapscot, ドン・タプスコット〔21〕150ページ。
7) 赤木昭夫〔17〕45-46ページ。
8) Don Tapscot, ドン・タプスコット〔21〕159-160ページ。

るのに2～3日を要していたのに、イントラネットを利用すると2～3秒で可能になった。大小取り混ぜた子会社やサプライヤー、部品工場、下請工場などを、あたかも1つの工場として有機的に稼動させることができる。まさに、バーチャル・ネットワークの効果である。バーチャルは夢物語ではなく、現実感のある空間を越えた有機的なネットワーク工場として稼動している。

仮想的組織は、中核的（中枢的）能力、資源、顧客機会を統合して作られている。製品またはサービスを基盤とした機会を共有している企業のネットワークにとっては、通常のビジネスよりもはるかに優れている。市場参入へのコストが高くなるにつれて、競争以前の段階である技術、施設、資源が共有されることによって、いっそう多くの資源を製品の特徴やサービスに傾注できる。それによって、仮想的組織に参加している個々の企業の競争優位も向上するのである[9]。

これらの仮想的組織は、バーチャル・コーポレーションと呼ばれ、仮想的企業体あるいは仮想組織とも言われる。戦略目的ごとに他企業の経営資源を柔軟に借用しようというのが組織のモデルである。情報ネットワーク・システムを企業間連携の媒介として活用しながら、自社の能力や知識ベースを仮想的に拡大するような「機動的系列」の構築を狙いとしている。ライバル企業であっても、限られた能力しか持たない企業同士が、高質な資源を臨時的に共有し、急変する複雑な市場ニーズに迅速に対応しようとする試みである。

4．ビジネスモデルの展開

最近の企業環境の急激な変化と急速な国際競争力の減退は[10]、企業における変革を求めている。そこでは、ただ単にやみくもに企業の改革を進めていけばよいというものではなく、いくつかの留意点が必要な客観的な状況が作

---

9) Sieven L. Goldman, Roger N. Nagel & Kenneth Preiss, ゴールドマン、R. N. ネーゲル、K. プライスト〔23〕262-263ページ。
10) 国際競争力の減退と要因については、次の文献を参照されたい。太田進一〔8〕。

り出されつつある。つまり、企業として国際競争力を構築し、強化するためには、経営戦略とITのツールを活用したビジネスモデルの構築が企業成長にとって重要であることが次第に明らかになりつつある。これらは企業としての政策、つまり経営戦略や意思決定の場面において、企業成長や他企業との差別化・差異化を図るためにビジネスモデルを創案し、構築することが肝要であることが判明してきている。そこで、これまでの産業革命やIT、ネットワークの発展、eビジネスや中小企業の発展、東大阪市における3次元CAD／CAM導入企業の発展など、諸現象の推移・変遷を振り返り、それらの発展法則性をも探求しながら、他方ではビジネスモデルの類型化を試みている。

4．1　企業政策における経営戦略とITとビジネスモデルの意義

近年、企業間で差別化・差異化を図り、自社が企業成長を図るためにビジネスモデル（business method）を構築することが重要になってきている。現代企業では、経営戦略の重要性が高まっており、ITとビジネスモデルが他社との差別化や企業成長の決め手となっている。

ビジネスモデルの定義をまず試み、次いで松下電器産業におけるビジネスモデルへの挑戦の様子を探求する。ビジネスモデルとは、「企業が成長・発展を遂げるための基本的なビジネス（事業）の経営方法の枠組みを言う。これによって、生物の細胞が自己増殖をはかるように、企業が自然に成長・発展できる仕組みであり、他企業が真似をしようとしても簡単には真似ができない仕掛けや秘密・ノウハウが隠されているものを言う。また、環境や時代の変化に対応して、絶えず革新され改革され続けるものを言う」。

松下電器産業では、「創生21計画」において、「超・製造業への脱皮」と「破壊と創造」の2大標語のもとにビジネスモデルの改革が進められている。

第一に、「破壊と創造」では、若手の積極的登用と権限委譲を図り、事業部ごとに区切られた体制を破壊し、製品を横断的に見るマーケティング本部を設置した。ナショナル、パナソニックの二つのマーケティング本部は、事業部に対して発言力を持っており、マーケティング本部では、市場で勝つための製品企画と価格設定を事業部門側に提案する。マーケティング本部が納

得できない場合は、事業部門が生産してもその製品は仕入れなくてもよい仕組みをこしらえた。このモデルの構築により、現場では作り手と売り手が日々熾烈な議論を戦わせるようになり、強い商品の創出に繋がっている。第二に、「超・製造業」への脱皮では、ブラックボックス化をはかろうとしている。製造技術の水準を高めてきた台湾、韓国、中国に対抗するための政策が「超・製造業」である。松下電器では、ブラックボックスと言う定義を、①「特許などの知的財産権で守られ、他社が真似できないもの」、②「材料、プロセス、ノウハウなどで囲まれ、商品を分解してもわからないもの」、③「生産方式や形態、仕組み、管理技術といったものづくりプロセスが囲い込まれているもの」の3点であるとしている。

4.2 ブランド力とビジネスモデル

世界の代表的な企業のブランド力によるランキングと、その第1位であるコカ・コーラ社とペプシコーラ社との競合とビジネスモデル構築の秘密を探る。米国ブランドが強い背景には、米国ブランドが世界で最も多様な社会環境の中で長期にわたり存在してきたことにある。また、強いブランドを志向する企業は、ブランド自らの価値をグローバル化する地道な活動に継続して取り組んできた。世界のブランドで第1位を占めるコカ・コーラ社は、世界に知れ渡った清涼飲料であるコーラを中心にファンタやスプライト、缶コーヒー「ジョージア」の枢軸商品を展開するとともに、他方では「まろ茶」や烏龍茶「ファン（煌）」、スポーツドリンク「アクエリアス」などローカル市場を対象とした多くの商品を開発している。25以上ものブランドで60種類以上の清涼飲料水を提供している。コーラの原液と原料水に関してはことに厳重に品質管理がなされている。原料水はその土地のものが使われているが、世界共通の規格のもとに、地域や地勢によって異なる水が一定の品質の水になるように品質管理を維持し、統一したテースト（味）によってブランドを保持している[11]。他方では、テレビや多くのメディアを通じて、若者に訴えるフレッシュで心理的なキャンペーンを大々的に展開するとともに、マーケ

---

11) コカ・コーラ社のHP〔42〕

4．ビジネスモデルの展開◇ 245

ティングを重視し、消費者に密着したローカライズした商品開発にも努力している。世界においては、原料供給会社とボトル会社という、2大供給体制を打ち立てて味と品質の維持を通して現地に供給している。他方では地域別に子会社を展開して、きめ細かな供給体制も維持している。

歴史的には16年ほど後発の1902年創業であるペプシ社[12]は、世界ブランドのランクでは23位とコカ・コーラ社に水をあけられたままである。かつては、ペプシ社がコカ・コーラ社のシェアを逆転した時期もあったが、ここのところは長期的にコカ・コーラ社がトップの位置を確保している。日本にも数多くの中小メーカーを含めた飲料水会社が存在するが、基本的には飲料水メーカーの基本的な戦略はそれほど変わらないはずにも関わらず、なかなかシェアでは追いつけない。そこには、時代に対応したコカ・コーラ社の絶えざるビジネスモデルの改革と革新がある。他社に真似ができそうでできないビジネスモデルが存在している。

4．3　産業革命の変遷とビジネスモデルの推移

第1次産業革命から、第4次産業革命に至るまでの推移と、それぞれの産業革命でのビジネスモデルを描いている。また、ごく最近のBtoCやCtoC、BtoBのネットワークにいたるまでを振り返る[13]。第1次産業革命では、アダム・スミスが『国富論』において紹介している工場内分業に基づくピンの製造とピンの単品売りである。やがて、種々のピンを組み合わせたセット売りのビジネスモデルが登場する。これが第1世代のビジネスモデルである。ハードウェアの技術革新により、価格競争とコスト競争が繰り返され、それは第2次産業革命まで続いている。第1世代では、ハードウェア中心のビジネスモデルが圧倒的に多かった。さらに、第3次産業革命では、単にハードウェアだけでなくソフトウェアを組み合わせたビジネスモデルが第2世代として登場する。それは、ハードウェアにソフトウェアが組み合わさっただけでなく、さらにサービスでパッケージ化されてゆく第3世代のビジ

---

12)　ペプシコーラ社のHP〔43〕
13)　BtoBや、BtoCの電子商取引の展開と経営戦略との関係については、次の文献を参照されたい。太田進一〔9〕。

ネスモデルへと発展する。顧客の抱えるビジネス上の問題解決を提供して、支援するビジネス・ソリューション型へと発展していく。第4次産業革命においては、インターネットの発展に伴ってネットワークが加えられて、第4世代のビジネスモデルとなる[14]。この第4世代のビジネスモデルであるインターネット・ビジネスには、① BtoC においては、アマゾン・ドットコムなどが、② CtoC では、イーベイなどが、③ BtoB には、GE の資材・部品調達ネットワークやビッグスリーによるインターネット調達ネットワークなどがある[15]。

4.4 IT の発展とビジネスモデル

現代の企業経営を取り巻く環境変化を、次の三つの現象として捉えている。すなわち、①メガコンペティティブ化（大競争化）、②ネットワーク化（情報網化）、③インタラクティブ化（双方向化）、である。このなかで、②ネットワーク化（情報網化）を中心に見ると以下の通りとなる。ネットワーク化（情報網化）は、情報化が物理的なネットワーク化を通じていっそう進展していく現象をいう。1970年代においては、個別企業間の競争の道具としてネットワークが利用された。業務の効率性や確実性を目的とした企業内の合理化を進展させることで、企業間の競争に打ち勝とうとして企業内でネットワーク化がはかられた。ビジネスモデルも、大量生産・販売型の重厚・長大型モデルから多品種少量型ビジネスモデルへと移行した。次いで80年代は、軽薄短小型ビジネスモデルと、消費者ニーズ対応型ビジネスモデルが開発された。

90年代では、種々のネットワークが並存し、多様化してきた。ビジネスモデルはネットワークを適宜使い分けし、選択型ビジネスモデルの時代となった。2000年代に入ると、ネットワークの多様化は残存しているものの、インターネットがネットワークとしての優位性を次第に勝ち取るとともに、企業内 LAN としてのイントラネット、企業間ネットワークとしてのエキストラネットが普及していった。EC ビジネスモデルの時代へ突入してきている。

---

14) 寺本・岩崎〔15〕43-46ページ。
15) 寺本・岩崎〔15〕47-52ページ。

図表11-5　日本におけるネットーワの推移と主要ツールの移行

年代	1970年代 ⇒	1980年代 ⇒	1990年代 ⇒	2000年代
ネットワーク種類	LAN WAN	VAN EDI	VAN EDI CALS INTERNET	EC
時代区分	個別競争の道具の時代	業界共通の基盤の時代	並存の時代 多様化の時代 選択の時代	収束の時代 互換の時代
ビジネスモデル	重厚長大型 多品種少量型	軽薄短小型 消費者ニーズ対応型 競争優位構築型	選択型	EC型

出所：太田進一〔11〕309ページ。

さらにネットワークの発展を見ると、④バーチャル・ネットワークが、①のアウトソーシング・ネットワーク、②のグローバル・ネットワーク、③のコーポラティブ・ネットワークの発展形態であり、統合されたネットワークであることが理解できる。

4.5　eビジネスと中小企業のビジネスモデル

①eアウトソーシング型ビジネスモデルでASPやポータルサイトがそうである。②eアライアンス（垂直統合）型ビジネスモデルでSCMやECRがそうである。③eアライアンス（水平統合）型ビジネスモデルでは、eコラボレーションが挙げられている。④eコーディネート（仲介）型ビジネスモデルでは、ネット・オークションやITコーディネーターがある。⑤e顧客サービス型ビジネスモデルでは、CRM（customer relationship management）とNC（network community）がある。⑥eダイレクト（中抜き）ビジネスモデルでは、DIC（direct internet commerce）がある。

4.6　ITの活用分野と中小企業におけるビジネスモデル

ITの活用分野の3つの目的と、中小精密金型企業におけるCAD／CAM

の導入の状況、それによる既存の業務分野の効率化・正確化の効果をみている。さらに東大阪市における3次元CAD導入によるビジネスモデルの類型化を試みている。

中小企業においては、ITの活用分野は次の三つを目的としている例が多い。
① 既存の業務分野の効率化・正確化
② 新たな事業分野への進出と取引範囲の拡大
③ 情報化そのものを業務分野とする事業、である。

東大阪市には数多くの中小企業、零細企業が集積しているが、これら中小企業・零細企業群のうち、近年、3次元CAD/CAMの技術を身に付けた新たなタイプの中小企業へと変身している中小企業が増えてきている。中小企業における情報化が進展する中で、東大阪市においても高度な情報化に対応した中小企業、零細企業が誕生してきているのである。すなわち、①先発型・オールラウンド型、②試作モデル提供型、③技術高度化・改良型、の三つのビジネスモデルに類型化できる。

参考文献
〔1〕 太田進一編著『ITと企業政策』晃洋書房、2004年。
〔2〕 太田進一編著『企業と政策』ミネルヴァ書房、2003年。
〔3〕 太田進一・阿辻茂夫編著『企業の政策科学とネットワーク』晃洋書房、2001年。
〔4〕 デビッド・スカイァミー、太田進一・阿辻茂夫・施學昌監訳『知識ビジネス―オンライン取引と知識の商業化の統合―』晃洋書房、2003年。
〔5〕 太田進一編著『企業政策論と総合政策科学』中央経済社、1999年。
〔6〕 大谷實・太田進一・真山達志編著『総合政策科学入門』成文堂、1998年。
〔7〕 太田進一「経営戦略とITとビジネスモデル」『同志社商学』第55巻第4・5・6号、2004年3月。
〔8〕 太田進一「1990年代における中小企業の国際競争力の減退と要因」『中小企業季報』(大阪経済大学中小企業・経営研究所) 2002年No.1、2002年4月。
〔9〕 太田進一「BtoB・BtoC電子商取引の展開と経営戦略」『同志社商学』第52巻第4・5・6号、2001年3月。
〔10〕 太田進一「ネットワーク形態の段階的発展と進化」『同志社政策科学研究』第2巻(第1号)、2000年12月。
〔11〕 太田進一「最近の環境変化と企業経営における対応―大競争化、ネットワーク化、双方向化を中心に―」『同志社商学』第51巻第1号、1999年6月。
〔12〕 財団法人日本情報処理協会編『情報化白書2003』㈱コンピュータ・エージ社、

2003年。
〔13〕 日経ビジネス編『ゴーンが挑む7つの病』日経BP社、2000年。
〔14〕 原田保編著『IT時代の先端ビジネスモデル』同友館、2001年。
〔15〕 寺本義也・岩崎尚人『ビジネスモデル革命』生産性出版、2000年。
〔16〕 國領二郎『オープン・アーキテクチャ戦略：ネットワーク時代の協働モデル』ダイヤモンド社、1999年。
〔17〕 赤木昭夫『インターネット社会論』岩波書店、1996年。
〔18〕 野口宏・貫隆夫・須藤晴夫編著『電子情報ネットワークと産業社会』中央経済社、1998年。
〔19〕 伊藤友八郎『バーチャル企業連合』PHP研究所、1996年。
〔20〕 ダイヤモンド・ハーバード・ビジネス編集部編『アウトソーシングの実践と組織進化―最適効率とバーチャル・カンパニーへの挑戦』ダイヤモンド社、1996年。
〔21〕 Don Tapscot, *The Digital Economy—Promise and Perill in the Age of Networked Intelligence*, McGraw-Hill, 1996.〔ドン・タプスコット『デジタル・エコノミー』野村総合研究所、1996年。〕
〔22〕 紺野登・野中郁次郎『知力経営』日本経済新聞社、1995年。
〔23〕 Sieven L. Goldman, Roger N. Nagel & Kenneth Preiss, *Agile Competitors and Virtual Organizations—Strategies for Enriching the Cussioner*, International Thomson Publishing Inc., 1995.〔ゴールドマン、R. N. ネーゲル、K. プライスト『アジル・コンペティション』日本経済新聞社、1996年。〕
〔24〕 Thomson Publishing Inc., 1995.〔ゴールドマン、R. N. ネーゲル、K. プライスト『アジル・コンペティション』日本経済新聞社、1996年。〕
〔25〕 目代洋一・渡辺弘・松島桂樹編『グローバルビジネス―経営戦略と成功へのシナリオ―』㈱工業調査会、1992年。
〔26〕 『エコノミスト』2003年8月26日号。
〔27〕 「特集 逆襲のソニー」『週間東洋経済』2002年2月9日号、37ページ。
〔28〕 中小企業金融公庫調査部「大手メーカーのグリーン調達が中小メーカーへ与える影響とその対応策」『中小公庫レポート』No.2001-2、2002年1月。
〔29〕 南雲俊忠「ユビキタス・ネットワーク時代の革新的事業モデル」『知的資産創造』第10巻1号、2002年1月号。
〔30〕 遠山曉「情報技術と持続的競争優位の再検討」『経営研究』（大阪市立大学）第52巻第4号、2002年 January。
〔31〕 「特集 空洞化本当の恐怖」『週刊ダイヤモンド』2002年1月12日早春号。
〔32〕 「トヨタ、知られざる情報化の全貌」『日経コンピュータ』2001年12月17日号。
〔33〕 高橋琢磨「ユビキタス・ネットワーク社会と日本の産業競争力」『知的資産創造』2001年10月号、Vol. 9 No.10。
〔34〕 楠木建「ITのインパクトと企業戦略」『一ツ橋ビジネスレビュー』2001年 Spr. 号。

〔35〕 山田基成「中小企業における電子商取引の普及と課題」『商工金融』第51巻第8号、2001年8月号。
〔36〕 日置克史「ネットワーク統合と価値創出の新指標」『一ツ橋ビジネスレビュー』2001年 Spr. 号。
〔37〕 巽信晴「高度情報通信ネットワーク社会の中小企業問題」『中小企業季報』2001年No. 3、2001年10月。
〔38〕 『日経ビジネス』1996年10月31日号。
〔39〕 Charles R. Greer, Stuart A. Youngblood and David A. Gray, Human resources management outsourcing : The make or buy decision, *Academy of Management Executive*, 1999. Vol. 13, No. 3, August 1999.
〔40〕 Kathy M. Ripin & Leonard R. Sayles, *Insider Strategies for Outosourcing Information Systems―Building Productive Partnerships Avoiding Seductive Traps*, Oxford University Press, 1999.
〔41〕 David M. Upton and Andrew Mcafee, The Real Virtual Factory, *HARVARD BUSINESS REVIEW*, July-August 1996, Vol. 74 No. 4.
〔42〕 東大阪市技術交流プラザのホームページ。http://www.techplaza.city.higashiosaka.osaka.jp/ 2003年11月27日。
〔43〕 コカコーラ社のホームページ。
    http://www.cocacola.co.jp/index3.html 2003年11月27日。
〔44〕 ペプシコーラ社のホームページ。
    http://www.pepsi.co.jp/menu1.html 2003年11月27日。

第12章　労働研究の方法的視座

1. はじめに

1.1　社会の総体的認識

　次のような簡単な思考実験をしてみよう。今仮に誰か篤志家がお金をいくらでも出すからどうか現代社会がこういうものだと描いてほしい、と頼まれたらどうすべきであろうか。頼まれた方はとまどって、篤志家に「課題が漠然としているのでもっと具体的に課題を絞ってほしいと」言うかもしれない。だが、篤志家は「私はこの社会がどのようなものかをわかりたいだけで具体的な課題があるわけではない」と答えたとする。人によってはアンケート調査を試みる人もいよう。各種のアンケート調査を丹念にひもとく人もあろう。白書を読む人もいれば、新聞に当たる人もいるだろう。だが所詮、それは正解のない解を求めて延々と解き続けなくてはならない徒労が予定されているだけである。この思考実験で重要なことは、この徒労をどこでやめるかが唯一の実際的問題で、おそらく自分が「これで大体わかった」と得心したところでやめるにしくはないということであり、この労多き作業に不可欠なものは、実は必ずしもお金ではなくて、社会を総体的に描くにあたっての方法であるということに気付くはずである。社会科学の難しさも楽しさもひとえにこの方法の探求の難しさと楽しさにあると言い換えてもよい。

　実は社会科学の領域における古典と称されてきた作品は、上の篤志家の心をもって、つまり、個人的打算から学ぶという態度をみじんも持ち合わせず、個人的で特殊な課題から離れて、私たちが生きてきたこの世の中についての過去と現在と未来についてその成り立ちや仕組みを総体的に認識しよう

として構築された、その人なりの「得心」の遺産とみることができる。教養主義というありようが学生の日常生活にとって無縁になって既に久しい昨今、個人的打算を離れてこの世を認識しようなどというのは時代錯誤も甚だしいに違いないけれど、善き意味での教養主義から出発するのでなければ、社会科学は果てしもなく実学に傾斜するにとどまらず、否、実学への傾斜は経験科学として健全な証拠であるけれど、その傾斜は健全な実学に踏みとどまれずにマニュアル化＝対処術への途をいやおうもなく滑落する勾配をもっている。このことを私たちはここ四半世紀の間にどれほど痛々しく体験してきたことか。

　優れた先人達の遺産の鑑賞をする労を省いて、私の「得心」の仕方を恥ずかしさを忍んでここに示したい。まず、第一に、多少とも社会や経済を勉強すれば、次のことが確認される。一つには市場というものがあって、そこでは商品が価格というサインによってその需要量と供給量が決定される仕組みがあるということ、もう一つは、そうした市場での価格と需要量のサインを手掛かりに商品を供給する企業という当事者、市場から商品を購入し消費する家計という当事者、公共的財やサービスを租税の徴収によって提供する政府という当事者とがあるということ、これである。ここで、政府部門を措いて問わないとしても、企業と家計とは労働市場と消費財市場によって労働サービスと消費財とが交換されて関係付けられている。平たく言えば、家計は賃金収入によって規定され、市場から商品を購入して生計を維持している。しかし、この賃金収入がやっかいで労働市場の需給で決定されているとは直感できないし、また実際にも、賃金が市場で決定されるというのは問題の限られた一側面に過ぎない。

　Ａという企業の課長の賃金は、そのポストをその都度新聞広告等で募集しているのであれば、その賃金は市場的決定によっていると言ってさして不都合はないが、常識的には企業内部から補充し、その賃金は社内の賃金規定に則っている。しからば、その賃金規定は何らかの市場的決定の結果であろうか。そうとも言えるし、そうでないとも言える。現行の賃金規定の賃金額は年々の金額改定の結果であり、その改定幅はベースアップ率が市況をなにがしか反映している限りにおいて市場的性格を持つ。しかし、それとても、

幾重にも市場的ならざる要因がからまっている。何よりも賃金の原資の増分がなにがしかの市場的性格を持ったとしても、その原資を個々の仕事や人へ具体的にどのように配分するかは組織内部の原理によっていると考えるほかない。課長の外部労働市場がないからである。

ということは個々の賃金が組織的な原理に大いに依存して決定され、そうした賃金が一般商品の原価を構成するということになると、現代社会の仕組みは表層は市場によって覆われているけれど、その土壌には組織の原理が堆積しており、その土壌の性格によって市場に表現される成果の程も異なってくるという見方がむしろ自然のように思われる。そのように見通してみると、組織の原理を知る簡便な手掛かりをつかむことが、「得心」への手がかりを供するものであると考えた。そのためには労働というサービスに着目し、その価格決定に執着してその仕組みを明らかにすることが、実は日本の、あるいはアメリカの社会の像を描く重要なきっかけになるのではないかという着想にたどり着いたのである。

1.2　社会思想

しかし、それは全く私の個人的な着想というわけでもない。社会思想の方面では経済学のようなせせこましい議論ではとうてい社会を総体的に認識することはできないという自覚がこの分野にはあるのだろう、このため、まことにおおらかに事柄の真実を言い当ててしまっている。西部邁『人間論』に次のような記述がみられる。「労働力の使われ方をめぐって、組織というかならずしも契約観念に馴染まない要因が浮かび上がってくる。……労働条件は企業組織に労働者がどうかかわるかということであり、それは一般に長期にわたるしかも不確実なかかわりなので、明示的な契約にはなりえない部分を多く含むのである。つまり、労働力は企業組織における（ある程度の）固定した要素となるのであり、その固定要素は企業の外部にある市場から企業組織という名のいわば半透膜によって隔てられ、そこで集団的な人間関係が展開されるのである。組織は人間の関係であり、人間関係は言語の関係である。……すると、組織のハイアラキーが生まれ、その位階制のなかにおける人々の行動は個人主義的には説明されえないような集団主義的なグラマーに

よって統御されることになる。」(pp. 83-84) 経済活動にとって組織は必然であるから、「いずれにせよ、経済活動は横軸としての市場的競争と縦軸としての組織的規制、という二次元の空間のなかで営まれる。」(西部 [2000] p. 490) まことに簡潔で適切な説明ではないか。おそらく研究の課題はこの概括的な真理をいかにオペレーショナルに、つまり、調査項目にまで具体化し得るように分節化できるかにある。

　上述の概括的な真理は世の中を虚心に観ればあたりまえのことであるが、恐るべきは経済学のイデオロギーである。「経済学では、経済のすべてがあたかも横軸の市場的競争だけで成り立つし成り立つべきだ、という見方が普及しているので、しばしば縦軸の組織的規制の現実が不当であるかのようにいわれている。」(同上)「集団主義的なグラマー」なり「組織的規制」の存在を「不当」とせずに、それらを読み解く視野を確保することが労働研究にとって避けがたい課題となる。西部はこの点にかかわって言う。「勤労者は、人間である以上は当然のこととして、価値を抱くし、慣習を守る。……そこにおける価値の問題を理解するためには文化学的な素養がなければならず、慣習については社会学的な知見が必要になり、権力については政治学的な洞察がなければならない。」(同上 p. 492) その通りだと思う。そんな博学を持ち合わせていないのだけれど、いかに稚拙であってもそういう方面への気配りなしには「集団主義的なグラマー」は解読できないということは私にもよく理解できる。

　いずれにしても、社会の総体的認識にとって、市場的に調整されない領域のあり方への接近方法が枢要だということは了解されよう。問題はその方法を明示することである。

2．マルクス経済学と労働問題

　結局、労働は人間に担われている。その人間存在は価値や慣習にとらわれているということである。喜び、悲しみ、怒り、共感、軽蔑、誇り等々の感情から無縁な人間はあり得ないし、労働はそのような人間が寄り集まった組織によって多くの場合担われていることになれば、そうした感情が一層複雑

なインターラクションを生み、個人もしくは集団間の共感や協力の感情のみならずそこには敵対や対立の感情から労働たるもの自由ではないと考えるのが自然である。労働は、生産要素としては経済学の対象であったが、このような事情からその研究は経済学から相対的に独自の方法を生む必然性のもとにあった。

2.1 『資本論』

マルクス経済学は、かつては近代経済学と並び称され二つの経済学の一方の雄であった。20世紀の社会主義の実験の悲惨な失敗によってその学的権威も著しく損傷したけれど、その方法の構成は市場の破綻を不可欠の契機として内包しており、それ故に経済学といいながら「経済学から相対的に独自の方法」をあからさまに示している点で興味深い。そればかりではない。実に我が国の労働研究の多くは、その理論的研究であれ、実証的研究であれ、方法的前提と言うにはあいまいであったけれど、その大まかな観点としてはマルクス経済学を前提にしていたとみて大過はない。そのことが労働研究にどのような方法的特徴を付与していたのかを反省してみることは、今私たちが研究の新しい次元に手がかりをつける上で欠かせない作業である。

マルクス経済学＝『資本論』は商品の分析から始まり地主、資本家、労働者の三大階級に終わる壮大な論理の大系をなしている。この単純なものから具体的で現実的なものへの論理展開が単に並列的な事物の記述に終わっていないのは、論理展開上の矛盾をてこに、その矛盾を論理が克服するプロセスとして議論を進行させているからである。これを難しく弁証法などと呼んできたが、論理を首尾一貫させる論理的手続きとしては私たちになじみの方法である。商品の分析から、等価交換を説くのだけれど、等価交換であれば利潤（剰余価値）の発生が説明できない。そこで労働力という特殊な商品の必然を言う。この労働力商品の特殊性は『資本論』の説明では価値以上の価値を生むことに求められる。人が10時間労働して10時間分の価値を商品に付け加えたとしても、その人自体の価値は「その人が明日も今日と同じように元気に働けるのに必要な生活物資の価値」（＝労働力の再生産費）であるから、それが仮に6時間分の価値であるとすれば、まさに価値以上に価値を生む特

殊な商品であると言うわけである。この説明から賃金＝労働者を、剰余価値の分化としての利潤＝資本家と地代＝地主を展開していくわけである。

　このように賃金、利潤、地代をカテゴリカルに展開していくための大前提に、「価値以上に価値を生む特殊な商品」として労働力がとらえられたが、他方、この商品は資本家に購入された後の実際の労働過程で、先の例に従えば、10時間の労働をさらに延長したり、あるいは時間あたりの労働密度を強化しようとしてやまない資本家もしくはその代行人＝経営者と、自分の価値である6時間を主張するのではないが（それは認識できないからであるが）「そんなに働かされるつもりではなかった」と感ずる労働者とは反目し敵対せざるを得ない、ととらえられる。労働者のそうした感性に依拠する以上その敵対の具体的態様は歴史的にも地理的にも特定された労働者存在の実在をもって描かれるほかないけれど、実際『資本論』では19世紀中葉のイギリスの工場監督官の報告書を活用してその実態を描写したのであるが、それはともかく、歴史の趨勢としては工場制度の発達とともに労働者の工場への集積が進み、他方で資本家の少数への集約が進行して、自らはついに永遠に労働者たる地位から脱出できない境遇は資本主義経済の機構的な必然に発することであることを肌身で感じるにいたる労働者階級は資本主義社会の打倒＝革命へと赴く必然性のもとにある、と説くのであった。

　まことに粗雑な要約であるが、次のように言っていいと思う。人間の働く能力を貨幣で買うこと（＝労働力の商品化）が常態化することが資本主義経済の自立（＝剰余価値の自立的生産）にとって不可欠の前提であったが、その前提が「そんなに働かされるつもりではなかった」という感情によっておびやかされる。『資本論』はこの点を次のように交換過程と生産過程での落差として説いている。「労働力の買いと売りとが……行われている流通または商品交換の部面は……天賦人権の真の花園であった。ここにもっぱら行われていることは、自由、平等、財産、ベンサムである。……労働力の買い手と売り手とは……自由なる、法的に対等の人として契約する。……彼らは、ただ商品所有者としてのみ相互に相関係し合い、等価と等価とを交換する……。彼らを一緒にし、一つの関係に結びつける唯一の力は、彼らの利己、彼らの特殊利益、彼らの私的利益の力だけである。」(p. 228) この「予定調

和」の商品交換の場面から「無用な者入るべからず」と書いてある「かくれた生産の場所」では「資本家は……彼の買い手としての権利を主張する。」すなわち購入した彼の商品＝労働力から「能うかぎり大きい効用を打ち出そうとする。」他方、労働者は「明日も、今日と同じ標準状態の力、健康、および気分をもって、僕は労働できねばならない」と主張する。「ともに等しく商品交換の法則によって、確認された権利と権利との対立が生ずる。同等な権利と権利とのあいだでは、力がことを決する」(pp. 302-3) とまで言う。

2.2 宇野理論

このように、近代経済学と違って、『資本論』は資本主義経済が労働と資本との非和解的対立を内包していることを明確にしていたのであるが、ここから、非和解的対立にもかかわらず資本主義がその後世紀をまたいで存続してきた歴史的事実を前提に出発した日本の社会科学は二筋の研究を必然化した。

一つは『資本論』の中にあった労働と資本との非和解的対立の態様が論理だけでは規定できず、歴史的規定を待たなくてはならないという事情をくんで、論理的にのみ展開できる筋を純粋に取り出して再構成し、歴史的に具体的な事柄は別途取り扱うという体系を構築する方向であった。宇野弘蔵によるいわゆる「宇野理論」がそれである。『資本論』を「原理論」として純化し、資本主義が原理としては永遠に存続するロジックスのもとにあることを示し、歴史的に具体的なるものは「段階論」と「現状分析」で扱うという三段階論である。労働問題研究の側からみた「宇野理論」の総括的評価は中西洋『日本における「社会政策」・「労働問題」研究』で余すところなく述べられているので、それを参照すべきであるが、「段階論」でも「現状分析」でも結局、労働問題を分析する手法は示されずに終わっている。これは、「原理論」で労働問題を放逐したことに因ると言ってよいと思う。

勿論、「原理論」にあっても労働力の商品化は特別の意義を持って論じられていた。宇野 (1974) は述べている。「労働力の商品化は、資本主義社会の根本的な基礎をなすものであるが、しかしまた元来商品として生産されたものでないものが商品化しているのであって、その根本的弱点をなしてい

る。恐慌現象が資本主義社会の根本的矛盾の発現として、そしてまた同時にその現実的解決をなすということは、この労働力の商品化にその根拠を有しているのである。」（p. 60）労働力商品は資本主義社会の根本的な基礎をなすにもかかわらず、自然と並んで資本家的に生産し得ない特殊な商品であるために、好況期で労働需要が強まってもそれに応じて資本家的に供給を増加させ得ず、労賃の高騰を招きそれが利潤率を低下させ利子率との衝突を招いて恐慌が発生する、と説かれる。まことに鋭い着想であり、宇野「原理論」の白眉をなす論点であるが、労働力商品の資本主義にとっての質的制約と言いながら、内容的には、需給調整のままならない商品として、つまり、量的制約に純化してとらえているために、労働と資本と非和解的対立という質的制約は彼の理論体系から放逐されていくことになった。

2.3 大河内理論

今一筋の途は『資本論』の中にあった労使対立を、それとして認めた上で、しかしその対立を処理する立法的な措置＝政策展開もまた必然であるとして、その対立が制度の破綻＝革命へと展開するのではなく、その政策展開を通じて労使対立の態様と資本蓄積の態様も変質するという筋の研究で、いわゆる社会政策研究がそれである。我が国の労働問題研究の淵源は社会政策研究にあったのであるが、その理由も社会政策研究がこのように労働問題の存在を原理の次元で受け止めた点に求められよう。注意を促しておきたいのは「社会政策本質論争」という論争の次元の低さをもって社会政策研究の価値を洗い流してはならないということである。この論争の次元の低さは、ただ専ら、そうした政策が階級対立を不可欠の前提にしたのか否かを『資本論』をどのように読んだかを言い募る、その思考の浅薄さにあったのであるが、この論争の一方の当事者とされてしまった大河内一男は、論争のそうした思慮のなさをおそらくもっとも嫌悪したのであろう、この論争に参加していない。

さて、大河内（1950）は、社会政策を労働者保護をめぐる社会政策と労働者組織をめぐる社会政策とを論理的にも歴史的にも区別されるべきものとして、まず、前者について次のように述べた。「労働者保護を中心とする社会

政策は、その対象を原則として生産要素＝「労働力」に求める。……彼等が階級意識をもった存在であるか否か、また彼等が資本に対する組織的闘争者として立ち現はれているか否かは、ここでは一応問題外である。……労働者側の要求や闘争なくしても、総体としての資本は、それ自らの生命の根底が脅かされないためには、或いは自己に所属する労働力群が不足したり死滅したり質的に浮動的で劣弱であったりすることを防止する経済的必要から、それを合理的に管理する必要に逼まられ、その管理の最も現実的な手がかりとして、先づ労働条件または雇用条件の合理化に手を着けるのである。」(pp. 8-9)「労働者の要求や闘争なくしても」資本主義が労働者保護の立法的措置を講ずる必然性があるというこの主張はマルクス主義者の逆鱗に触れることになったのであるが、あえてそうした反発を覚悟の上でこのように主張し、また主張し続けた大河内の資本主義観が重要である。それは資本主義のもつ可塑性・柔軟性を資本主義国家の政策が担保しているという理解、しかも、そうした政策が資本主義経済の外から持ち込まれるのではなくて、資本主義経済の内的必然として形成されるという理解、あるいは、経済と法とを雇用関係を媒介に一体的に理解する仕方様式、これは勿論『資本論』の忠実な解釈ではないけれど、あえて『資本論』の論理を飛躍させてみないと、現実の資本主義社会の記述はかなわないという大河内の社会科学者としての誠実と独創がもちきたらしたものであった[1]。

　後者の社会政策については次のような説明となる。「労働者組織を中心とする社会政策は「労働力」を対象とする、と言ふよりは、労働者を対象とする、と言った方が……その特徴が明確になる。近世の賃労働は、その発達の初期に於ては、謂はばそれ自らに於ける存在として無自覚であり、資本に対する階級意識をもった存在ではなかったが、資本制経済の発展に伴って、次第に彼等は単なる資本のための生産要素たる「労働力」であることから、資本に対する自覚した労働者となりはじめる。それとともに、従来孤立分散していた労働者は、自己の利益を擁護するために団結し、また資本に対して闘争を試みる。この場合に於てもなほ、総体としての資本は、これを只管に弾圧することなく、労働者組織の合法性を容認し、彼等の闘争を……ある程度まで資本制的な市場経済的な技術と考えて、進んで承認しこれを規格化さ

うとするのは、かくしてはじめて、この段階に於ける組織化され自覚化された「労働力」を資本が安全にその手に把握することが出来るからであり、且つまたこれによって、合理化され大規模化した近代的経営は、はじめてその技能の点でも意識の点でも成熟した「労働力」を統括する手段を自ら獲得したことになるのである。」(pp. 9-10)。この記述に明瞭なことは、労働者存在と政策とが発展論的に位置づけられていることである。すなわち、労働者は資本主義の初期においては生産要素たる「労働力」にとどまり、階級意識もなく単に生物的自然的存在にとどまるが、しかも、このことが個別資本の乱用を通じて商品の摩滅と萎縮をもたらす。そこに総資本が労働力を保全する必要が生じ、労働者保護立法が成立する。しかし、そうした労働者保護がまがりなりにもなされるに至ると、労働者は階級意識を持ち自ら団結するような社会的存在に成長する。この存在それ自体が資本にとって脅威であり、かつ闘争する存在となれば、この団結を法認してそこに一定の秩序の枠を定めるのが総資本にとって合理的行動だということになる、というのである。

　こうした説明の細部については随所に論理展開の無理が発見できないないわけでないが、労働研究の方法の発見という観点からすると、中西 (1979) が大河内理論の枢要点として示した次のような政策的観点の理解が重要である。「社会政策をば歴史的且社会的に、資本主義社会の矛盾の・而して同時にまたその矛盾の克服への努力の資本主義的な・表現として之を把握する事のみが、而して又与へられたる社会政策的方策をば一定の経済的乃至その上に立っての階級的関係の集中的凝結若しくは表現として取り扱う事のみが理論的社会政策の課題であろう。」（大河内 (1931)) この文意はこういうことではないか。社会政策を事態の集約的な表現＝記号として、これをとらえること、それがなにを表現しているかと言えば、資本主義社会の矛盾の表現、矛盾の克服の努力の表現、階級的関係の表現であるということである。これほど豊かな表現であれば、ここが要点であるが、政策をつかんではなさないこと、これができればすべてがわかるということではないか。この方法に賭けた大河内の真摯さが、細部の展開の不備をあえて残しながらも、資本主義社会の展開に関する明晰なビジョンを造形し得たのではなかったのか。

　冒頭に、社会の総体的認識にとって、市場的に調整されない領域のあり方

への接近方法を明示することが枢要だ、と述べた。大河内はこの課題について一つの明瞭な解答を示したと言ってよい。

3．労使関係論

　大河内理論は、その後、非労働力である高齢者や障害者の生活保障に関わる政策展開や労働力であっても労働以外の生活に関わる政策展開について「労働力保全」という概念では十分にとらえきれないという批判にさらされたが、その批判は一理あると私も同意するけれど、この理論の中心的課題でないところでの批判になっているきらいがある。中心的課題とは、私のみるところ、労働が市場社会の富の源泉であるにもかかわらず、労働は市場的取引では処理しきれない一つのプロブレムであり、その問題性は労働を人間が担うということからして人間存在の問題性として提出されざるを得ず、その人間が不完全である以上は、究極的な解決の望めない永続的問題であって、社会科学の課題はその問題の記述にまずはどのようにしたら理性の様式を施しうるのか、という課題であったはずである。これは大河内が直面した課題というよりは、彼が引き受けた課題の性格の外延はそういうところに広がっていたという意味である。この課題に対し、大河内は、彼の生きた社会科学の時代背景が然らしめたのであるが、『資本論』をいったんはくぐり、しかる後に彼の独創力が然らしめたのであるが、なおそれをくぐり抜けるのに成功した希有な学者であった。早熟的にくぐり抜けた地平には政策の記号的理解が広がっていた、というわけである。

　この観点からすると、「矛盾の克服への努力の資本主義的な表現」であり、「階級的関係の集中的凝結」と言えるものは国家の立法政策に限らず、産業や企業というレベルにも程度の違いこそあれ記号的存在はあるという視野をもったらどうなるのか。労働力というありふれた商品の問題もまずは日常的な職場で発現するのであって、その日常性にふさわしい記号的表現があるとみる方が自然ではないだろうか。職場、企業、産業レベルの「表現」なり「集中的凝結」の前提の上に国家の立法が立つという関係としてとらえた方が「市場的に調整されない領域への接近方法」としては包括的ではないの

か。

3.1　ダンロップの労使関係論

　こうした問題意識の線上に労使関係論が浮上する。さて、著名なダンロップ（1958）の労使関係論は産業社会を経済的サブシステムと労使関係的サブシステム（industrial relations subsystem）とから成りたつものと考えた。これは平明に言えば、産業社会を市場と組織とからなると考えたと言い換えてもよいだろう。問題は後者であるが、「その発展のいかなる時点をとってみても、特定の当事者、特定の環境、労使関係制度を制度として統一している一定のイデオロギー、並びに職場の当事者を統御している規則の体系（a body of rules）の四つから構成されている」（p. 7）と輪郭を明確にした。特に注目すべきは「経済的サブシステムが商品やサービスの生産と交換を通じて欲求の充足を分析の焦点としているのとちょうど同じように、労使関係的サブシステムの主要な関心でもあり成果でもあるところのものは、規則の制定と運用にある」（p. 13）と断定したことである。これはいさぎのよい優れた断定である。というのも、市場の分析はそこでの価格決定の分析であり、その決定は需要と供給の価格と数量との関数型の問題に集約されるのに対して、組織の分析は、政治学や社会学や心理学や、つまり経済学以外の社会科学が、言い方は悪いが、寄ってたかって食い散らすという有様で、この惨状に秩序を与えるのは規則の分析以外にないと明言しているからである。

　先に西部の認識を紹介した。そこでは「組織は人間の関係であり、人間関係は言語の関係である」ということから、「集団主義的なグラマーによる統御」が組織の本質であることを指摘し、「経済活動は横軸としての市場的競争と縦軸としての組織的規制の二次元の空間で営まれると」する見通しが述べられていたが、上のダンロップの方法は「集団主義的グラマー」なり「組織的規制」なりを規則の研究としてオペレーショナルに展開している。オペレーショナルという意味は、研究の立場からすれば、これにより事実発見ができるという意味であり、より具体的には調査項目が列挙でき、事情に精通した当事者（＝調査対象者）はよどみなく答えることができるという意味である。他方、実践者たる実務家や組合の役員は、それにより現状が客観的

に記述できるという意味である。

　このような労使関係論にいうところの規則は、その要点のみを記せば、実体的規則と手続的規則とからなり、実体的規則は(ア)報酬を規定する規則、(イ)労働者に期待される業務とその達成水準ならびに達成できなかったことに対する制裁に関する規則、からなり、他方、手続的規則は(ア)経営の一方的に定める規則や政策、(イ)労働側が定める規則、(ウ)政府機関の発する法律、条例、裁定、決定、(エ)団体協約、(オ)職場の慣行、からなる。これらの立ち入った説明は石田（2003）を参照されたい。また、ダンロップの労使関係論の現代的問題点は改めて以下の4で触れたい。ここでは労使関係論にたどり着くことによって、経済活動の非市場的分野である制度＝組織は、規則を唯一の手がかりに記述できるのだ、という見地を手にしたということを確認できればよい。

3.2 『現代労働問題』

　ダンロップはなぜ、規則が発生するかを明示的に論じていない。ただ、雇用関係がある以上、そこに必ず規則があるのだという、いわば事実を模写するがごときナイーヴな立脚点にたっていたのだが、大河内ですら『資本論』に学び『資本論』を越えるという手続きを運命のようにして通ったように日本の社会科学は著しくマルクス主義の影響のもとにあった[2]。以下、戸塚・徳永（1977）＝『現代労働問題』を紹介するのは、実態調査の経験を経た日本の労働研究もそうしたマルクス経済学の学風とダンロップ流の労使関係論が組み合わされるようになったが[3]、その結果、分析の射程が拡がり、実証の確度が数段高まったということをみておきたいからである。

　勿論、ここで本書の内容を紹介しようというのではない。この本はイギリス、アメリカ合衆国、ドイツ、フランス、イタリアの先進五カ国の労使関係の19世紀から1970年代までの展開を事実の羅列ではない形で記述し、1970年代という「現代」を鮮明に描くことに成功した優れた学問的遺産である。そこで、関心はなぜこの本はさほどに成功しているのかという一点である。このような文章に出会う。「資本は労働力を商品形態でその運動のなかに包摂することによって、およそ一般商品の場合にはありえぬ特殊な困難、特殊な

脅威を胎内にかかえるのである。資本の順当な運動は、そのような困難・脅威をなんらかの形で「解決」することなしには続行しえない。では、現実にそれはいかに「解決」されてきたのであろうか。」(p. 7) この文章は、労働力商品化の困難を、困難それ自体を記述するというのではなくて、その「解決」のされかたによって描こうという、大河内の政策論的な手法を平易に伝えたものである。しかも、「労働問題の歴史的考察においては、かの「難点」が現実に資本主義にとって重大な制約となってあらわれ、既存の賃労働支配の様式自体の有効性が問われるような転換点、いわば歴史的な節をなす時期に注目しなければならない。……そこでの危機克服の方向をめぐる労資の対抗を媒介項として、いかにして新たな労資関係の枠組みが形成されているか、という点に注目することによって、労資関係の歴史的動態を明らかにしうるように思われる。」(pp. 10-11) と続く。ここでは「労資関係の枠組み」という表現で先の「解決」をより立体的につかまえようとしている。

その「労資関係の枠組み」の具体的内容を列挙すれば、「資本家側が労働組合を労働力の集団的取引(＝団体交渉)の相手として認めているか否か、認めているとすれば、どのレベルで(たとえば、個別企業でか、地域でか、全国でか、など)、どのような事柄についての交渉に応じているか、交渉がととのった場合にはどのような協約が締結されているか、そこに紛争処理のルールについてどのような規定がもりこまれているか、……経営内諸問題についての労働者の欲求・不満をどのように吸いあげているか、……末端職制がそれを個別的におこなうにとどまっているか、それとも労使協議の仕組が形成されているか。労使協議の仕組が形成されている場合には、それはいかに構成され、また、いかに運営されているか。(団体交渉と)この企業レベルあるいは事業所、職場レベルでの労使協議の仕組みはどのような関係にたっているか。」(pp12-13) ここには労使関係論の規則、それも手続的規則を柱にして「労資関係の枠組み」を構想していることが明瞭に示されている。

この方法にたって、1970年代の「現在」に直結する「国家独占資本主義」の労使関係の基本的構成は、第一次世界大戦を契機とする「労働組合と労使協議機関との複合的枠組みの構築」(p. 27) によって性格づけられることを明確にした[4]。つまり、賃金や労働時間は個別企業の枠を越えた産業や地域

のレベルで労働組合と使用者団体との団体交渉で決定され、他方、そうした大枠としての賃金や労働時間では律せられないその具体的適用をめぐる紛争や仕事の配置や作業能率等の問題や係争は企業内部の労使協議で決定するという、団体交渉と労使協議制の「複合的枠組み」の成立によって、「近代」と「現代」が画期できるというのである。そして、1970年代の「現在」は「かの複合的枠組みを保持しながら、それを労働組合と労使協議機関との連携を強化する方向で再編することを通じて危機の現実化を防止しようとする」(p. 33) 時代であるが、そのことはエスタブリシュメントとしての労働組合が「国家への労働者の統合の担い手」(p. 32) に位置づけられるために、かえって賃金ドリフトや作業方法への不満や反乱という形で一般労働者の統合からの離反を生んでいるという現状分析で閉じられている。これほど過不足のない労使関係の近代と現代の記述を我々は他に見いだすことはできない。

　勿論こうした記述については疑問や反論も多いに違いない。これらの諸国の1980年代以降の労働事情の変転やあるいは我が日本の著しく異質な労使関係の編成を念頭に置けば、いっそうそうであろう。とりわけ、労働組合が企業別に組織され、団体交渉と労使協議とが渾然一体としている日本に住む私たちには上の記述に違和感を抱かざるをえないだろう。しかし、そうであっても、この『現代労働問題』の認識の枠組みが与えられたことによって、我々は先進諸外国の80年代以降の変化を変化として語ることができたのだし、日本については少なくとも高度成長期以降の雇用や労働を「日本的」経営や「日本的」労使関係といった言い回しにみられるように、彼我の仕訳をつけて語ることを可能にしたのであった。こうした『現代労働問題』の成功は、「解決」や「枠組み」という言葉に含意されている手続的規則への方法的執着ゆえのことであり、その執着が妥当であったのはマルクス経済学の前提としている労使の利害対立という想定がおおむね事実と照応していたということに求められる。利害対立の「解決」やその「枠組み」は妥協に至る手続きに関する合意を不可欠とするからである。

3.3 『労働の戦後史』[5)]

　しかし、日本は難問である。難問だという意味は上述したように団体交渉と労使協議が利害対立の「解決」の様式として分化していないという特殊な様相の国であるからだ。この日本の労働の歴史という難問に正攻法で向かった人は兵藤釗である。兵藤（1997）＝『労働の戦後史』の観点は、極めて正統的な労使関係論に拠っていると思われる。すでに 3.1 で述べたように、労使関係論は労使（もしくは政府）が仕事に関わるルールを制定し運用するという社会事象を分析することを職分としている。このような労使関係論に則って歴史を描こうとすれば、例えば賃金なら賃金というような特定の実体的規則を選び出してその変遷をたどるという方法もあり得るが、おそらくは特殊なケース・スタディにならざるを得ないだろう。特殊研究ではなく、『労働の戦後史』というような巨視的な眺望を確保し、その視角がいたずらに事実を拾い上げるという恣意から免れるために、唯一残された方法は個々の実体的規則ではなくて、手続的規則に着目することであった。つまり、『現代労働問題』と同様に、団体交渉制度や労使協議制度の生成・発展・（衰退）を記述することによって労働の歴史が描きうる、というのが著者の自覚された方法であったと思う。まことに正攻法である。

　手続的規則というのは労働条件（＝実体的規則）を決定するための手続きであるから、もっと平易に言えば労働条件決定機構と言い換えてもよい。まさにこの本の主旋律は労働条件決定機構の変遷史によって奏でられている。箇条書き風に要点を列挙すれば次のようになる。第一次世界大戦後の「横断的労働組合」の関与＝団体交渉を遮断した工場委員会体制、第二次大戦期の産業報国会体制と職場の懇談会。1946-47年、経営協議会をめぐっての労使対抗は、生産管理闘争に代表される変革エネルギーをバックに組合はこれを「人事権に対する組合規制の場」に結果。49年新労組法の成立を踏まえて経営は協約改定交渉を通じて、経営協議会を「組合規制の場」から諮問機関化を追求し一定の成果。52年の電産・炭労争議は単産としての産業別交渉（→統一協約）確立の試金石であったが、企業別交渉への切り崩しを防ぎ得なかった。53年の日産争議も全自動車の産別交渉の試みの劇的な蹉跌であり「あらためて、企業組合主義の根深さを示すこととなった」（上 p.107）というよ

うに記述されていく。

　このように、日本の労働史のダイナミズムは労働条件決定機構の二方面の葛藤として描かれる。すなわち、第一は労働条件の決定の場を個別企業ではなくて、産業別なりの企業を越えた領域に設けようという労働側の要求対それを自社の従業員だけの話し合いにとどめようという経営側の要求との確執である。第一次大戦後の「横断的労働組合」対「工場委員会」がそれであり、1950年代前半の電産・炭労・全自の産業別交渉をめぐる争議がそれである。第二は、仮に労働条件決定の場が企業内であっても、その決定事項の範囲を経営の専決事項にまで及ぼすことや決定にかかわる発言権を強化し、でき得れば労働側の一方的規制のもとにおくという労働側の要求とこれを防止しようとする経営側の確執である。1946-47年に多発した生産管理闘争、1949年の新労組法を契機とする協約改訂をめぐる経営側の攻勢がそれである。第一の企業を越えてという、また第二の企業の奥深くにという労働側の希求は、高度経済成長の始まる1955年頃の形勢として言えば、それぞれ企業を越えず、労使の役割をわきまえてという線に収まりつつあった。

　こうした企業主義化にもかかわらず、職場からの組織づくりを通じて「企業別組合そのものの足腰を鍛えなおそうとする」北陸鉄道労組や三池炭坑労組の職場闘争は、所属長との「職場でのかけ合い」「職制との集団交渉」を通じて職場での労使対等を目指すものであった。他方、1955年の八単産共闘に始まる春闘は「企業別組合を所与のものとして受けとめ、そこから出発しようという自覚」に「新しさ」があったのであるが（上 p. 128）、それでも、なお総評リーダーは産別の結束を強めるために三権の単産への委譲を企図するというように企業を越えて労働条件を決定しようとする。しかし、この努力で比較的進んでいた私鉄総連も合化労連も60年以降はむしろ後退した。だが、企業主義化は60年頃までは、なお反合理化闘争によって一定の制約を受けていた。58年の総評「組織綱領草案」にみられる如く、そこには「職場闘争を基調にすえ、企業別組合の「階級化」をはかろうという」（上 p. 213）運動思想はそれなりに健在であったからである。

　しかしながら、労働条件決定機構の変遷史として記述は60年の三池争議以降、時代をくだるとともにその生彩を失う。三池争議の反省に基づく、60年

代はじめの政策転換闘争の内実は事前協議制であり、「活動の重点が組合本部」におかれ、「職場活動家のエネルギーに対して任務の授けようがないもの」(上 p. 236)になり、62年の総評「組織方針案」も「結果的に職場闘争を抑え」るものになる。以後、60年代後半には「労使協議制の拡延」(上 pp. 241-253)が述べられ、70-80年代の労使協議の「拡延」(下 pp. 334-351)も語られはするけれど、著者のメッセイジは聞き取りにくい。主題が見えない。つまり、企業主義の定着の中で、なお、その内在的克服として追求された職場レベルでの組合規制の強化のための労使協議制は、そうした内容を剥奪されてしまって、ただのっぺらぼうな「拡延」という形式でしか描きようがないものとなっているのではないか。これをマクロ的に補足する必要から誕生した、生活闘争、国民春闘、制度政策闘争、ネオ・コーポラティズム等の国家の経済・社会政策への参画の模索とその総決算としての労戦統一運動は、賃金交渉力を失った労働運動がその喪失を政治で補塡しようとしても、それは所詮砂を嚙むような政治劇しか提供できないとでも読むべきか。この点では井上雅雄(1997)の『社会変容と労働』の1―2章にみられる戦線統一に向けての組合リーダー達の言説の過剰な再現のほうが、この一連のプロセスの空虚さを自虐的にさらけ出しており、かえってリアリティがある。

　最後に、現在から将来に向けて「いくつかの労働組合の動きのなかには」生活者の視点に立って「企業社会そのものの変革にチャレンジしようとする息吹を感じることができる」(下 p. 536)という展望が語られる。私はと言えば、本書の70-80年代の記述は労使関係が企業主義一色に染め上げられる歴史過程であり、その変革は企業それ自体が立ち行かなくなる難局に陥る以外にその変革はないというのが素直な読み方のように思ってしまうが、この違いは、私が兵藤より不健全な精神的傾きをもっているのも一因であろうが、他方では兵藤が著者の方法では生彩ある記述を許さないような70-80年代の日本の労使関係の変質への自覚がなお十分に深刻ではないからのようにも思われる。

　問題の出発点は、やはり、60年代半ば以降の日本の労働は何故、労使関係論の正統的手法ではリアルに記述し得なくなったのかにある。勿論、「能力主義管理の再編成」等の近年の事実は過不足無く記述されているけれど、そ

れが労働条件決定機構をめぐる抗争として事実が把捉され咀嚼されていくという体系的展開ではなく、あれもこれもという記述の印象は免れない。それは一見して対象それ自体が散漫で乱雑な展開であるからに違いないが、論理的には、当の日本の労働それ自体が、この時期からくっきりと正統の労使関係論の前提を崩していく存在になったということ、したがって、対象の性格に即応した学の方法が実は要請されているのだということに思いをいたさざるを得ない。

　この本の記述に即しても次の諸点は労使関係の方法にかかわって非正統的議論を大胆に進める必要を示唆しているように思われる。(1)国労を代表とする公共部門は80年代初頭まで現場協議を通じての組合規制の攻防を軸に事実を整理できる労働実態にあったが、それは究極的には入職試験種別による昇進ルートの決定という階級性・差別性によって支えられていたもの（上 p. 272）とすれば、民間企業に一般的な能力主義的人事管理は、そうした赤裸々な階級性や差別性がない以上、組合規制の根を涸らすのに十分だとは断言できないのか。(2)兵藤はその能力主義管理が必ずしもそのような性格ではない根拠として、「企業が従業員に期待する人間像が従業員として働く生身の人間の思いと一致する保証は定かではない」（上 p. 181）と述べられる。そのとおりではあるが、これは組合規制の根拠とするには、余りにかそけき不一致ではなかろうか。(3)実際、80年代に至るまでの能力主義化のたどったたどたどしい足取りは「人事考課に対する組合の規制力が後退しつつある状況のなかで、職場のなかに人事管理の個別化にあらがうような公平感が息づいていた」（下 p. 364）と言ってよい。そう言ってよいのだけれど、その「職場の公平感」が「人事管理の個別化にあらがう」という意味は、職場の「和」を乱さないようにという配慮を生むというほどの意味であり、いわば人間集団一般の組織規範が職場秩序の規定要因になっているという意味であり、これはこれで日本の職場にある非労使関係的実態の猛威をかえって雄弁に語っているのではないか。(4)つまり、もっとあっさり言えば、兵藤が労働条件の決定機構の記述という方法ではリアルな描写ができなくなった1960年代後半以降の日本の状況は、労働条件の集団的取引を無内容化する過程が進行した時代であり、その背後で労働力商品の個別化が業務設定と人事考課の両面で

厳しく追求された時代であった。この時代認識に立ちきったとき、「日本的生産システムの深化」と「職能資格制度の見直し」とはそれぞれがエピソード風に語られるのではなくて、実は労使協議制度の空洞化の間隙を埋める労働力の個別取引のための労働給付（＝業務設定）と反対給付（＝人事考課）双方の制度的フレームワークの構築であったという、幾分かは奇抜な記述が可能になったのではなかろうか。

　勿論、これは一つの観点でしかなく、これにより著者ほどに事実が過不足無く拾い上げられるとは思えないけれど、著者が記述に難渋したであろう近時の四半世紀の労働史は、もう少し自虐的に、脱構築的に描くという書き方があるに違いないという思いは抑えがたい。また、その方がこれから労働を学ぼうとする人々にとって挑戦的な課題を突きつけることになりはしないかと思われるのである。

4．労使関係論の反省

4.1　手続的規則と実体的規則

　以上、2節と3節で述べたことはこういうことである。我が国の労働研究はマルクス経済学の伝統にあって、大河内の政策論的方法が労使関係論と結びつくことによって、労使の利害対立の「解決」の様式に即して労働を考察するという方法的観点を確立した。そのことはダンロップの労使関係論に即して言えば、手続的規則を重視する方法を必然化したのであるが、それは労働実態が労使の対抗の側面を主流にしている時代には適合的な観点であった。実際『現代労働問題』の明晰もそうした労働実態に基礎を置くものであったし、『労働の戦後史』の生彩も三井三池争議までの労使の対立の時代についてであった。

　時代が変わって説明力が落ちたという言い方は、私の議論の仕方が便宜的で恣意的であるという印象を与えるかもしれない。しかし、労働の実態の主要な特徴の変化にからめて説明するのがわかりやすいだろうということであって、私の真意は別のところにある。ダンロップの労使関係論のエッセンスが規則の分析にあって、その規則は手続的規則と実体的規則に区分されると

いうことは先に述べた。ところで小論で検討した『現代労働問題』も『労働の戦後史』もその手続的規則をオペレーショナルに展開してはいるけれど、実体的規則はオペレーショナルに展開されていない。そのことが現代日本の労働を分析する上で重要な不備を来しているのではないかということを言いたかったのである。

例えば実体的規則の代表である賃金のルールを考えてみよう。賃金に個人査定を織り込むのか、まったく織り込まないのかで労働はずいぶん違ったものになりはしないのか。役所の仕事ぶりと私企業の仕事ぶりを思い浮かべるだけで十分だろう。石田（1990）は日本と英国の労働を区別するもっとも重要なルール上の違いをただこの一点に求めた。それほど重要な実体的規則を労働研究は、なお十分に咀嚼できていない。勿論、人は賃金を語りはする、やれ成果主義だとか、年俸制だとか。労働時間も語りはする、裁量労働がどうしたとか。だが、それらは事実の断片であって、社会の総体的認識にまで視界がひらける語りにはなっていない。どうしたら実体的規則は社会の総体的認識に至るコーナーストーンの位置を占めうるのか。この点を考えるために、労使関係論とは別の脈絡で規則を論じることになっているウイリアムソン（1975）『市場と企業組織』を次に検討したい。

4.2 『市場と企業組織』の概要

ウイリアムソンは商品やサービスの取引が市場によってなされるのか、階層組織によってなされるのか、その分岐点を取引の効率性の観点から理論的に考察している。ハイエクが「経済システムの「驚異」は、価格が十分統計量として役立ち、そのことによって限定された合理性を節約することができる」と市場の側に深い信頼を寄せたのに対して、ウイリアムソンは「価格はしばしば十分統計量の資格をもちえないということ、またそのために階層組織が市場を介する交換におきかわるという事態がしばしばおこることを主張する」（p. 11邦訳以下同様）。ここでは、市場に成立する価格が種々なる情報を集約した簡便な記号であるという理解に対する信頼の違いが示されているが、ウイリアムソンのように市場での価格決定に留保を置くとなると、その分だけ価格に代わる記号を発見しなくてはならない。さもなければ、市場以

外の記述にあたって文化や歴史や法制度やの非市場的諸要素の恣意的な陳列に終始し、取引にとって極めて重要な実在である組織なるものはいつまでも理性的な認識の対象にならないことになってしまう。しかし、『市場と企業組織』は制度派の経済学の伝統に沿って「取引」の研究に関心を集中させ、その集中のおかげで価格に変わる組織の記号を発見することになった。この点をまず、紹介してみよう。

その理論的枠組みはおおまかに以下のように要約される。市場の取引が非効率になるのは、環境的要因と人間的要因とが重なったときである。

第一は、環境的要因である未来はわからないという意味での「不確実性」と、人間的要因である「限定された合理性」とが重なったときである。人間の合理性に限界があるというのは、サイモン（1957）が「複雑な問題を定式化し解くための人間の頭脳の能力は、現実世界において客観的に合理的な行動をとるために解くことを要求される問題のサイズにくらべて非常に小さい」と述べたことで、それは神経生理学上の限界であるとともに、より具体的には「言語の限界」として現れる。

第二は、人間的要因である「機会主義」が環境要因である「少数性」と結びついた場合である。「機会主義」とは単に自己の利益を追求するというのではなく、「虚偽の、ないしは実体のともなわない、すなわち自分で信じていない、脅しまたは約束」（p. 44）をもって私益を追求する行動である。このような「機会主義」は多かれ少なかれ自己の利益の追求にはともなうけれど、多数が取引に加わればやがて淘汰され無力化されるが、少数の取引であれば「機会主義」が幅を効かす。

ところで、雇用関係は四つの契約の様式に区分できるという（p. 110）。(1)将来において、ある特定の x をおこなうことを、いま契約する（＝販売契約）。(2)将来において、もし事象 ei が生じたならば、xi を引き渡すということを、いま契約する（＝条件つき請求権の契約）。(3)将来が実現するまで待つこととし、適当な（特定の）x のための契約を、その時点で締結する（＝逐次的現物契約）。(4)許容可能な集合 X のなかから特定の x を選択する権利のための契約を、いま締結し、特定の x の決定は将来まで延ばす（＝権限関係）。さて、(1)の販売契約は変化に対して並外れて不向きであるので無視す

るとして、(2)の条件つき請求権の契約は、限定された合理性のために、複雑な契約を作成できないし、万一作成できたとしても、双方が理解できないために合意が成立しそうもない。さらに契約の履行の段階で ei という事象がおきたかどうかをめぐって機会主義が幅を効かして合意が得られない可能性が高い。また、(3)の逐次的現物契約にも困難が伴う。特定の仕事の遂行能力が OJT でのみ獲得できる仕事（＝職務の特異性）を想定したときに、その労働支出をその都度交渉するとなると、競争者がいないために労働者の「機会主義」的行動によって過度の賃金要求にあうか、もしくは、努力水準を過度に下げられる（仕事の手抜きをしてうわべだけの協力にとどめる）というコストを生む。

　結局、条件つき請求権の契約や逐次的現物契約の取引上の非効率を克服すると思われるのは(4)の権限関係である。権限関係のもとでは、「条件つき請求権の契約にまつわるような重大な限定された合理性の問題を提起しない。権限関係は、また、逐次的現物契約方式とくらべても、契約の再交渉が必要となる頻度を減らすであろう。」(p. 121) だが、ここがウイリアムソンの優れた点だと思うが、権限関係にあっても、「両当事者が長期の関係で結ばれることが見込まれ、かつ、問題とされている職務が特異性をもつものであることを仮定すれば、逐次的現物契約がもつたいていの諸問題にはやはり直面しなければならないであろう」と言うのである。「すなわち、小規模でも累積的な与件の変化か大規模な与件の変化がおこれば、時間を通じて、賃金およびそれに関連する雇用条件を、どのように調整すべきであろうか？……世界の状態の決定、課業の規定、および仕事の成果について当事者間に不一致が生じたら、なにがおこるであろうか？」と。そこで「もっと効率的な契約方式があるか？」(pp. 121-122) と問う。

4.3 『市場と企業組織』の卓見

　この問いに対する解答は「イエス」だという。この解答がウイリアムソン流の「労働研究の方法的視座」を指し示さざるを得ないことは見やすい。彼はサイモン（1957）の権限関係があまりに漠然としていることにそうした問いの発生する根拠があるとみて、これをより具体的に特定化し定式化するこ

とを試みる。この作業は内部労働市場論として著名なドーリンジャー・ピオーレ（1971）を解釈し直すことを通じてなされているが、実はその部分は非常に問題の多い解釈であるが、ここではその問題に触れる余裕はない。にもかかわらず、彼がやや一般化して述べる権限関係の優位に関する定式化の数々は卓見に満ちている。羅列的であるが、その卓見と目される論点を列挙してみよう。

㋐不確実性と限定された合理性を前提にすると、市場での取引は条件つき請求権の契約になり、上述のような困難に直面するが、内部組織では「不確実性への適応を経営管理的なプロセスによって逐次的な仕方で達成することができる。こうして、すべてのおこりうる偶然的な事象を最初から予想しようとするかわりに、未来はしだいに展開してゆくことを許されるのである。」（p. 17）

㋑内部組織では「効率的な符号 codes が発展しやすく……特異な一言語かもしれないものを用いることによって、複雑な諸事象が非公式的な仕方で要約される。」これも「限定された合理性を節約する。」（p. 42）また、そのような「内部符号 internal code」は「特異性をもつ諸条件をたいした困難なくコミュニケート」することを可能とするから、「情報の偏在を機会主義的に利用する誘因を弱める」（p. 58）。

㋒「内部組織のなかの誘因 incentive と統制 control の装置は、市場での交換において支配的であるものよりも、はるかに広範であり、かつ精緻化されている」（p. 18）。これは機会主義的な交渉を抑制する[6]。「内部組織が提供するものは、さまざまな誘因と統制の手法の独自のカタログと、それに関連する仕事の場の雰囲気とが、潜在的に利用可能となるということである。」（p. 134）内部組織がもっとも発展した型である多数事業部制（M型企業）では「広範な内部的統制の機構」が必要となり、その内容は、第一に誘因機構であり、これは「俸給と賞与」等の金銭的報酬と地位等の非金銭的報酬とからなる。第二に、資本市場よりも有効な「内部監査 internal audits」の仕掛けであり、第三に、「収益性の高い用途に資源を割り当てるのに好都合であるような内部資源配分能力 internal resource allocation capability を開発すること」（pp. 240-247）である。

(エ)「内部組織は、経験にもとづく評定という点で、市場組織に対して優位性をもつ傾向がある。たとえば、一つの課業を遂行する能力や一つの部品を供給する資格要件について、もし当事者が経験にもとづく評定を受けることが予想されるならば、それが予想されない場合と異なり、機会主義的な主張をすることを思いとどまらせるであろう。」(pp. 58-59)

(オ)「市場での交換は、主として、特定の取引に限定される種類の打算的な関係を助長する傾向をもつ」のに対して「内部組織は、当事者たちのあいだの準道徳的な精神的関与を許す能力において、優越性をもつことが多い。」(p. 63)

この(ア)から(オ)までの五つの項目は便宜的に私がまとめたものであるが、次のように筋道をたてて要約することができる。(ア)が総論で、内部組織の取引の要点は市場を「経営管理的プロセス」に置き換えることにあるとし、その置き換えのためには、(イ)複雑な事象を要約する「効率的な符号」が必要であるが、それは市場の取引が価格という「効率的な符号」を備えているのと同様に内部的な「符号」を備えていなくてはならないということである。不確実でかつ無限に存在する情報を市場は価格が要約しているのと同様に、内部組織にあっても組織内外の情報を発掘し収集し解釈する作業は「符号」の発達なしには効率的に遂行され得ない。この「符号」に要請されていることは、内部組織にあっても取引が煩雑な駆け引きにさらされる可能性を引きずるので、それを抑制する機能を備えることであり、結局、(ウ)「誘因と統制」の機能を果たすのもでなくてはならない。これを分節化すれば「誘因」は賃金と地位、つまり賃金・人事の仕組みとして制度化され、「統制」は「内部監査」と予算統制とになる。ところで、「誘因」が機能するためには働きぶりの「評定」が欠かせないであろうし、「監査」には部門での業務が適正にかつ効率的に遂行されているかどうかの「評定」が欠かせないし、また「予算統制」には部門の将来予測を現状の実力と環境変化の予測を加味しての「評定」が欠かせない。(エ)は「誘因と統制」に不可欠な「評定」を「経験にもとづいて」行うことができるという利点を内部組織はもつということを言っている。経験にもとづく「評定」はそれが幾度となく繰り返されることを通じて機会主義的な行動が無効化されるのみならず、失敗や成功の経験から

そこでの知恵が「符号」として定着する。そして最後に(オ)で、市場での「打算的」人間関係にかわって組織は「準道徳的」な人間関係を構築しやすく、その結果、打算からではなく、共感やコミットメントを通じてうわべだけの協力でになくて、完全な協力を引き出す可能性をもつ[7]。

このように整理をしてみると、『市場と企業組織』の要点は企業組織の市場に対する優位が「誘因と統制」の「符号」の開発力にあるという一点に要約されていることがわかる。このことはダンロップの言う実体的規則が、(ア)報酬を規定する規則と(イ)労働者に期待される業務とその達成水準ならびに達成できなかったことに対する制裁に関する規則を意味していたことと重ねて考えれば、また、「符号」は機能としてみれば「規則」であるから、『市場と企業組織』は実体的規則にこそ雇用関係の本質が込められているとの主張として読むことができる。労働研究の正統がどうしても手続的規則に傾斜してしまったのに対して経済的取引を「集中的に研究」したこの作品が実体的規則を方法的に拾い上げることになりえたのは、労使の対立のみを議論の出発点にせずに、一見してより普遍的な人間のありかたから出発したことにあるように思われる。「限定された合理性」といい「機会主義」といい、いずれも「よくわからないけれど決定せざるを得ない」、「すきあらばばれない限りうまくたち振る舞おう」という我が身の性を直視すれば素直に認めざるをえない普遍的でありきたりな人間に関する事実から出発している。この前提における普遍性が、労働者が労使の対立的な関係の中で団結していようが、あるいは、そうした団結が溶解していようとも、そこに命ずる者とそれに従う者とがいさえすれば妥当する理論的な枠組みを提供しているのである。

5．まとめにかえて

実体的規則を「社会の総体的認識に至るコーナーストーン」に位置づけられるような研究を求めてここまできた。それがここから直ちに引き出せるわけではない。私がこの間「仕事論」とか「部門の業績管理」として述べてきたことはそのためのささやかな努力であるが、今はそこで述べた以上を展開する用意がない[8]。

5．まとめにかえて◇ 277

　ただ、『市場と企業組織』の言う「符号」についてもう少し構造的に解釈した方が実証的な研究の手がかりになるように思われる。上述したように、「符号」は内部組織が発達した多数事業部制の場合、「誘因」、「内部監査」、「資源配分」とに分節化されて説明されている。「誘因と統制」の「統制」が「内部監査」と「資源配分」に区分されている。ウイリアムソンは機会主義的取引の行動を抑制する装置として「符号」を考えているけれど、それは前提として認めた上で、内部組織での取引の構造に即して、(ア)「誘因」、(イ)「内部監査」、(ウ)「資源配分」を再構成する必要がある。労働力の取引は、平易に言えば、「どんな仕事をどれだけ働いて」「どれだけの報酬が得られるか」という関係を安定的につけることである。「どれだけの報酬が得られるのか」に(ア)の「誘因」という「符号」が対応することはわかりやすいが、「どんな仕事をどれだけ働いて」に(イ)「内部監査」と(ウ)「資源配分」が実は対応しているのだということを洞察することが労働研究の地平を拓く要をなしている。これは観念的に説明するよりも、事実的に説明した方が説得力が高い。この点については最も説明のつけやすい工場労働について試みたものが石田他（1997）である。批判的に検討されたい。そうした試みを踏まえて言えば、(イ)の「内部監査」は部門業績管理と読み替えた方が汎用的であり、(ウ)の「資源配分」は予算管理と読み替えた方が適切である。

　最後に、手続的規則についてはここで修正した「誘因」、部門業績管理ならびに予算管理それぞれについて組織内当事者の合意を調達するためには必然的に発生せざるを得ないという新しい観点が必要である。労働組合と経営というだけではなくて、経営内部の階層間、部門間の話し合いと調整に関する手続ルールを含まざるを得ないのは一つの必然であろう。

注
1） 大河内の主観は必ずしも資本主義観との関わりでこのような論理構成がとられていたわけではなかった。『社会政策40年—追憶と意見—』という座談会形式で思い出を語った著書の中で次のように語っている。「昭和24年以降、いわゆる社会政策論争なり社会政策の本質論争なりが世上を賑わしましたが、私があまりそれに興味をもち得なかったのは、戦前の事態をまるで知らない人びとが、戦前に苦労してつくり上げた理論を、戦後の雰囲気におされて勝手気ままに批判して恰好よがっているのが私は気に入らないのです。」(p. 246) このような主観は理解できないわけではないが、こ

うした主観とは別に客観的には本文のような解釈のほうが有意義であると考える。
2) この点については中西(1979)の第1編「日本における「社会政策」・「労働問題」研究の方法史」に取り上げられている戦後から1970年代までの諸研究がいかにマルクス主義の深い影響にあったかをよく示している。
3) 氏原正治郎を中心に1950年代から60年代にかけて東京大学社会科学研究所で精力的に実施された労働調査の概要は労働調査論研究会(1970)がよく伝えている。またそうした日本の実態調査と労使関係論との関係については石田(2003)を参照されたい。
4) この箇所は同書の補論「現代資本主義と労資関係―いわゆる国家独占資本主義についての覚え書―」から引用したもので、兵藤釗によって執筆されている。
5) この箇所は社会政策学会年報第42集『アジアの労働と生活』(御茶ノ水書房、1998年)に掲載された拙稿「書評:兵藤釗『労働の戦後史』」をベースに加筆修正した。
6) これは基本給に査定が有意に組み込まれ、査定結果が中期的には昇格・昇進に反映されるというような誘因の装置ができあがると、作業負荷の増大をめぐっての職場交渉の必要を弱めたり、あるいは、出来高賃金(この運用をめぐって職場の係争が随伴する)の必然性が薄らぐ、ということを想定すればよい。
7) この点についてセン(1989)が吟味されるべきである。センいわく、「労働の動機づけにとってもコミットメントは中心的意義をもつ。……個人的な利得への誘因にのみもっぱらたよって組織を動かすというのは、ほとんど実現の望みのない課題である」と(pp. 143-144)。
8) 以下を参照されたい。内部労働市場論との関係で石田(2003,第2章)、賃金と能率との関係で石田(1997)、労働組合との関係で石田(2003,第6章)、成果主義との関係で石田(2003,第5章)を検討いただきたい。

参考文献

兵藤釗(1997)『労働の戦後史(上)(下)』東京大学出版会
井上雅雄(1997)『社会変容と労働』木鐸社
石田光男(1990)『賃金の社会科学』中央経済社
石田光男(1997)「能率管理と報酬管理」社会政策叢書第21集『今日の賃金問題』啓文社
石田光男(1998)「書評:兵藤釗『労働の戦後史』」(社会政策学会年報第42集『アジアの労働と生活』御茶の水書房)
石田光男(2003)『仕事の社会科学』ミネルヴァ書房
石田光男・藤村博之・久本憲夫・松村文人(1997)『日本のリーン生産方式』中央経済社
中西洋(1979)『日本における「社会政策」・「労働問題」研究』東京大学出版会
西部邁(1996)『人間論』PHP文庫
西部邁(2000)『国民の道徳』産経新聞社

大河内一男（1950）『社会政策（各論）』有斐閣
大河内一男（1970）『社会政策四十年』東京大学出版会
大河内一男（1931）「概念構成を通じて見たる社会政策の変遷（一1）（二・完）」東京帝国大学『経済学論集』新巻9号／2巻1号
労働調査論研究会（1970）『戦後日本の労働調査』東京大学出版会
戸塚秀夫・徳永重良（1977）『現代労働問題』有斐閣
宇野弘蔵（1974）『宇野弘蔵著作集 第5巻』岩波書店 初版は『恐慌論』岩波書店 1953年
P. Doeringer & M. Piore (1971) *Internal Labor Markets and Manpower Analysis*. D. C. Heath and Company.
J. T. Dunlop (1958) *Industrial Relations Systems*. Southern Illinois Press.
K. Marx (1867) *Das Kapital*. 向坂逸郎訳『資本論』1967岩波書店
A. Sen (1982) *Choice, Welfare and Measurement*. Basil Blackwell. 大庭健・川本隆史訳『合理的な愚か者』勁草書房 1989年
H. A. Simon (1957) *Models of Man*. John Wiley & Sons.
Oliver E. Williamson (1975) *Markets and Hierarchies : Analysis and Antitrust Implications*. The Free Press. 浅沼萬里・岩崎晃訳『市場と企業組織』日本評論社 1980年

第13章　雇用政策と人的資源管理政策

1. はじめに

　高度化し成熟化した日本社会では、人々の生活や人生において雇用の占める割合は非常に大きい。雇用は、ヒトの生活の基盤であると同時に自己実現の場でもある。また高齢化による職業生活の伸びや女子の職場進出への参加も、ヒトの雇用との関わりを大きくさせている。我が国の就業者は約6500万人であるが、このうち自営業者、家族従業員に対する雇用者の割合は次第に増加し、2002年では5500万人を超え、就業者の85％を占めるに至っている。

　雇用者が多数を占めるにいたったという意味で我が国は雇用社会である。雇用社会にあっては、雇用の喪失は雇用者の生活不安に直結する。あるいは将来の職業の見通しが立たないとヒトはどのような人生を送ったらよいかで悩む。そうした意味で、人々が安定した雇用ややりがいのある職業につけるような社会を形成し、そのためのルールやしくみを整備するために雇用政策が必要となる。ここで雇用政策とは「雇用・失業問題の解決・予防のための政策」[1]を指すこととするが、後述するように、戦後の我が国の雇用政策は、終戦直後の緊急失業対策を中心とする事後的失業対策から、事前失業対策へと大きな転換を遂げつつ展開してきた。とりわけ、近年では、若年フリータ

1）　仁田道夫「雇用政策の回顧と展望」『日本労働研究雑誌』（日本労働研究機構）第463号、1999年、50頁。ちなみに雇用・労働に関わる法政策には、雇用政策のほかに労使関係政策や雇用関係法制などがあるし、それらと雇用政策との関係や展開自体重要な研究課題だが、ここでは、あまり厳密な区別はしない。だが、後述する雇用政策のメニューから明らかなように、ここでいう雇用政策は、雇用対策法（「国が、雇用に関して…必要な施策を講ずることにより、…労働力の需給均衡を促進し…労働者が能力を発揮できるようにし、国民経済の均衡ある発展と完全雇用の達成に資する」（第1条）に依拠している。

問題にみられるように、十分な職業能力を獲得できないままに労働市場に放出された若年者の失業が関心を集めている。雇用政策とよばれる政策活動が、時代環境の変化や労働市場の需給状況の変化にどのように対応してきたか、さらに近年どのような政策課題が重要性を増しているかを知ることがこの文章のねらいの一つである。

一方、雇用社会とは企業社会でもある。高度産業社会ではヒトは企業に雇用されることによって生活を維持するが、企業は雇用者の活用抜きには事業を展開できない。経営資源である「カネ、モノ」と並んで、「ヒト」の管理を適切に行うことができるかどうかは、「経済の知的集約化やサービス化」傾向が顕著になりつつある今日、企業にとって重要な経営課題となっている。人的資源管理政策とはこうした人的資源の管理の方向性や方針を示すものといってよい。我が国の企業の人的資源管理の中核は、長期雇用、年功制、企業別組合によって支えられてきたが、市場競争の激化を背景に、コーポレートガバナンスの見直しや経営組織の再編、人事管理の「成果主義化」といった変化にさらされているといわれる。企業の展開する人的資源管理とはいかなる活動か、また日本の特徴はどのようなものか、さらにそれがどのように変化しつつあるのかを知るのがこの文章のいまひとつのねらいである。

2．雇用に内在する特徴

人的資源管理政策もしくは雇用政策はいづれも雇用に関わる活動であるので、それらの関連を知るためにも、雇用に内在する特徴を指摘しておく必要があるだろう。また雇用に内在する性質からしてその十分な解明には、学際的かつ政策的研究が要請される[2]。

雇用に内在する特徴の一つは、雇用契約の不完備性である。労働市場は労働力の売り手（労働者）と買い手（企業）が雇用契約を結び雇用関係を形成

---

2) 以下の雇用の性質への着眼は、伝統的な労使関係論や社会政策論はもとより、労働法、労働経済、産業社会学、さらには近年の人的資源管理論や産業組織心理学にいたるまでの幅広い展開をみせており、今日学際的かつ政策的な研究が競演する学問領域となっている。その意味で、雇用政策と人事管理のベースとなる労働研究は総合政策科学的性格をもっている。

する場であるが、それは、他のカネやモノを取引する市場とは基本的に異なる。市場取引関係が事前に契約内容を定義し、しかもその場限りの売買契約として成立するものであるのに対して、雇用関係は、事前に契約内容を定義しつくせず、雇われた後にその不備を埋める。後述するように、人的資源管理とは、約言すれば労働者の仕事への割り当てと報酬支給のルールであるが、それは雇用契約成立後に契約内容を埋める形でルール化される。よって雇用関係は通常の市場取引と異なることは明らかである。企業が人的資源管理のルールやシステムを構築する根拠はここにある。

雇用に内在する特徴の二つは、雇用に関わる諸主体間（政府、使用者、労働組合・雇用労働者のいわゆる政労使）で利害関心と目的が異なっていることにある。たとえば労と使の関係は依存性と同時に対立性を孕んでいる。また政府は私益ではなく公益の観点から様々な規制の網を労使にかぶせている。こうした利害関心の相違に加えて今日では、それぞれの主体レベルで異なった戦略や選択肢の幅が著しく増大しつつある[3]。いわゆる規格品大量生産時代が終焉した「ポスト・フォーディズム」段階に入った今、個々の企業の経営戦略が、〈高度の熟練・高品質製品・高賃金〉戦略（high road）かそれとも〈低い熟練・低賃金・価格競争〉戦略（low road）か、あるいはその中間を選択するかは、企業レベルでの労働サービス需要の質量を大きく左右し、それに連動して人的資源管理方針も異なったものになる。当然雇用政策もそうした人的資源管理政策のあり方から少なからぬ影響をうける。

こうした状況にあっては、高い雇用水準（よって低い失業率）と公正さと効率・競争力を同時に達成できる労働市場の規制や労働法制のありかたはいかなるものか、あるいはグローバル化した環境の下で、各国の雇用政策と人的資源管理政策が「ベストプラクティス」にむけて収斂していくのかどうか、といった重い問いかけに向き合う実証的かつ学際的な研究がますます求められているといえるだろう[4]。「現代資本主義は、はたして一つか？」と

---

3) こうした戦略的選択は、イ）労使関係レベルだけでなく、ロ）雇用戦略をめぐるOECDとEUの戦略の違いといった国際機関レベルでもみられる。ロ）については、OECDの戦略が、経済成長を達成するために市場原理が機能しやすい社会を目指すのに対して、EUのそれは、弱者を排除することなく仕事を通じた社会的連帯を重視する。

4) たとえば、Esping-Andersen and Marino Regini, *Why Deregulate Labor Market?* 2000、

問題提起し、複数の資本主義の存在を主張するコーポラティズム論やコーポレートガバナンス論といった諸研究もこうした問題意識を重視していた[5]。

3．日本の雇用政策の展開

雇用政策が時代の状況を反映して展開してきたことを知るために、我が国の雇用政策の展開を簡単に振り返ってみる。便宜上、大きく以下の4つの時期区分に分けてみよう[6]。

第1は、終戦から高度経済成長期を経て石油危機までにかけての時期である。この時期はさらに前半と後半に分かれる。前半の政策は、失業保険法（1947年）や緊急失業対策法（1949年）などに代表されるいわゆる事後的失業対策を主とする。これに対して後半は、新卒者の職業紹介や炭鉱離職者対策にみられるごとく、余剰部門からビルド部門へ労働力を流動化させる積極的雇用政策が展開された。雇用対策基本法（1966年）はこうした雇用政策を体系化したものといってよい。

第2は、事後的対策から事前失業対策へと大きく雇用政策が転換した時期である。それは高齢化、産業構造転換による失業への給付体系を確立し、年齢、地域、産業別の不均衡を是正し、教育訓練と福祉増進をねらいとした雇用保険法（1974年）の制定が重要な契機となった[7]。その後、1970年代後半、減量経営を背景に雇用調整が相次ぐなか、雇用保険法が一部改正され、雇用改善事業（失業の予防、失業者再就職支援、雇用構造の改善）能力開発事業、

（伍賀一道ほか訳『労働市場の規制緩和を検証する』青木書店、2004年）、Rubery, J., and Grimshaw, D., *The Organization of Employment*, Palgrave Macmillan, 2003などを参照。

5） たとえば、M. Albert, *Capitalisme contre Capitalisme*、（小池はるひ訳『資本主義対資本主義』竹内書店、1996年）、C. Crouch and W. Streek, 1997, （山田鋭夫訳『現代の資本主義』NTT出版、2001年、R. Dore, *Stock Market Capitalism : Welfare Capitalism*, Oxford University Press, 2000, （藤井眞人訳『日本型資本主義と市場主義の衝突』東洋経済新報社、2001年）などを参照。

6） 雇用政策の経緯については、高梨昌『新たな雇用政策の展開』労務行政研究所、1995年、第Ⅰ部総論、41～64頁を参照。

7） 氏原は「失業保険から雇用保険への転換は、戦後日本の雇用失業政策史の一つの転換点を意図したものといってよい」とする。氏原正治郎『日本経済と雇用政策』東京大学出版会、1989年、112頁。

雇用福祉事業の三事業のほかに、雇用安定資金制度（雇用調整助成金など）が新設された。なお不況業種、不況地域問題への対応としての地域雇用開発等促進法（1977年）も事前的対策を重視した政策に含まれる。

第3は、労働力需給構造の変化に対応した雇用政策の展開をみた時期である。ここでは需要不足型失業及び構造的失業への対応として、男女雇用機会均等法（1985年）、高年齢者雇用安定法（1986年）が制定されたほか、技術革新、サービス経済化等に対応した需給調整機能として労働者派遣法（1985年）やパートタイム労働対策要綱（1984年、その後の「短時間労働者の雇用管理改善等に関する法律」1993年）などがある。

第4は、労働力供給制約に対応した雇用政策が展開した時期である。供給制約対応、高齢化対応、女性活用、若年の働きがい、魅力ある地域づくり、能力開発促進、国際化対応などをその主な内容とする第7次雇用対策基本計画（1992年）が策定された。ついで必要分野の労働力確保を目的とした雇用政策も実施され、中小企業労働力確保法（1991年）や「介護労働者の雇用管理改善に関する法律」（1992年）なども策定された。

これとならんで1985年には時短が政府目標として掲げられた。1986年の前川リポートでも「2000年にむけてできるだけ早い時期に…1800時間程度を目指すことが必要」と指摘された。その後1987年には労働基準法が改正され、週40時間労働制が本則に明記された。あわせて、変形労働時間制や裁量労働制の導入、年次有給休暇の付与日数の引き上げ等労働時間に関するさまざまな規定の見直しが行われた。

以上、戦後から今日までの労働雇用政策の主な展開過程を簡潔に跡づけてみた。今後、21世紀初頭までの10年間程度をにらんだ第9次雇用対策基本計画の骨子をみると、「労働市場の構造変化に的確に対応して、積極的に雇用の創出・安定を図り、人々の意欲と能力が活かされる社会の実現を目指す」ことが課題とされている[8]。

---

8) 具体的には、①雇用の創出・安定（たとえば成長分野の中小企業やNPOなどの雇用の創出支援など）、②経済社会の発展を担う人材育成の推進（企業外でも通用する能力を修得できるよう個々の就業能力の向上（エンプロイアビリティ）の向上など）、③労働力需給調整機能の強化（失業期間を短縮するための民間労働力需給システムの整備など）、④高齢者の雇用対策の推進（多くの高齢者が社会を支える側に回るために、意欲と能力がある限り年齢に関わり

4. 近年の雇用政策課題

近年重要性が高まっている政策課題を知るために、若年失業・フリータ対策、非典型労働対策、仕事と生活支援、中高年労働者対策、個別労使紛争処理対策をとりあげて、その内容を概観する。

4.1 若年失業・フリーター対策

これまで失業に関しては「優等生」だった日本だが、高い失業率に直面し、今日失業対策は雇用政策上の最重要課題となっている。なかでも平成不況の深刻化と失業率の増加にともない、若年者の失業への関心が高まった。完全失業率の推移をやや長期的にみると、1970年には1.1％であったが、1976年には2.0％とやや増加した。その後バブブ経済期に一度低下したが、1990年代の半ば以降から増加を続け1995年には3.0％、1998年に4.1％、2001年には5％を超える水準になった。また完全失業率を年齢別にみると、若年層の失業率が高く、2002年では、男性15～19歳で15.2％（女性10.2％）、男性20～24歳で10.5％（女性8.3％）と、男性では10％を超える水準になっている。同時にフリーターと呼ばれる働き方がクローズアップされた。フリーターとは内閣府の定義では「15～34歳（ただし学生と主婦をのぞく）のうち、パート・アルバイトおよび働く意志のある無職の人（派遣、嘱託、正社員への就業を希望する失業差を含む）」（内閣府『平成15年版 国民生活白書』）であり、2001年で417万人と推計されている。

こうしたことから、若年層を対象とした雇用対策が実施されてきた。なかでも「若者自立・挑戦プラン」（平成15年6月）が文部科学省、厚生労働省、

なく働き続ける環境整備など）、⑤若年者の雇用対策（若年者の適切な職業選択、円滑な就職促進、学校教育を含めた若年者対策など）、⑥個人が主体的に働き方を選択できる社会の実現（多様な働き方を選択できる環境整備、男女均等取り扱い確保の強化、ポジティブアクションの推進．仕事と育児・介護の両立支援など）、⑦安心して働ける社会の実現（ゆとりある生活の実現．安心して働けるようセイフティ・ネットの整備、個別労使紛争処理対策の検討や労働時間短縮など）⑧特別な配慮を必要とする人たちへの対応（障害者雇用率制度の厳格な運用など）、⑨国際化への対応（専門人材の受け入れと単純労働受け入れへの慎重な対応など）が具体的な政策課題として示されている。

経済産業省、経済財政政策担当大臣連携の下に策定されたことが注目される。このプランは、高い失業率（24歳以下は二桁台）、増加する失業・無業者（約100万人）、フリーター（厚生労働省定義で約200万人）、いわゆる「七五三」と呼ばれる高い離職率（中卒7割、高卒5割、大卒3割が学卒3年以内に最初の勤務先を離職）といった現状に鑑み、若者の能力蓄積の不足、不安定就労の増大が、競争力の低下や社会不安等をもたらす可能性があることから、若者が「挑戦しやり直せる社会」の実現を国民的課題とした。具体的な政策の展開としては以下が挙げられる。一つは、教育段階から職場定着に至るキャリア形成及び就職支援である（インターンシップの拡充や日本版デュアルシステムなど）。二つは、若年労働市場の整備である（学卒即本格採用以外に学卒後就職探索期間を経た本格雇用への就職システム）。三つは、若年者の能力向上である（専門職大学院の設置促進などキャリア高度化プランなど）。四つは、若者が挑戦し、活躍できる新たな市場・就業機会の創出である（「創業コミュニティの形成など民間やNPOを最大限活用した「若年者創業チャレンジングプランなど）。五つは、地域における若年者対策推進のしくみの整備である（若者のためのワンストップサービスセンターである通称「ジョブカフェ」[9]の推進）。

4.2 パートタイム労働・派遣労働など非典型雇用対策

　雇用労働者は大きく、正規従業員（以下正社員と略）と非正規従業員（以下非典型と略）に分けられる。正社員は原則期間の定めのない従業員であり、非典型は正社員より労働時間の短いパートタイマーや労働者派遣法に基づき就労する派遣労働者及び雇用期間の定めのある有期契約労働者といったものからなる（ほかに臨時や請負などがある）。厚生労働省『就業形態の多様化に関する総合実態調査報告』（2003年）によれば、全体の就業形態のうち非典型の割合は34.6％を占めており、非典型のなかでもパートタイマーは23.0％、ついで、契約社員が2.3％、派遣労働者が2.0％などとなっている。パートタイマーの数は1985年には471万人であったが、2003年には1260万人に増

9）　このジョブカフェが設置される場合、国は若年者地域連携事業を地方に委託するなど都道府県の主体的取り組みを支援することになる。学生やフリータがここに来所すると情報提供、カウンセリング、職業紹介などのサービスがワンストップで受けられる。

加した(総務省『労働力調査』でいう「週35時間未満労働者」の数)。派遣労働者も1995年には61.2万人から2002年度には約213万人にまで増加している(特定労働者派遣の常用＋一般労働者派遣の常用と登録者の数)。こうした非典型が増加したのは、企業側が人件費削減と業務量の変動に対応しやすい労働力として活用する一方で、働く側も家計の補助や生活との両立をしやすい働き方として、あるいは専門能力を活かしやすい働き方として非典型の働き方を選択した結果であると説明されてきた(いわば需要と供給のニーズが合致)。だが、近年、非典型の増加が正社員の減少と同時に進行していること、またフリーターをはじめとして非自発的に非典型の働き方を余儀なくされている者が増加していること、また企業の非典型の雇用・活用理由も人件費コスト削減要請や需要変動への迅速な対応要請が強まっていることなどから新たな政策的対応の必要性も生じている[10]。いくつか注目される政策対応として以下が挙げられる。

　第1に、パートタイマーについては、パートの基幹労働力化(スーパーの店長など)が進みつつある一方で、正社員とパートとの時間賃率が拡大傾向にあることから、「均衡待遇」の原則へむけたガイドラインが策定されるにいたった。

　第2に、パートの増加の背景には若年フリーター層の増加があり、学卒後正社員として就業できないのでやむなくパート・アルバイト就労を余儀なくされている者も多いことから、将来の職業キャリアの形成面からパート・アルバイトから正社員への移行を可能とするようなキャリア面での整備もガイドラインに盛り込まれている。

　第3に、派遣労働者については、労働者派遣法が改正された。1999年には、従来の専門業務26業務が(一部を除き)原則自由化され、その後2003年の改正では、①業務の派遣期間の延長(26業務以外は1年を3年)、②直接雇用の推進(新たに自由化された業務を活用する派遣先は3年を超えて活用する場

---

[10] 日本のパートタイマーに焦点をあてた雇用の多様化の現状と課題の整理としては、A. Sato, 2004, Diversification of Employuent Patterns: The Current Situation and Issues—Focused on Part Time workers in Japan, IIRA 5th Asian Regional Cougress June 23-26 2004 Seoul, を参照のこと。

合は雇用契約申し込み義務を持つ)、③派遣対象業務の拡大（物の製造業務の解禁など）、④紹介予定派遣（派遣先に職業紹介を予定）などが盛り込まれた。

　第4に、有期契約労働者については、2003年に労働基準法一部改正に伴い、①雇用期間の上限を延長し（原則3年）、②契約の締結や更新・雇い止めルールについては法律に根拠を持たせるようになった。

4.3　女性の継続就労支援及び仕事と生活両立支援

　女性の職場進出が進んで久しいが、就労パタンと就業形態の両面で多様化している。女性の高学歴化とそれにともなう就業意識の変化、および家事・育児負担の軽減などを背景に、結婚・出産後も継続就労を希望する者の増加や、一度専業主婦になったが、その後はパートタイマーなどとして就労を希望する者が増加している。このため女性の就業をめぐる環境の整備が必要となり、1985年には男女雇用機会均等法が制定された。同法は、雇用の分野における男女の均等な機会及び待遇の確保を図るという観点から、①募集・採用から定年に至る雇用の各ステージごとの機会の均等と待遇の確保のための措置を柱とし、②同時に、再就職援助や育児休業・介護休業の普及促進などの女子労働者への就業支援措置が盛り込まれている（事業主の努力義務）。とりわけ男女をとわず労働者が職業生活と家庭生活を両立しつつ、能力と経験を発揮できる環境整備が求められるなかで、育児や介護などの責任を果たしながら就業を継続する制度の整備は、今後本格化する少子・高齢化への対応という意味でも大きな政策課題といえる。そのため、子供の養育や家族の介護のために従業員が休業することを事業主がみとめる制度として、1992年の育児休業法（1999年育児・介護休業法）が制定され、男女労働者の権利とされるにいたった。

　一方、近年の女性の就業率及び就業意識をみると、以下の点が指摘できる（厚生労働省『平成15年版　働く女性の実情』）。第1に、女性のコーホート（同一世代に生まれた層）を均等法前世代、均等法世代、均等法後世代に分けて時系列に分析すると、若い世代の女性ほど就業意欲が高まってきている。第2に、妻がフルタイムで働く世帯は、均等法以前の世帯よりも若い世代において三世代同居の割合が低く、親の援助が得られにくい世帯構成になりつつ

ある。第3に、若い世代では育児を理由に転職する者が前の世代よりも増加しているが、転職後の雇用形態はパートタイムとして就労する比率が増加している。

そうしたことから、今後は、若い世代の積極的な就業意欲を活かすために、均等確保の徹底とポジティブアクション（雇用管理における男女の機会及び待遇の均等確保に取り組み、女性の能力発揮を促し、その能力を活用できる条件整備を行うこと）を推進し、仕事と育児を両立する支援策の充実のためにも男性を含めた働き方の見直しが求められる。

4.4　中高年労働者対策

急速な高齢化が進むなかにあって、意欲と能力がある限り年齢に関わりなく働き続ける環境整備は重要な政策課題である。だが、長引く平成不況下で、雇用調整の主たる対象になったのは中高年ホワイトカラー層であった。彼らの多くは一方で国際化と高度情報化、他方で年齢構成の高齢化と人件費上昇圧力といった労働需給面における構造的圧力が一つに合成されるところに位置していたからである。転籍を前提とした出向、役職定年制、選択定年・早期退職優遇制度、退職準備プログラム、中高年者の転身・独立といった制度が構造的圧力の一端を示す例である。中高年者がこうした圧力に晒されるのは、イ）高賃金中高年者にみあった高度な仕事がないか、ロ）高賃金をもらっているにもかかわらず、それを遂行する職能を持った中高年者がいないか（あるいは偏在しているか）、ハ）高度な職能がなくても中高年者に高賃金が支給される賃金システムになっているのいづかの理由による。このうちイ）やロ）の場合の企業の対応が企業外排出であり、ハ）への短期的対応が年俸制などの「成果主義」的賃金制度の導入となってあらわれた。そうなるとイ）やロ）といった対応にさらされた中高年者の多くが企業外で通用する職業能力を持たなかったり、外部の労働市場において自己の職能を適切に表現できない場合には、再就職困難な状況に陥ることになる。「企業外でも通用する能力を修得できるよう個々の就業能力の向上につとめること」が重要な政策課題となる背景にはかかる現実がある。そうした政策的対応の一つの例がビジネスキャリア制度である[11]。

一方、高齢者に対する雇用政策は、我が国の高齢者の就業意欲がきわめて高いにもかかわらず、それにみあった雇用機会が十分に確保しにくい現状への対応として行われている[12]。加えて2001年から開始された年金支給開始年齢の段階的繰り上げが高齢者雇用政策の必要を一段と高めている（年金法の改正により、男性の場合厚生年金の基礎部分の支給開始が2001年から61歳、以下3年ごとに1歳づつ繰り上げられ、基礎部分は2013年からまた報酬比例部分は2025年からそれぞれ65歳から支給。女性は5年遅れ）。さらにこれから高齢期を迎える団塊の世代の就労意欲も高く、団塊の世代を含む中高年男性の4割強が60歳代前半期にフルタイムで就労したいと考えており、引退希望年齢も65.4歳であるという調査結果もある[13]。

他方、企業の人事管理をみると、勤務延長制度や再雇用制度などの普及がみられるものの、希望者全員が65歳まで雇用される企業割合は約2割程度にとどまり、60歳代前半期の高い就労ニーズと比べてかなりの乖離がある。

以上の需給状況を踏まえると、今後の高齢者雇用対策の方向性も、定年の引き上げ等による65歳までの雇用の確保（2004年6月改正高年齢者雇用安定法で定年年齢の65歳まで段階的引き上げが義務化された）とならんで離職を余儀なくされる中高年齢者の早期再就職の援助及び促進を図ることが課題となる。

---

11) ビジネスキャリア制度は「専門・技術職」「事務職」「営業・販売職」といったいわゆるホワイトカラー職種に従事する者が、その職務を遂行する上で必要とされる専門的知識を段階的、体系的に修得することを支援するため、「職業に必要な専門的知識の習得に資する教育訓練に認定に関する規定」（1993年労働省告示）にもとづき創設した制度で、認定された教育訓練コースを受講し、修了認定試験をパスすれば修了認定書が発行される。修了認定書がただちに企業外でも通用する能力を示すものではないが、労働市場での一定能力保有を示すシグナル機能が期待されている。

12) 高齢者の労働力率を国際比較すると、諸外国に比べ日本の男子高齢者の労働力率は一環して高い水準にある（OECD「Labor Force Statistics」）。また引退希望年齢を考えたことのある55歳以上者のうち引退希望年齢を65歳以上としている人の合計が男性では75.9％、女性では65％に達する（総務庁『高齢者の生活と意識に関する国際比較調査』1996年）

13) 詳細は佐藤　厚「高齢期の就労見通しと生活設計」『研究紀要』（日本労働研究機構）第15号、1～15頁参照。

4.5　個別的労使紛争処理

　個別的労使紛争の処理といった政策課題がでてくる背景は、大きく三つの文脈で整理できるだろう。一つは、労働組合組織率の低下である（組織率は約2割）。このことは集団的発言機構を持たず、様々な労働条件決定の場面で、個別に使用者と向き合う者が多数を占めていることを意味する。集団的労使紛争の場合は、労働委員会制度があり、組合が労働者を精神的、資金的に支援することができた。そこで組織化されない労働者の紛争処理をサポートするしくみが求められる。二つは「成果主義的人事制度」の導入である。「成果主義的人事制度」とは、社員の業績をなんらかの指標で評価し、それに基づき短期間に大きな報酬格差をつけることを可能とする人事制度である。そうなると、これまでより個人間で利害が異なり、不満を集団的に発言することが難しくなるだろう。その意味で不満や苦情が個別化する[14]。三つは、すでに触れた非典型雇用の増加である。非典型雇用が雇用労働者の三分の一以上に達し基幹化活用が進みつつある一方で、こうした非典型雇用の大多数は労働組合に組織されていないことから（連合の推計ではパートタイマーの組織率は3％程度）、紛争が個別化する可能性がある。

　こうした労使関係の個別化への政策的対応の代表例が個別労使紛争処理制度である（「個別労働関係紛争の解決の促進に関する法律」（2001年10月施行）による）。この制度は、企業組織の再編や人事管理の個別化等に伴い、紛争の実情に即した迅速かつ適正な解決を図るため、都道府県労働局長の助言、指導制度、紛争調整委員会のあっせん制度の創設により総合的な個別労働紛争解決システムの整備をはかることを目的に制定された。このしくみでは、紛争の当事者は、自主的解決の努力をはかることが原則であるが、紛争の未然防止及び自主的解決促進のために情報の提供、相談その他の援助、あるいはあっせんの要請があった時は紛争調整委員会であっせんを行う、といったしくみを整備することで個別紛争に対応しようとするものである[15]。

---

[14]　筆者の行った調査によると、個別紛争が増加すると予想する割合は、企業の35.1％、労組の54.6％に及ぶ。詳細は大内伸哉編『労働条件変更紛争の解決プロセスと法理』日本労務研究会2004年、481-500頁参照。

[15]　ちなみに、総合労働相談件数（括弧は民事上の個別労働紛争相談件数）をみると平成13年度では251545件（41284件）、平成14年度は625572件（103194件）、平成15年度では734257件

5．経営組織と人的資源管理政策

　これまで、近年重要になってきた雇用政策の課題をとりあげ概観してきた。雇用政策は雇用者を雇用している企業の人的資源管理政策に影響を与える。と同時に雇用政策は企業の人的資源管理政策のあり方を反映してもいる。それでは前述した雇用政策課題の背景にはどのような人的資源管理政策の変化があるのか。以下では企業経営のあり方も含めた人的資源管理政策の動向を概観してみよう。

5.1　経営戦略、組織、業績管理と人的資源管理

　人事管理は企業が行う管理活動の一部であり、企業の管理活動はその企業の経営戦略や組織・業績管理のあり方によってきまるから、人事管理のあり方は経営戦略や組織・業績管理のあり方と切り離すことはできない。図1は、経営戦略、組織、業績管理と人事管理の関連を概念化したものである。

　企業は中長期的な経営計画をたて、経営戦略を策定するが、それは企業の事業分野が位置する製品・サービスの市場の動向分析をうけて行われる。経営計画と経営戦略が決まると、どのような組織で事業を展開するか、またどのように事業の業績管理を行うかが決まり、そのしくみとありかたがヒトの期待役割と期待成果、つまり社員の仕事と働き方を決めることになる。このヒトを供給し（雇用管理）、能力・意欲を高め（報酬管理）、ヒトの働きぶりを評価する（人事評価）といった管理活動が人事管理である。つまり、経営計画・戦略の策定から要請されてくる期待役割を果たしてくれる人材を調達して職場・仕事に配置し、仕事を遂行してもらう。その仕事の成果を評価し、その結果は賃金や昇進などの報酬に反映される。報酬の多寡はヒトの意欲に跳ね返り、さらなる能力・意欲の発揮と向上にむけて励んでもらう。約めていえば人事管理とはヒトに仕事をしてもらい報酬を支給するしくみであ

　（140822件）と増加している。民事上の個別相談の内訳は、普通解雇、整理解雇、懲戒解雇、などの解雇関連が最も多く29.8％、ついで、労働条件の引き下げが15.8％、いじめ・いやがらせが7.4％などとなっている。

294 ◇第13章　雇用政策と人的資源管理政策

図1　戦略、組織、業績管理システムと人事管理

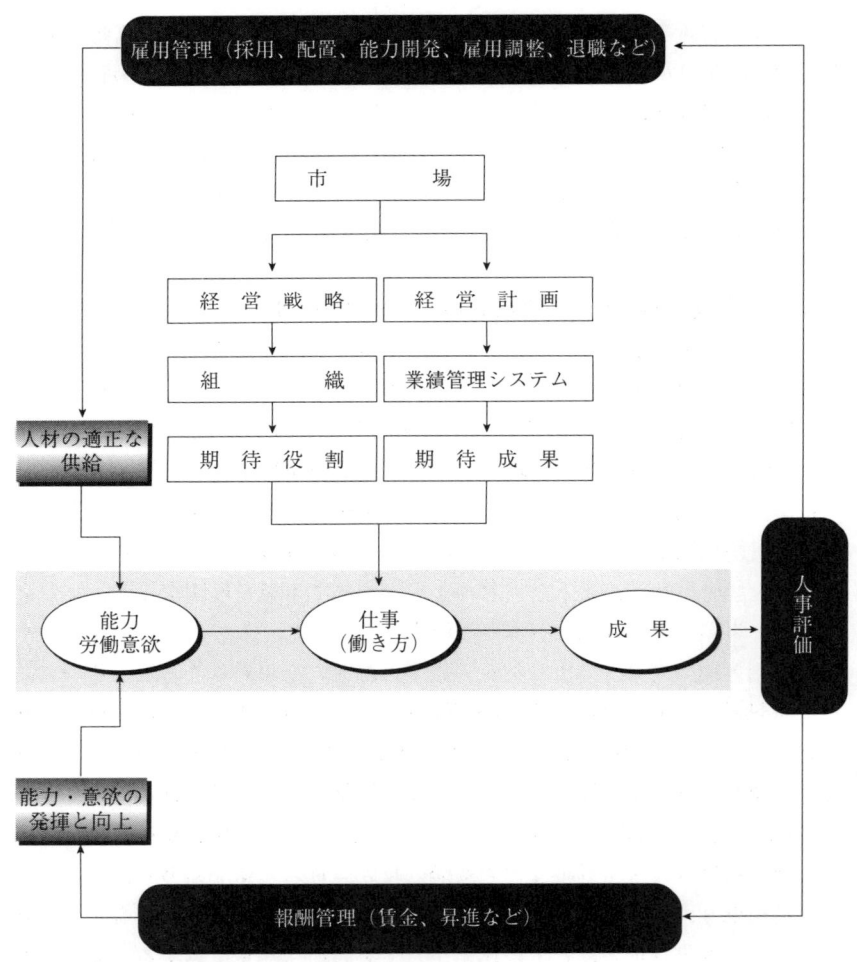

雇用管理（採用、配置、能力開発、雇用調整、退職など）

市　　場

経　営　戦　略　　経　営　計　画

組　　織　　業績管理システム

期　待　役　割　　期　待　成　果

人材の適正な供給

能力・労働意欲　→　仕事（働き方）　→　成　果　→　人事評価

能力・意欲の発揮と向上

報酬管理（賃金、昇進など）

出典：今野浩一郎編『個と組織の成果主義』中央経済社、2003年

り、それはシステムをなしている。人事管理が雇用システムと呼ばれるゆえんである。

　企業が雇用システムを設計する際留意すべきは、一方でそれが効率的であると同時に、他方でそれが労働者に受け入れられねばならないという点である。つまり雇用システムの設計には①効率性と②受容可能性の二つが求められる。①は生産を効率化するには仕事とヒトをどのように結びつけるか、つまり経営者の権限により経営組織の柔軟性を実現することが課題となり、②では、そのしくみがどのようにヒトに受け入れられるか、つまり経営者の権限が恣意的もしくは機会主義的になることを防ぐことが課題となる。この二つを満たす方法は、ひとつとは限らず、どのような方法でみたすかによって雇用システムに差異が生まれる。

5.2　日本型雇用システムの特徴

　人事管理や雇用システムの基本は以上のようであるが、そのしくみは国や時代によって異なる。日本の雇用システムの特徴は、一般に長期雇用、年功制、企業別組合にあるといわれてきたが、これらの特徴は日本企業にのみみられるものではない。たとえば、アメリカにもこうした特徴をそなえている企業はすくなくない。日本の雇用システムにまつわるそうした固定観念から自由になるために、マースデンの提案する二つの軸を組み合わせた類型を紹介しよう[16]。

　マースデンによれば、効率性の要請をみたす方法には、イ）仕事や生産のしくみを重視する方法とロ）ヒトの能力向上や訓練を重視する方法の二つがある（前者を生産重視、後者を訓練重視と呼ぼう）。他方、受容可能性の要請をみたす方法にも、イ）個々の仕事内容を厳格に定義したうえでヒトを配置する方法とロ）企業の側が要求する職務内容に応じてヒトを配置する方法がある（前者を仕事基準、後者を職能基準と呼ぼう）。よってこの二つの軸を組み合わせると、4つの雇用システム類型が得られる。第1のタイプは、生産の必要にしたがって職務を厳密に定義し、職務とヒトを対応させるもので、これ

---

[16]　詳細は D. Marsden, *A Theory of Employment System*, Oxford University Press. 1999, ch. 2参照。

によって経営者の恣意性を排除するものである（アメリカ）。第2のタイプは、訓練の必要に従って職務を定義し、その上で仕事のなわばりを基準に仕事を配分するルールである（イギリス）。第3のタイプは、従業員の職務能力を基準として仕事を配分するルールであり、企業の側からその基準を職能等級としてルール化するものである（日本）。第4のタイプは、やはり従業員の職務能力を基準とするが、社会的な訓練のしくみにしたがってその基準を技能資格としてルール化するものである（ドイツ）。

このようにみると、日本の雇用システムの特徴は、企業（生産の側）の必要性にしたがってその基準を職能等級としてルール化する点にあるということになるが、これは日本の人事制度の骨格である職能資格制度、つまり社会的にではなく、個別企業内で職務遂行能力によって社員を資格等級格付けし、それに基づいて賃金を支給したり昇進させるしくみ、に合致している。こうした企業主導型職能等級重視のルールは以下の特徴も生み出す。

第1に、職務設計の考え方という点では、日本の技能形成はOJTや「幅広い」ローテーションを通じて技能を促す多能工型が主流である[17]。アメリカの場合も生産重視であるが、技能の幅は日本と比べて狭い。最近、アメリカで普及しつつあるといわれるブロードバンド型賃金といったコンセプトはこの「狭さ」を克服する工夫である。なおイギリスやドイツの場合は、クラフト（職人）的職業能力を優先して職務が設計されている。

第2に、職能の他社通用性、勤続にともなう賃金の上がり方（いわゆる年功制）についてみると、日本は仕事階段が普及しており、勤続に伴う賃金の上がり方が大きいわゆる内部労働市場が発達している。逆にいうと、企業内で特殊性を帯びたスキルの形成が中心となり、他社で通用するスキルは形成されにくくなる（ビジネスキャリア制度の背景にはかかる事情がある）。これに対して、イギリスやドイツでは、職人やクラフトの技能のようにそれが企業の外側で定義され、職業の能力基準が個別企業をこえて確立した職業別労働市場が普及しているので、社会的資格になじむ。

第3に、仕事とヒトのつながりという点では、アメリカやイギリスの場合

---

[17] 代表的研究として小池和男『仕事の経済学（第2版）』東洋経済新報社、1999年、25～54頁参照。

は厳密に結びついているが、日本の場合あいまいである（つまり職務の境界があいまい）。また管理職の仕事と役割についてみると、イギリスでは管理（manager 機能）と実行（play 機能）が分離して管理機能に特化しているが、日本の場合、管理だけでなく実務もこなすプレーイングマネージャー型が多い。

　第4に、こうした仕事とヒトの結びつき方は賃金のタイプとも関係している。仕事とヒトの結びつきが厳格なアメリカやイギリスでは仕事に値段をつける職務給が主流であるが、日本の場合は、この結びつけがあいまいなため職務給よりヒトの能力に値段をつける職能給が主流である。

5.3　日本型雇用システムと従業員重視型コーポレートガバナンス

　こうした性格を持つ日本型雇用システムを、「企業コミュニティ」としてより包括的に特徴付ける理論もある[18]。この理論によれば、企業は株主の単なる財産ではなく、正社員を中心とする労働者を構成員とする一種の共同体とみなされる。管理者（経営者）はコミュニティ内部で昇進した先輩（長老）であり、彼らは株主の意向より後輩に気を配る。そうしたコミュニティ意識は職務はもとより地位や身分（ホワイトカラーとブルーカラー）を厳密に区別しないことによってさらに補強される。したがって労使間には長期的な目標（や情報）を共有しようとする規範が形成されることになる。これに加え、使用者の成員への長期にわたる雇用の保障と成員の使用者への忠誠心、労使間での希薄な「奴らと我々」意識、昇進をベースとする処遇のシステム（いわゆる年功制）や企業別労働組合が存在することで企業コミュニティの存在基盤はいっそう強固になる。日本企業の統治構造（コーポレートガバナンス）を欧米の企業＝株主重視型と対比して従業員重視型と特徴付けるのもこれらの点と関わっている。つまり企業コミュニティの中枢に日本型雇用システムが位置しており、従業員重視型のコーポレートガバナンスがそれを枠付けて

---

[18]　古典として R. Dore, *British Factory-Japanese Factory*, University of California Press, 1973,（山之内靖・永易浩一訳『イギリスの工場・日本の工場』筑摩書房、1987年）がある。なお M. Sako and H. Sato, *Japanese Labor and Management in Transition*, Routledge, 1997, pp1-24も参照のこと。

いる。

　そうするとコーポレートガバナンスが変わると雇用システムも変わることになる。この点について近年の変化の諸相を探った稲上毅と連合総合生活開発研究所の調査結果によれば、従来まで変わらないものと変わるものの双方が観察されている[19]。経営者内部昇進型キャリアと長期雇用慣行、高い安定株主比率の維持、寡黙な安定株主行動への期待、などが持続の側面である。一方、分権的責任経営と企業グループの同時達成、重視する経営指標の売上高から経常利益への変更、資金調達方法の間接金融から直接金融への切り替え、総じて資本効率重視型経営への転換といったことがらが変化する側面である。問題なのは、こうした持続の側面をともないつつも経営のあり方やコーポレートガバナンスが変化していったとき、雇用システムにどのような影響が及ぶか、という点である。

6．人的資源管理の変化とその構図

5.1　人的資源管理の変化

　日本労働研究機構が、大手企業の人事部を対象に人事管理戦略、採用戦略について尋ねた調査結果（1999年実施）がある[20]。これとほぼ同じ調査票で行った12年前調査（1987年実施）の結果と比べてみると、増加したものは、「能力主義・業績主義の徹底」（78.9％→83.6％）、「多用な形態の労働者の活用（高学歴女子、パート・アルバイト、派遣社員等）」（38.3％→49.9％）などであり、減少したものは、「人材育成、教育訓練の強化」（86.6％→78.0％）、「中高年齢社員の能力開発」（42.4％→25.1％）、「福利厚生の充実」（30.0％→12.2％）などである（数値はいづれも複数回答）。また同じ調査で採用戦略について尋ねた結果、最も増加したものは「採用を出来るだけ抑制し、省力化する」（38.5％→53.7％）であり、最も減少したものは「新規学卒採用をより重視していく」（69.3％→37.4％）であった。円高不況直後の80年代の半ばか

---

19)　調査結果の詳細は、稲上毅・連合総合生活開発研究所編『現代日本のコーポレートガバナンス』東洋経済新報社、2000年、66〜70頁参照。

20)　調査結果の詳細は、日本労働研究機構『日本的雇用慣行の変化と将来展望』1999年

らバブル経済を経て平成不況にいたるまでの10数年間で、日本企業の人事管理は（正社員の）採用を抑制しつつ、非正規従業員活用と能力主義・実績主義を強めていく基本スタンスをとりつつある。

　一方、経営者の考え方はどうか。前述した稲上毅・連合総合生活開発研究所の調査結果、「経営および雇用・労使関係の将来―いまから5年先に考えられること」が注目される[21]。それによると、「すでにそうなっている」＋「考えられる」スコアの高いものから順に拾い上げると、「役職昇進や資格昇格は実力本位で行われ、年齢や入社年次などを考慮しないようになっている」が最も高く、ついで「企業の業績評価基準として売上高やマーケットシェアよりも資本利益率を最優先するようになっている」「社員の報酬システムは事業分野や職種にそって別立てになり、全社的に多元化している」「雇用労働条件の決まり方は集団的なものから会社と従業員個々人による個別的なものが中心になっている」「社員の能力開発は社員個々人の問題であるという考え方がふつうになっている」と続き、「同期40歳の社員の年収格差が、平均を100としたとき、最低50、最高200といった水準になっている」がちょうど考えられる範囲の微妙な地点に位置している。

　この二つの調査結果からとくに重視すべきは、コーポレートガバナンスの変化の相と雇用システムの変化にある方向性がみられる点である。すなわち一方でコーポレートガバナンスの変化の相として挙げられた資本効率重視型経営へのシフト（その内容は分権的責任経営と企業グループの同時達成、重視する経営指標の売上高から経常利益への変更、資金調達方法の間接金融から直接金融への切り替えなどからなる）があり、他方で正規新卒採用を抑制し非正規雇用を増加させながら（その意味で人件費コストを押さえながら）、人事管理を「成果主義」な方向にシフトさせようとする動きがある[22]。

---

21) 稲上毅・連合総合生活開発研究所編前掲書、60頁参照。
22) 男子大卒中高年ホワイトカラーの賃金のバラツキの拡大傾向（1990年代後半、40台前半の年収平均を100とした時、最も高い層で130程度だった指数が2001年時点では140～145になっている）、昇格の際の滞留年数や定期昇給の廃止、昇進選抜時期の早期化（これまでは「遅い」選抜が主だった）、基本給の決定要素の年齢・勤続部分の縮小と業績・成果部分の拡大、裁量労働制と目標管理を組にした「働いた時間の長さから仕事の成果」による評価軸の重点移行、コンピテンシー（高業績者の行動特性分析による能力評価）や年俸制の導入などはいづれも雇用システムの変化の一端を示しているといえる。この点の事例研究として佐藤厚「人事管理の

ちなみに、経済同友会が実施した経営者が重視するステークホルダーと人事戦略との関係についての調査結果によると、ステークホルダーとして株主・資本を重視する企業は、従業員を重視する企業に比べ、「経営戦略と人事戦略の連携」「人員のスリム化」「雇用形態の多様化」「職種間等の処遇の違いを認める人事管理の多様化」「評価・処遇の成果・業績主義化」「幹部候補者の早期選抜・育成」「総額人件費管理の強化」などのスコアが高い[23]。したがって今後経営者がステークホルダーとして株主・資本家を重視するようになると、人的資源管理政策もこうした性格を強める可能性がある。

6.2 構図の理解のために〜格差拡大か「真」の多様化か〜

経営やコーポレートガバナンスのあり方は人的資源管理政策に影響を与えるのは事実だとしても、それが雇用政策にどのように反映されるべきかはなお慎重な検討が必要である。つまり進行している現実の構図をどう理解するかが問われている。

経営者がステークホルダーとして株主重視型を選択すると、人事戦略は上述の性格を強めるとして、その内容は、雇用政策の必要性からみて複数の評価をしうる。「人員スリム化」や「雇用形態の多様化」などは、それがさらに進めば、前述した若年・フリーター対策や非典型雇用対策の必要性を高めることになろう。だが、「経営戦略と人事戦略の連携」や「職種間等の処遇の違いを認める人事管理の多様化」と「評価・処遇の成果・業績主義化」があいまって、年功制のもつ「悪平等的」要素（年齢や性や雇用形態による差別的処遇など）をなくすことで、組織とヒトを活性化し、結果的に企業業績の向上に資するという効果も期待できる。そうしたいわば良循環が形成されることになれば、若年雇用、高齢者雇用、女性雇用の対策、あるいはパートや派遣など非典型の処遇均衡対策といった雇用政策課題にとってプラスの効果を持つといえるだろう。

したがって、そうした両面の評価のうち、実態はどちらに近いかが検証される必要がある。その場合、「成果主義」を、(イ)報酬格差を増幅する組織的

変化と裁量労働制」『日本労働研究雑誌』（労働政策研究・研修機構）第519号、34〜46頁参照。
[23] 経済同友会『第14回企業白書』1999年参照。

人事制度上の装置とみるか、それとも(ロ)性、年齢、国籍、雇用形態などにとらわれない「真の」業績主義原理を可能にする制度装置とみるかが要諦となるだろう。現状理解の一つの筋は、(イ)である。業績管理と人事管理の強い連動を背景に、社員間、部門間の業績格差が広がり、結果的に賃金などの労働条件格差が大きくなっていくというものである。これに業績管理の指標が売上よりも経常利益重視、資本効率重視型の経営へむけた圧力が加わると、経営層および部門長は「より少ないコストで高い成果」を出そうとするので、要員と人件費の抑制ドライブはより強く働くことになる。典型の非典型による代替傾向をはじめとして、裁量労働制プラス成果主義イコール「雇用の請負化」とか、業務請負者の「労働者性」をめぐる問題はかかる文脈で生じてくる[24]。

だが雇用政策からみて望ましいのは(ロ)の筋であろう。この場合は「成果主義」を「報酬格差増幅」装置ではなく、多様な働き方やキャリアの選択肢を提供し、それぞれに見合った報酬支給を可能とするしくみとして捉える見方になる。国籍、年齢、性、学歴、雇用形態にとらわれず、能力と貢献に応じて評価・処遇するダイバーシティ・マネジメントや政労使のトップ合意による多就業型ワークシェアリングの理念がそうした考え方に近いといえる[25]。類似の考え方を欧米での議論に捉え返すなら、機能的フレキシビリティと数量的フレキシビリティの最適組み合わせを探求する労働のフレキシビリティ研究、あるいは仕事と生活のバランス研究などが今後の重要な論点を提供している[26]。

---

24) 労働時間管理弾力化のもとでの成果主義的人事管理の適用は「雇用の請負化」とみなしうる。この点については佐藤厚「働き方の変化と労働時間管理弾力化」社会政策学会編『社会政策学会誌第9号　雇用関係の変貌』法律文化社、2003年、58〜77頁参照。なお業務委託契約従事者（いわゆる請負）の「労働者性」の実態調査については筆者も関わった労働研究・研修機構『就業形態の多様化と社会労働政策』2004年、71〜114頁を参照。

25) ダイバーシティマネジメントについては日本経営者団体連盟『原点回帰―ダイバーシティマネジメントの方向性』2002年、また多就業型ワークシェアリングについての自動車業界での試みは、筆者も関わった日本自動車工業会（「多就業型ワークシェアリング業種別制度導入事業」検討委員会）『自動車産業の新たな働き方を求めて』2004年参照。

26) 労働のフレキシビリティに関する研究では、コア業務を担う正社員と周辺業務をになう非正社員の組み合わせが、イ）経営戦略に裏付けられた計画的・戦略的なものか、それともロ）コスト削減で短期的利益を確保するようなアドホック的・機会主義的なものか、が論点となっ

7．むすびに代えて

これまでの検討を踏まえて、今後の研究課題を整理すると以下が指摘できるだろう。

第1は、企業の人的資源管理政策の動向から示唆される雇用政策課題である。これまでの行論から明らかなように、企業の人的資源管理政策の変化は雇用政策に対してあたらな課題をもたらす。経営戦略の有力な選択肢として近年浮上してきたのが株主・資本重視型の経営である。企業が今後そうした傾向を強めると、人的資源管理政策は経営戦略との連携を強めつつ、雇用形態の多様化や職種間等の処遇の違いを認める人事管理の多様化、評価・処遇の成果・業績主義化、総額人件費管理の強化といった動きに連動する可能性がある。かかる人的資源管理政策のもたらすものを雇用政策の観点からどのように評価するか、学際的に研究していく必要がある。人的資源管理政策と雇用政策の間に位置し、しかもそれらに影響を及ぼすコーポレートガバナンスや経営組織の再構築に関する理論的かつ実証的な知見との連携がますます求められている[27]。

第2に、雇用政策課題を実効性あるものにするために、企業の人的資源管理政策のあり方も問われ始めている。企業レベルでの雇用システムの国際比較によれば、日本の特徴は企業の要請にしたがって、仕事基準でなくヒトの職能基準として人事制度をルール化するものであった。その例が、会社主導による異動とローテーション、配置転換を通じたキャリアの形成である。その意味では、従来のシステムは特定企業内で雇用を保障するが、個々の職務やキャリアを保障しないシステムであったといえる。このシステムは企業が

たが、傾向としては、ロ）が多い。この点の研究レビューは、佐藤厚『企業レベルの労働のフレキシビリティ』日本労働研究機構、2003年、1～12頁参照。

[27] 実際、株主利益促進のために、コーポレートガバナンス改革に積極的に取り組んでいる企業の雇用改革を分析すると、正の相関があるといった分析結果（財務省財務総合政策研究所2003）がみられるなど、株主重視型と従業員重視型はかならずしも背反するものではなく、両立可能とする見解が提出されている（稲上毅編『コーポレートガバナンスと従業員』東洋経済新報社、2004年、28頁）。

長期にわたって雇用を保障し、社員も組織に対して強くコミットメントしているときはうまく機能する。だが、そうした条件が崩れたときにはなんらかのリスクに晒される危険性が高い。とりわけ環境の不確実性が高まり、会社の寿命が社員の職業人生よりも短いような場合が多くなると、特定企業を超えて個々人自らが職業キャリアを形成していける環境整備が要請されるようになるだろう[28]。加えて今後、企業が、資本効率重視経営を求め成果主義的人事制度を推し進めるのであればなおのこと、個々人が受容できる人的資源管理ルールの構築が重要な鍵となる[29]。全員が職種に関係なく管理職や役員を目指して突っ走り、その昇進速度や到達職位の高さを競いあうというのが従来型のシステムの特徴の一つであった。だが、そうしたやり方だけで、これからの若者、女性、高齢者といった多様な人々のニーズを満たすことは困難であるにちがいない。

　他方、若年失業・フリーター問題、パートの均衡処遇問題、女性の就労継続課題、中高年層の再就職問題、高齢者雇用問題といった政策課題は、いづれも雇用政策だけで解決することは難しい。企業の人的資源管理政策との連携が重要である。雇用政策の方向性と企業の人的資源管理政策の方向性とが共鳴しうる道はいかなるものか。各人が多様な適性と能力をいかしながら、希望する職業キャリアを選択し構築していけるような政策の構想が我々に求められている。

---

[28] 1990年代半ばにかけてのホワイトカラーの仕事とキャリア形成のしくみを、大企業大卒事務系、研究開発など専門職系、中小サービス業の資格職種などいくつかの類型にわけて分析した結果では、大企業事務系ホワイトカラーの場合そうした労働市場構造にはなっていない。この点は佐藤厚『ホワイトカラーの世界』日本労働研究機構、2001年を参照。
[29] この点については、佐藤博樹・佐藤厚編『仕事の社会学』有斐閣、2004年、第一章を参照のこと。

◆執筆者紹介

新川　達郎　にいかわ・たつろう〈はしがき、第2章〉
　　同志社大学大学院総合政策科学研究科長・教授
大谷　實　おおや・みのる　〈第1章—1.〉
　　同志社総長
太田　進一　おおた・しんいち〈第1章—2.～5.、第11章〉
　　同志社大学大学院総合政策科学研究科教授（兼担）
今里　滋　いまさと・しげる　〈第3章〉
　　同志社大学大学院総合政策科学研究科教授
真山　達志　まやま・たつし　〈第4章〉
　　同志社大学大学院総合政策科学研究科教授
谷　勝宏　たに・かつひろ　〈第5章〉
　　同志社大学大学院総合政策科学研究科教授
川浦　昭彦　かわうら・あきひこ〈第6章〉
　　同志社大学大学院総合政策科学研究科教授
井上　恒男　いのうえ・つねお　〈第7章〉
　　同志社大学大学院総合政策科学研究科教授
郡嶌　孝　ぐんじま・たかし　〈第8章〉
　　同志社大学大学院総合政策科学研究科教授
田中　英俊　たなか・ひでとし　〈第9章〉
　　同志社大学大学院総合政策科学研究科客員教授
太田　元　おおた・はじめ　〈第10章〉
　　同志社大学大学院総合政策科学研究科客員教授
石田　光男　いしだ・みつお　〈第12章〉
　　同志社大学大学院総合政策科学研究科教授（兼担）
佐藤　厚　さとう・あつし　〈第13章〉
　　同志社大学大学院総合政策科学研究科教授

〈　〉内は執筆担当章

総合政策科学入門　第2版

1998年11月20日　初　版第1刷発行
2005年4月1日　第2版第1刷発行

編　者　同志社大学大学院
　　　　総合政策科学研究科
発行者　阿部　耕一

〒162-0041　東京都新宿区早稲田鶴巻町514番地
発行所　株式会社　成文堂
　　　　電話 03(3203)9201(代)　☆振替 00190-3-66099
　　　　Fax 03(3203)9206

製版・印刷　(株)シナノ　　　製本　弘伸製本
©2005 同志社大学大学院総合政策科学研究科　Printed in Japan
☆落丁・乱丁本はおとりかえいたします☆
ISBN 4-7923-9129-6 C3030　　　　　　　　検印省略

定価(本体3000円＋税)